"十二五"职业教育国家规划教材（修订版）

职业教育汽车检测与维修技术专业优质核心课程教材

汽车底盘电控系统检测与修复

第 3 版

主　　编	李培军	孟淑娟	沈　沉		
副主编	韩希国	侯建党	李喜龙		
参　　编	惠有利	张立新	刘　杨	郭大民	黄宜坤
	张丽丽	李泰然	孙　涛	卢中德	高元伟
	张成利	孙立军	王　莹		

机械工业出版社

本书是"十二五"职业教育国家规划教材的修订版,本书主要内容包括汽车自动变速器检修、汽车防滑控制系统检修、汽车电控转向系统检修和汽车电控悬架系统检修。

本书可作为高等职业院校汽车检测与维修技术专业、汽车电子技术专业的教学用书,也可作为各类汽车职业培训用书。

本书配有电子课件、试卷及答案,凡使用本书作为教材的教师可登录机械工业出版社教育服务网(www.cmpedu.com)注册后免费下载。咨询电话:010-88379375。

图书在版编目(CIP)数据

汽车底盘电控系统检测与修复/李培军,孟淑娟,沈沉主编. —3版. —北京:机械工业出版社,2024.2

"十二五"职业教育国家规划教材(修订版) 职业教育汽车检测与维修技术专业优质核心课程教材

ISBN 978-7-111-74630-0

Ⅰ.①汽… Ⅱ.①李… ②孟… ③沈… Ⅲ.①汽车－底盘－电气控制系统－检测－高等职业教育－教材②汽车－底盘－电气控制系统－车辆修理－高等职业教育－教材 Ⅳ.①U472.41

中国国家版本馆 CIP 数据核字(2024)第 047044 号

机械工业出版社(北京市百万庄大街22号 邮政编码100037)
策划编辑:葛晓慧　　　　　责任编辑:葛晓慧 谢熠萌
责任校对:杜丹丹 张亚楠　　封面设计:王　旭
责任印制:张　博
天津市光明印务有限公司印刷
2024年5月第3版第1次印刷
184mm×260mm・16.25 印张・402 千字
标准书号:ISBN 978-7-111-74630-0
定价:49.00元

电话服务　　　　　　　　　网络服务
客服电话:010-88361066　　机 工 官 网:www.cmpbook.com
　　　　　010-88379833　　机 工 官 博:weibo.com/cmp1952
　　　　　010-68326294　　金 书 网:www.golden-book.com
封底无防伪标均为盗版　　　机工教育服务网:www.cmpedu.com

前　言

本书是以最新的职业教育汽车检测与维修技术专业的教学大纲为基础，基于国家示范性高等职业院校建设方案、设计与实施工作任务设计的项目课程。为贯彻落实党的二十大精神，加快建设制造强国，着力培养高技能人才，编者在充分对企业和行业进行调研的基础上，对本书进行了修订，使之在结构和内容上与教学内容更加吻合，更注重对学生实践能力的培养和精神品质的提升。

本书以职业能力培养为主线、以工作任务为导向，以典型案例引入学习内容，按照学习目标、素养目标、工作任务、任务情境、任务分析、任务实施、归纳总结等环节进行编写，充分体现了现代职业教育理念，贴近汽车检测与维修技术专业实际教学目标，促进"教、学、做"更好结合，突出对学生技能的培养，使之成为技能型人才。

本书主要内容包括汽车自动变速器检修、汽车防滑控制系统检修、汽车电控转向系统检修和汽车电控悬架系统检修4个项目，较系统地介绍了汽车底盘电控系统各零部件的结构、原理、拆装、检修及常见故障诊断与排除，内容由浅入深、通俗易懂。本书在编写的过程中力求将职业技能等级证书制度要求、高等职业教育发展的新形式和国内外汽车工业发展的新知识、新技术相结合，并贯彻一体化教学的要求，体现生产一线技术与管理实际需要紧密结合，并和职业资格或职业岗位能力紧密结合，有较强的针对性和实用性。

本书由李培军、孟淑娟、沈沉任主编，韩希国、侯建党、李喜龙任副主编，参加编写的还有惠有利、张立新、刘杨、郭大民、黄宜坤、张丽丽、李泰然、孙涛、卢中德、高元伟、张成利、孙立军、王莹。

由于编者水平有限，书中难免有不当之处，恳请广大读者批评指正。

编　者

二维码清单

名称	图形	名称	图形
01. 自动变速器分类及正确使用		09. 单向离合器的结构、原理与检修	
02. 自动变速器的基本组成和工作原理		10. 典型自动变速器的结构和工作原理	
03. 液力变矩器的结构和工作原理		11. 液压泵结构、原理与检修	
04. 锁止离合器的结构和工作原理		12. 轮速传感器结构、原理与检修	
05. 液力变矩器的检修		13. 液压控制系统原理	
06. 行星齿轮机构的基本原理		14. 电磁阀的结构原理与检修	
07. 离合器的结构、原理与检修		15. 丰田循环式 ABS 结构及工作原理	
08. 制动器的结构、原理与检修		16. 大众循环式 ABS 结构及工作原理	

(续)

名称	图形	名称	图形
17. 空档起动开关结构原理与检修		25. 油压试验	
18. 本田可变容积式 ABS 结构及工作原理		26. 失速试验	
19. 变速杆位置的检查与调整		27. 液压式电控助力转向系统结构原理	
20. 驱动防滑控制系统结构及工作原理		28. CVT 的结构和工作原理	
21. 自动变速器油的检查		29. 电动式电控助力转向系统结构原理	
22. ESP 的结构及工作原理		30. DSG 的结构和工作原理	
23. 手动换档实验		31. 电控悬架系统的结构及工作原理	
24. 电子驻车制动系统 EPB 结构及工作原理		32. ABS 基本组成及工作原理	

目 录

前言
二维码清单
项目一　汽车自动变速器检修 ⋯⋯⋯⋯⋯⋯⋯⋯⋯⋯⋯⋯⋯⋯⋯⋯⋯⋯⋯⋯⋯⋯⋯⋯ 1
　　任务一　自动变速器认识 ⋯⋯⋯⋯⋯⋯⋯⋯⋯⋯⋯⋯⋯⋯⋯⋯⋯⋯⋯⋯⋯⋯⋯⋯ 2
　　任务二　液力变矩器检修 ⋯⋯⋯⋯⋯⋯⋯⋯⋯⋯⋯⋯⋯⋯⋯⋯⋯⋯⋯⋯⋯⋯⋯⋯ 8
　　任务三　机械变速器检修 ⋯⋯⋯⋯⋯⋯⋯⋯⋯⋯⋯⋯⋯⋯⋯⋯⋯⋯⋯⋯⋯⋯⋯ 17
　　任务四　液压控制系统检修 ⋯⋯⋯⋯⋯⋯⋯⋯⋯⋯⋯⋯⋯⋯⋯⋯⋯⋯⋯⋯⋯⋯ 42
　　任务五　电子控制系统检修 ⋯⋯⋯⋯⋯⋯⋯⋯⋯⋯⋯⋯⋯⋯⋯⋯⋯⋯⋯⋯⋯⋯ 52
　　任务六　自动变速器的检查维护及性能检测 ⋯⋯⋯⋯⋯⋯⋯⋯⋯⋯⋯⋯⋯⋯⋯ 71
　　任务七　无级变速器（CVT）检修 ⋯⋯⋯⋯⋯⋯⋯⋯⋯⋯⋯⋯⋯⋯⋯⋯⋯⋯⋯ 83
　　任务八　双离合器自动变速器检修 ⋯⋯⋯⋯⋯⋯⋯⋯⋯⋯⋯⋯⋯⋯⋯⋯⋯⋯⋯ 95
项目二　汽车防滑控制系统检修 ⋯⋯⋯⋯⋯⋯⋯⋯⋯⋯⋯⋯⋯⋯⋯⋯⋯⋯⋯⋯ 109
　　任务一　防抱死制动系统（ABS）检修 ⋯⋯⋯⋯⋯⋯⋯⋯⋯⋯⋯⋯⋯⋯⋯⋯ 110
　　任务二　驱动防滑控制系统（ASR）检修 ⋯⋯⋯⋯⋯⋯⋯⋯⋯⋯⋯⋯⋯⋯⋯ 151
　　任务三　电子稳定程序控制系统（ESP）检修 ⋯⋯⋯⋯⋯⋯⋯⋯⋯⋯⋯⋯⋯ 168
项目三　汽车电控转向系统检修 ⋯⋯⋯⋯⋯⋯⋯⋯⋯⋯⋯⋯⋯⋯⋯⋯⋯⋯⋯⋯ 191
　　任务一　液压式电控动力转向系统检修 ⋯⋯⋯⋯⋯⋯⋯⋯⋯⋯⋯⋯⋯⋯⋯⋯ 192
　　任务二　电动式电控动力转向系统检修 ⋯⋯⋯⋯⋯⋯⋯⋯⋯⋯⋯⋯⋯⋯⋯⋯ 204
项目四　汽车电控悬架系统检修 ⋯⋯⋯⋯⋯⋯⋯⋯⋯⋯⋯⋯⋯⋯⋯⋯⋯⋯⋯⋯ 225
　　任务一　电控悬架认识 ⋯⋯⋯⋯⋯⋯⋯⋯⋯⋯⋯⋯⋯⋯⋯⋯⋯⋯⋯⋯⋯⋯⋯ 226
　　任务二　电控悬架检修 ⋯⋯⋯⋯⋯⋯⋯⋯⋯⋯⋯⋯⋯⋯⋯⋯⋯⋯⋯⋯⋯⋯⋯ 240
参考文献 ⋯⋯⋯⋯⋯⋯⋯⋯⋯⋯⋯⋯⋯⋯⋯⋯⋯⋯⋯⋯⋯⋯⋯⋯⋯⋯⋯⋯⋯⋯⋯ 254

项目一
汽车自动变速器检修

学习目标

通过本项目的学习，懂得汽车自动变速器的结构及工作原理，并具备从事汽车自动变速器维护及检修等工作的能力。

能够：
➡ 熟悉自动变速器的基本组成及工作原理。
➡ 熟练掌握液力变矩器的结构、原理及检修方法。
➡ 熟练掌握自动变速器换档执行元件的结构、原理及检修方法。
➡ 正确分析行星齿轮机构的运动规律。
➡ 熟练掌握典型自动变速器的结构及工作原理，并能正确进行拆装及检修。
➡ 掌握液压控制系统的结构、原理，并正确分析自动变速器的油路。
➡ 掌握电子控制系统的结构、原理，并能检修电子控制系统的主要部件。
➡ 熟练进行自动变速器基本检查及性能测试。
➡ 掌握无级变速器的结构、原理，正确检修无级变速器。
➡ 掌握双离合器自动变速器的结构及工作原理，正确检修双离合器自动变速器。

素养目标

通过"做生态环境保护的践行者"的学习，你将懂得保护生态环境与生活环境改善之间的关系。

能够：
➡ 在维修工作中按照环保要求做好环境保护及开展绿色维修工作。
➡ 不断提高自己生态文明建设意识，做生态文明建设的践行者。

某客户抱怨其驾驶的自动档汽车在起步时，踩下加速踏板后发动机转速升高很快但车速升高很慢；行驶中踩下加速踏板加速时，发动机转速升高但车速没有很快提高；平路行驶基本正常，但上坡无力，且发动机转速很高。要求排除故障、修复此车。

汽车自动变速器检修主要包括自动变速器认识、液力变矩器检修、机械变速器检修、液压控制系统检修、电子控制系统检修、自动变速器的检查维护及性能检测、无级变速器（CVT）检修、双离合器自动变速器检修。

任务一 自动变速器认识

知识点：自动变速器的分类；自动变速器的基本组成和工作原理；自动变速器变速杆的使用方法。

能力点：认识自动变速器的主要部件；正确使用自动变速器变速杆。

任务情境

自动变速器认识

客户来到4S店，想买一辆新款自动档轿车。经理安排小王负责接待。小王根据顾客的需要对车辆的配置及性能加以介绍，出色地完成了这个任务。

任务分析

该任务是认识自动变速器的基本组成。完成此任务需要了解自动变速器的分类方法、掌握自动变速器的基本组成及工作原理、熟悉自动变速器变速杆的使用方法。

任务实施的相关专业知识

自动变速器（Automatic Transmission，AT）是指汽车驾驶中离合器的操纵和变速器的操纵都实现了自动化的装置。目前自动变速器的自动换档等过程都是由自动变速器的电控单元（ECU，又称为电脑）控制的，因此自动变速器又简称为EAT、ECAT、ECT等。

一、自动变速器的分类

自动变速器可以按结构和控制方式、车辆驱动方式、前进档档位数的不同来分类。

项目一　汽车自动变速器检修

1. 按结构和控制方式分类

自动变速器按结构和控制方式的不同，可以分为机械式自动变速器、无级自动变速器和液力式自动变速器。

1）机械式自动变速器（Automated Mechanical Transmission，AMT）在原有手动、有级、普通齿轮变速器的基础上增加了电子控制系统，来自动控制离合器的接合、分离和变速器档位的变换。机械式自动变速器由于原有的机械传动结构基本不变，所以齿转传动固有的传动效率高、机构紧凑、工作可靠等优点被很好地继承了下来，在重型车辆上的应用具有很好的发展前景。

2）无级自动变速器（Continuously Variable Transmission，CVT）采用传动带和工作直径可变的主、从动轮配合来传递动力，可以实现传动比的连续改变。同时也是一种具有广阔发展前景的自动变速器，目前在汽车上的应用已具有一定的市场份额。目前常见的有奥迪A6的Multitronic无级自动变速器、派力奥的Speedgear无级自动变速器、旗云的VT1F无级自动变速器等。

3）液力式自动变速器是目前应用最广泛、技术最成熟的自动变速器。按照控制方式的不同，液力自动变速器可以分为液控液力自动变速器和电控液力自动变速器，目前轿车上采用的均为电控液力自动变速器。按照变速机构（机械变速器）的不同，液力自动变速器可以分为行星齿轮自动变速器和非行星齿轮自动变速器，行星齿轮自动变速器应用最广泛，非行星齿轮自动变速器只在本田等个别车系中应用。行星齿轮自动变速器可以分为辛普森式、拉维娜式和串联式。

目前应用较多的还有双离合器自动变速器，它也是基于手动变速器发展而来的，且综合了手动变速器与自动变速器的优点。

2. 按车辆的驱动方式分类

自动变速器按车辆驱动方式的不同，可以分为自动变速器（Automatic Transmission）和自动变速驱动桥（Automatic Transaxle），如图1-1所示。

自动变速器用于发动机前置后轮驱动的布置形式，变速器与主减速器、差速器分开；而自动变速驱动桥用于发动机前置前轮驱动的布置形式，变速器与主减速器、差速器制成一个总成。

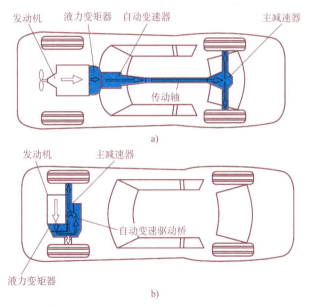

图1-1　自动变速器和自动变速驱动桥
a）自动变速器　b）自动变速驱动桥

3. 按自动变速器前进档的档位数分类

自动变速器还可以按照变速杆置于前进档时的档位数来分类，目前比较常见的有6档自动变速器（如宝来、朗逸）、8档自动变速器（如丰田凯美瑞、宝马7系、奥迪A8L、福特锐际）和9档自动变速器（如别克君威GS、凯迪拉克XT5）等。

二、自动变速器的基本组成和工作原理

本项目所说的自动变速器是特指液力自动变速器。

1. 基本组成

自动变速器主要由液力变矩器、机械变速机构、液压控制系统、电子控制系统和冷却滤油装置等组成，如图1-2所示。

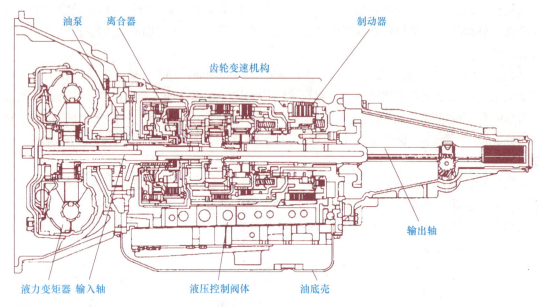

图1-2 自动变速器的结构

（1）液力变矩器 液力变矩器位于自动变速器的最前端，安装在发动机的飞轮上，是一个通过自动变速器油（ATF）传递动力的装置，它的作用与采用手动变速器汽车中的离合器相似。它能够根据汽车行驶阻力的变化，在一定范围内自动改变传动比和转矩比，具有一定的减速增矩功能，并且具有自动离合器的功用。

（2）机械变速机构 机械变速机构包括齿轮变速机构和换档执行元件两大部分。

1）自动变速器中的齿轮变速机构所采用的形式有普通齿轮式和行星齿轮式两种。齿轮变速机构可形成不同的传动比，组合成电控自动变速器不同的档位。

2）换档执行元件主要包括离合器、制动器和单向离合器。换档执行元件的功用是改变齿轮机构中主动元件或限制某个元件的运动，从而改变动力传递的方向和速比。

（3）液压控制系统 液压控制系统是由液压泵、各种控制阀及与之相连通的液压换档执行元件（如离合器、制动器的液压缸等）组成的液压控制回路。汽车行驶中，液压控制系统根据驾驶人的要求和行驶条件的需要，控制离合器和制动器的工作状况，以实现机械变速器的自动换档。

（4）电子控制系统 电子控制系统将自动变速器的各种控制信号输入电控单元（ECU），经ECU处理后发出控制指令控制各种电磁阀实现自动换档，并改善换档性能。

（5）冷却滤油装置 自动变速器油（ATF）在自动变速器工作过程中会因冲击、摩擦

产生热量,同时还要吸收齿轮传动过程中所产生的热量,油温将会升高。油温升高将导致 ATF 黏度下降,传动效率降低,因此必须对 ATF 进行冷却,保持油温在 80~90℃。ATF 是通过油冷却器与冷却液或空气进行热量交换的。自动变速器工作中各部件磨损产生的机械杂质,由滤油器从油中过滤分离出去,以减小机械的磨损、液压油路堵塞和控制阀卡滞。

2. 基本原理

图 1-3 所示为液控自动变速器的组成和原理示意图。

液控自动变速器通过机械传动方式,将汽车行驶时的车速和节气门开度这两个主控制参数转变为液压控制信号;液压控制系统的阀板总成中的各控制阀根据这些液压控制信号的变化,按照设定的换档规律,操纵换档执行元件的动作实现自动换档。

图 1-4 所示为电控自动变速器的组成和原理图。

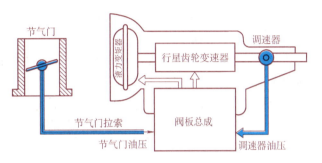

图 1-3　液控自动变速器的组成和原理示意图

电控自动变速器通过各种传感器将发动机的转速、节气门开度、车速、发动机冷却液温度、ATF 温度等参数信号输入电控单元(ECU),ECU 根据这些信号,按照设定的换档规律向换档电磁阀、油压电磁阀等发出动作控制信号,换档电磁阀和油压电磁阀将 ECU 的动作控制信号转变为液压控制信号,阀板中的各控制阀根据这些液压控制信号控制换档执行元件的动作,从而实现自动换档过程。

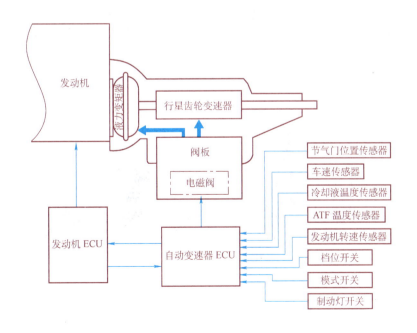

图 1-4　电控自动变速器的组成和原理图

三、自动变速器变速杆的使用

轿车自动变速器的变速杆通常有6或7个位置,如图1-5所示,其功能如下。

P位:驻车档。变速杆置于此位置时,驻车锁止机构将自动变速器输出轴锁止。

R位:倒档。变速杆置于此位置时,液压系统倒档油路被接通,驱动轮反转,实现反向行驶。

N位:空档。变速杆置于此位置时,所有机械变速器的齿轮机构空转,不能输出动力。

D位:前进档。变速杆置于此位置时,液压系统控制装置根据节气门开度信号和车速信号自动接通相应的前进档油路,行星齿轮变速器在换档执行元件的控制下得到相应的传动比。随着行驶条件的变化,在前进档中自动升降档,实现自动变速功能。

图1-5 自动变速器变速杆位置示意图

3位:高速发动机制动档。变速杆置于此位置时,液压控制系统只能接通前进档中的1、2、3档油路,自动变速器只能在这3个档位间自动换档,无法升入4档,从而使汽车获得发动机制动效果。

2位:中速发动机制动档。变速杆置于此位置时,液压控制系统只能接通前进档中的1、2档油路,自动变速器只能在这两个档位间自动换档,无法升入更高的档位,从而使汽车获得发动机制动效果。

L位(又称为1位):低速发动机制动档。变速杆置于此位置时,汽车被锁定在前进档的1档,只能在该档位行驶而无法升入高档,发动机制动效果更强。

只有在变速杆置于N位或P位时,才能起动发动机,此功能靠空档起动开关来实现。

常见的变速杆的位置可布置在转向柱上或驾驶室地板上,如图1-6所示。

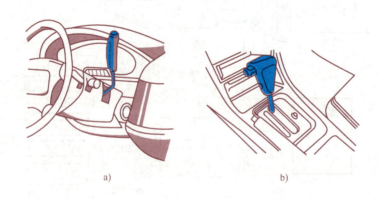

a) b)

图1-6 变速杆的位置
a) 布置在转向柱上 b) 布置在驾驶室地板上

项目一 汽车自动变速器检修

任务实施

一、任务实施的环境

1）装备自动变速器的车辆。
2）车辆展台。
3）相关车型手册。
4）车辆技术状况良好。
5）仪器操作手册。
6）注意环保及安全操作。

二、任务实施的步骤

自动变速器认识工作任务的完成可参考下面的步骤：

第1步：提供车型手册及相关车辆宣传资料。
第2步：介绍自动变速器的功能及自动档车辆的优势。
第3步：向客户介绍自动变速器的基本结构及工作原理。
第4步：演示自动变速器变速杆的正确使用方法，并说明使用注意事项。

三、技能训练及相关实践知识

自动变速器认识技能训练

【训练任务】目前，装备自动变速器的车型越来越多。顾客来到4S店，想了解不同类型自动档车型的结构及性能特点，以及使用过程中应注意的问题。销售人员需对此做出详细解释。

【训练建议】以小组形式完成。一名学生扮演4S店销售人员，其余学生扮演顾客。然后按要求逐项填写技能训练评价表。

【评价建议】可用如下技能训练评价表对学生的操作技能进行评价。

技能训练评价表

学生姓名			学 号		
测评日期			测评地点		
测评内容		自动变速器认识			
	内　　容	分值/分	自　评	互　评	师　评
考评标准	车辆信息描述	30			
	自动变速器性能特点	20			
	自动变速器的结构组成	20			
	自动变速器变速杆的使用	30			
	合　　计	100			
最终得分（自评30% + 互评30% + 师评40%）					

说明：测评满分为100分，60~74分为及格，75~84分为良好，85分及以上为优秀。不足60分的学生，需重新进行知识学习、任务训练，直到任务完成达到合格为止。

归纳总结

自动变速器是指汽车驾驶中离合器的操纵和变速器的操纵都实现了自动化的装置。自动变速器可以按结构和控制方式、车辆驱动方式、前进档档位数的不同进行分类。液力式自动变速器是目前应用最广泛、技术最成熟的自动变速器。液力式自动变速器主要由液力变矩器、机械变速机构、液压控制系统、电子控制系统和冷却滤油装置等组成。只有在变速杆置于N位或P位时,才能起动发动机,此功能靠空档起动开关来实现。

思考题

1. 简述自动变速器的分类方法。
2. 自动变速器由哪几部分组成?各组成部分的功用是什么?
3. 说出自动变速器变速杆位置的含义。

任务二 液力变矩器检修

知识点:液力变矩器的功用;液力变矩器的结构及工作原理;锁止离合器的结构及工作原理。

能力点:检修液力变矩器。

任务情境

液力变矩器的检修

客户反映,他驾驶的自动档轿车起步加速无力,不踩加速踏板车辆不行驶,但车辆行驶起来之后换档正常。师傅让维修工小王对车辆进行检查,查找并排除故障。小王很快动手并完成这项任务。

任务分析

该任务是检修液力变矩器。完成此任务需要了解液力变矩器的功用、掌握液力变矩器的结构及工作原理、掌握液力变矩器的检修方法。

任务实施的相关专业知识

一、液力变矩器的功用

液力变矩器位于发动机和机械变速机构之间，以自动变速器油（ATF）为工作介质，主要有以下功用：

1）传递转矩。发动机的转矩通过液力变矩器的主动元件，再通过ATF传给液力变矩器的从动元件，最后传给变速器。

2）无级变速和变转矩。根据工况的不同，液力变矩器可以在一定范围内实现转速和转矩的无级变化。

3）自动离合。液力变矩器由于采用ATF传递动力，当踩下制动踏板时，发动机也不会熄火，此时相当于离合器分离；当抬起制动踏板时，汽车可以起步，此时相当于离合器接合。

4）驱动油泵。ATF在工作的时候需要油泵提供一定的压力，而油泵一般是由液力变矩器壳体驱动的。

由于采用ATF传递动力，液力变矩器的动力传递柔和，且能防止传动系统过载。

二、液力变矩器的结构及工作原理

1. 液力变矩器的结构

液力变矩器通常由泵轮、涡轮和导轮3个元件组成，如图1-7所示，称为三元件液力变矩器。若液力变矩器采用两个导轮，则称为四元件液力变矩器。

液力变矩器总成封在一个钢制壳体（变矩器壳体）中，内部充满ATF。变矩器壳体通过螺栓与发动机曲轴后端的飞轮连接，与发动机曲轴一起旋转。泵轮位于液力变矩器的后部，与变矩器壳体连在一起。涡轮位于泵轮前方，通过带花键的从动轴向后面的机械变速器

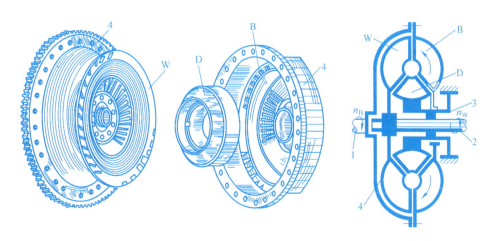

图1-7 液力变矩器的组成

1—输入轴 2—输出轴 3—导轮轴 4—变矩器壳体
B—泵轮 W—涡轮 D—导轮

输出动力。导轮位于泵轮与涡轮之间,通过单向离合器支承在固定套管上,使导轮只能单向旋转(顺时针旋转)。泵轮、涡轮和导轮上都带有叶片,液力变矩器装配好后形成环形内腔,其间充满 ATF。

2. 液力变矩器的工作原理

(1) 动力的传递　液力变矩器工作时,壳体内充满 ATF,发动机带动变矩器壳体旋转,壳体带动泵轮旋转,泵轮的叶片将 ATF 带动起来,并冲击到涡轮的叶片;如果作用在涡轮叶片上的冲击力大于作用在涡轮上的阻力,涡轮将开始转动,并使机械变速器的输入轴一起转动。由涡轮叶片流出的 ATF 经过导轮后流回到泵轮,形成图 1-8 所示的循环流动。

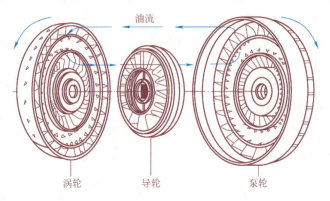

图 1-8　ATF 在液力变矩器中的循环流动

具体来说,上述 ATF 的循环流动是两种运动的合运动。当液力变矩器工作,泵轮旋转时,泵轮叶片带动 ATF 旋转起来,ATF 绕着泵轮轴线做圆周运动;同样,随着涡轮的旋转,ATF 也绕着涡轮轴线做圆周运动。旋转起来的 ATF 在离心力的作用下,沿着泵轮的叶片从内缘流向外缘。当泵轮转速大于涡轮转速时,泵轮叶片外缘的液压大于涡轮外缘的液压。因此,ATF 在作圆周运动的同时,在上述压差的作用下由泵轮流向涡轮,再流向导轮,最后返回泵轮,形成在液力变矩器环形腔内的循环运动。

液力变矩器的工作原理可以通过一对风扇的工作来描述。液力变矩器的工作模型如图 1-9 所示,将风扇 A 通电,将气流吹动起来,并使未通电的风扇 B 也转动起来,此时动力由风扇 A 传递到风扇 B。为了实现转矩的放大,在两台风扇的背面加上一条空气通道,使穿过风扇 B 的气流通过空气通道的导向,从风扇 A 的背面流回,这会加强风扇 A 吹动的气流,使吹向风扇 B 的转矩增加。即风扇 A 相当于泵轮,风扇 B 相当于涡轮,空气通道相当于导轮,空气相当于 ATF。

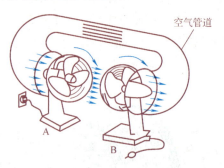

图 1-9　液力变矩器的工作模型

(2) 转矩的放大　将变矩器 3 个工作轮假想地展开,得到泵轮、涡轮和导轮的环形平面图,如图 1-10 所示。为便于说明,设发动机转速及负荷不变,即变矩器泵轮的转速 n_B 和转矩 M_B 为常数。

当发动机运转而汽车还未起动时,涡轮转速 n_W 为零,如图 1-10a 所示。ATF 在泵轮叶片的带动下,以一定的绝对速度沿图中箭头 1 的方向冲向涡轮叶片,对涡轮有一个作用力,产生绕涡轮轴的转矩。因此时涡轮静止不动,液流则沿着叶片流出涡轮并冲向导轮,其方向如图 1-10a 中箭头 2 所示,该液流对导轮产生作用力矩。然后液流从固定不动的导轮叶片沿

项目一 汽车自动变速器检修

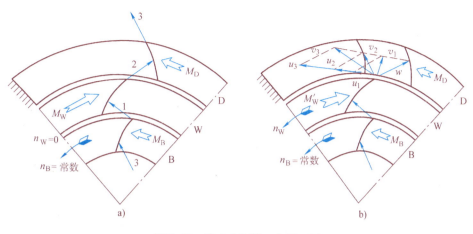

图 1-10 液力变矩器工作原理图
a) $n_W = 0$ 时 b) $n_W \neq 0$ 时

箭头 3 的方向流回到泵轮中。当液流流过叶片时，对叶片作用有冲击力矩，液流此时也受到叶片的反作用力矩，其大小与作用力矩相等、方向相反。作用力矩与反作用力矩的方向及大小与液流进、出工作轮的方向有关。设泵轮、涡轮和导轮对液流的作用力矩分别为 M_B、M_W 和 M_D，方向如图 1-10a 中箭头所示。根据液流受力平衡条件，三者在数值上满足关系式 $M_W = M_B + M_D$，即涡轮转矩等于泵轮转矩与导轮转矩之和。显然，此时涡轮转矩 M_W 大于泵轮转矩 M_B，即液力变矩器起了增大转矩的作用。

当液力变矩器输出的转矩，经传动系统传到驱动车轮上所产生的牵引力足以克服汽车起步阻力时，汽车即起步并开始加速，与之相连的涡轮转速 n_W 也从零逐渐增大。设液流沿叶片方向流动的相对速度为 w，沿圆周方向运动的牵连速度为 u，设泵轮转速不变，即液流在涡轮出口处的相对速度不变，如图 1-10b 所示，冲向导轮叶片的液流的绝对速度 v 将随牵连速度 u 的增大而逐渐向左倾斜，使导轮上所受的转矩值逐渐减小，即液力变矩器的转矩放大作用逐渐减小。

(3) **偶合工作特性** 液力变矩器的变矩特性只有在泵轮与涡轮转速相差较大的情况下才成立，随着涡轮转速的不断提高，从涡轮回流的 ATF 会沿顺时针方向冲击导轮。若导轮仍然固定不动，ATF 将会产生涡流，阻碍其自身的运动。为此，绝大多数液力变矩器在导轮机构中增设了单向离合器。当涡轮与泵轮转速相差较大时，单向离合器处于锁止状态，导轮不能转动。当涡轮转速达到泵轮转速的 85%~90% 时，单向离合器导通，导轮空转，不起导流的作用，液力变矩器的输出转矩不能增加，只能等于泵轮的转矩，此时称为偶合状态。

(4) **失速特性** 液力变矩器失速状态是指涡轮因负荷过大而停止转动，但泵轮仍保持旋转的现象，此时液力变矩器只有动力输入而没有输出，全部输入能量都转化成热能，因此变矩器中的油液温度急剧上升，会对变矩器造成严重危害。失速点转速是指涡轮停止转动时的液力变矩器输入转速，该转速大小取决于发动机转矩、变矩器的尺寸和导轮、涡轮的叶片角度。

三、典型液力变矩器

典型的液力变矩器如图 1-11 所示，主要由泵轮、涡轮、带单向离合器的导轮、变矩器壳体、涡轮轴、锁止离合器等组成。下面只介绍单向离合器和锁止离合器。

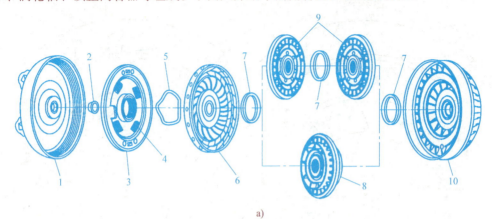

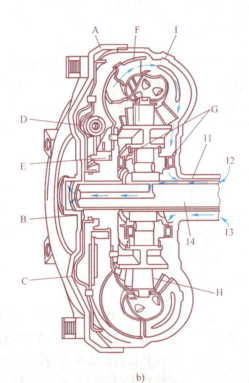

图1-11 典型的液力变矩器

1(A)—变矩器壳体 2(B)—涡轮止动垫片 3(C)—压盘 4(D)—扭转减振器 5(E)—压盘弹簧 6(F)—涡轮 7(G)—推力轴承 8(H)—带单向离合器的单导轮 9(H)—带单向离合器的双导轮 10(I)—泵轮 11—导轮轴 12—分离油液 13—接合油液 14—涡轮轴

1. 单向离合器

单向离合器又称为自由轮机构、超越离合器,其功用是实现导轮的单向锁止,即导轮只能顺时针转动而不能逆时针转动,当涡轮与泵轮转速差较大时,单向离合器处于锁止状态,

项目一 汽车自动变速器检修

导轮不能转动。当涡轮转速升高到一定程度后,单向离合器导通,即导轮空转,使液力变矩器不能改变输出转矩,在高速区实现偶合传动。图1-12所示为液力变矩器的单向离合器结构。

2. 锁止离合器

锁止离合器(Torque Converter Clutch,TCC)可以将泵轮和涡轮直接连接起来,即将发动机与机械变速器直接连接起来,这样可以减少液力变矩器在高速比时的能量损耗,提高传动效率,提高汽车在正常行驶时的燃油经济性,并防止ATF过热。

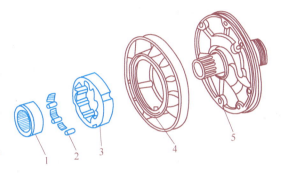

图1-12 液力变矩器的单向离合器结构
1—内座圈 2—滚柱和弹簧 3—外座圈
4—导轮 5—导轮套管

锁止离合器的结构、原理如图1-13所示。锁止离合器接合时,进入液力变矩器中的ATF按图1-13a所示的方向流动,使锁止活塞向前移动,压紧在液力变矩器壳体上,通过摩擦力矩使二者一起转动。此时发动机的动力经液力变矩器壳体、锁止活塞、扭转减振器、涡轮轮毂传给后面的机械变速器,相当于将泵轮和涡轮刚性连在一起,传动效率为100%。当车辆起步、低速或在坏路面上行驶时,应将锁止离合器分离,使液力变矩器具有变矩作用,此时ATF按图1-13b所示的方向流动,将锁止活塞与液力变矩器壳体分离,解除液力变矩器壳体与涡轮的直接连接。

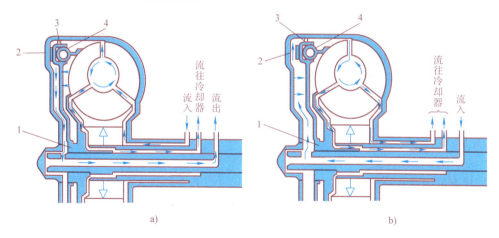

图1-13 锁止离合器的结构、原理
a) 锁止状态 b) 分离状态
1—涡轮轮毂 2—变矩器壳体 3—锁止活塞 4—扭转减振器

任务实施

一、任务实施的环境

1) 拆装及检修前车辆可靠驻停。
2) 正确选用拆装与检修工具。
3) 相关车型维修手册。

4）发动机技术状况良好。

5）仪器操作手册。

6）注意环保及安全操作。

二、任务实施的步骤

1. 单向离合器的检修

单向离合器损坏失效后，如果在锁止方向上出现打滑，则液力变矩器就没有了转矩放大的功用，将出现以下故障现象：车辆加速起步无力，不踩加速踏板车辆不行驶，但车辆行驶起来之后换档正常，发动机功率正常，如果做失速试验会发现失速转速比正常值低400～800r/min。如果单向离合器卡住，在汽车进入偶合工作区（即涡轮转速接近泵轮转速）中高速行驶时，由于导轮卡住不转，从涡轮流出的涡流在导轮上受阻，因此使汽车在高速时的动力性能变差。如果单向离合器在非锁止方向上出现半卡滞故障，则不仅影响发动机动力输出，而且会因半卡滞摩擦生热，使液力变矩器油温升高。

单向离合器的检查如图1-14所示，用专用工具插入油泵驱动毂和单向离合器外座圈的槽口中。然后用手指压住单向离合器的内座圈并转动它，检查是否顺时针转动平稳而逆时针方向锁止。如果单向离合器损坏，则需要更换液力变矩器总成。

图1-14 单向离合器的检查

2. 锁止离合器的检修

锁止离合器的常见故障有不锁止和常锁止。不锁止的现象是车辆的油耗高、发动机高速运转而车速不够快。具体检查时要相应检查电路部分、阀体部分以及锁止离合器本身。

常锁止的现象是发动机怠速正常，但变速杆置于动力档（R、D、2、L）后发动机熄火。

锁止离合器的检查需要将液力变矩器切开后才能进行，但这只能由专业的自动变速器维修站来完成。

3. 液力变矩器的检查

1）检查液力变矩器的外部。目视检查液力变矩器的外部有无损坏和裂纹，油泵驱动毂外径有无磨损、缺口有无损伤。如果有异常，应更换液力变矩器。

2）液力变矩器的清洗。当自动变速器出现过热现象或ATF被污染后，应清洗液力变矩器。清洗液力变矩器可以采用专用的冲洗机进行，也可以手工清洗，方法是加入干净的ATF，用力摇晃、振荡液力变矩器，然后排净油液，反复进行这样的操作，直到排出的油液干净为止。

3）液力变矩器内部干涉的检查。液力变矩器内部干涉主要是指导轮和涡轮、导轮和泵轮之间的干涉。如果有干涉，液力变矩器运转时会有噪声。

导轮和涡轮之间的干涉检查如图1-15所示。将液力变矩器与飞轮连接的一侧朝下放在台架上，然后装入油泵总成，确保液力变矩器油泵驱动毂与油泵主动部分接合好。把变速器输入轴（涡轮轴）插入涡轮轮毂中，使油泵和液力变矩器保持不动，然后沿顺时针、逆时针方向反复转动变速器输入轴，如果转动不顺畅或有噪声，则应更换液力变矩器。

项目一　汽车自动变速器检修

导轮和泵轮之间的干涉检查如图1-16所示,将油泵放在台架上,并将液力变矩器安装在油泵上,旋转液力变矩器使液力变矩器的油泵驱动毂与油泵主动部分接合好,然后固定住油泵并沿逆时针方向转动液力变矩器,如果转动不顺畅或有噪声,则应更换液力变矩器。

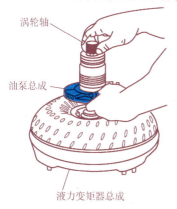

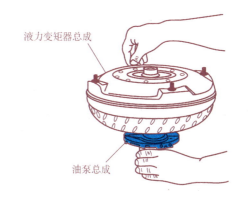

图1-15　导轮和涡轮之间的干涉检查　　　　　图1-16　导轮和泵轮之间的干涉检查

4)液力变矩器轴套径向圆跳动检查。将液力变矩器所在位置做个标记,暂时装到飞轮上,用百分表检查变矩器轴套的径向圆跳动误差,如图1-17所示。如果径向圆跳动超过0.30mm,则应重新调整液力变矩器的安装方位;如果径向圆跳动过大,而仍然得不到修正,则应更换液力变矩器。

4. 液力变矩器的安装

把液力变矩器安装到变速器上时,要使油泵驱动毂的缺口完全落入在油泵主动齿轮的凸块内,并检查自动变速器壳体前端面与液力变矩器前端面的距离,如图1-18所示。如果该距离小于标准值,自动变速器装到车辆上后会压坏油泵齿轮。

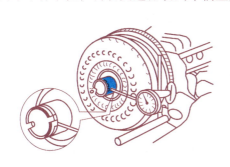

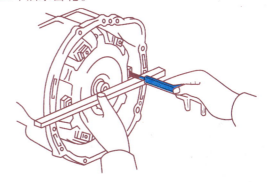

图1-17　液力变矩器轴套径向圆跳动检查　　　　图1-18　安装液力变矩器

5. 液力变矩器噪声诊断

液力变矩器有噪声,当轻踩制动踏板后噪声立刻消失,放松制动踏板后噪声又出现,反复测试现象依旧,则可判定锁止离合器有故障。

可能原因有:液力变矩器泄油,锁止压力不足,由打滑引起噪声;锁止离合器锁止压盘与液力变矩器壳体因变形接触不良造成打滑;液力变矩器壳体端面摆动或失去动平衡造成旋转时共振引起噪声。检查液力变矩器壳体是否偏摆时,可先将变速器拆下,然后将百分表架固定在发动机上，而表针指在液力变矩器壳体外端面上，转动液力变矩器壳体1周，观察百分表的摆动量，摆动量若大于0.20mm，应更换新液力变矩器总成。

对于使用电控锁止电磁阀控制锁止离合器的液力变矩器，锁止电磁阀回位弹簧因使用时间过长而疲劳时，也会因锁止油压不良而产生噪声。

6. 液力变矩器检修注意事项

因变速器离合器或制动器片磨损而需更换或检修变速器时，应特别注意液力变矩器内是否残留杂质。若不清洗干净，组装后杂质从液力变矩器内流出，有可能堵塞滤网，造成变速器再次损坏。为此，应注意对旧液力变矩器的清洗，为清洗彻底，应在对称方向上钻两个直径为8mm的孔，用清洗剂彻底冲出内部杂质，然后用两块铁皮焊封，但应注意保持液力变矩器的动平衡，尽量不要破坏原有的动平衡。

拆卸液力变矩器时，最好打上装配相互位置记号，装复时按原位装回，以免影响动平衡。

更换新液力变矩器时，一定要注意其型号应相同。

将变速器总成与液力变矩器组合时，要注意油泵驱动轴与油泵主动轮之间的配合键槽应确实对齐、插靠，否则在紧固固定螺钉时，必将造成液力变矩器或油泵的损坏。

三、技能训练及相关实践知识

液力变矩器检修技能训练

【训练任务】客户所驾驶的自动档轿车低速时加速性很差，但高于某一车速（如50km/h）后一切正常。维修人员需对液力变矩器进行检修，并向客户解释故障产生的原因。

【训练建议】以小组形式完成。制订故障诊断与排除的基本流程，并按要求逐项填写技能训练评价表。

【评价建议】可用如下技能训练评价表对学生的操作技能进行评价。

技能训练评价表

学生姓名			学　号			
测评日期			测评地点			
测评内容		液力变矩器检修				
考评标准	内　容		分值/分	自　评	互　评	师　评
	单向离合器检修		30			
	液力变矩器的检查		20			
	液力变矩器的安装		20			
	液力变矩器噪声诊断		30			
	合　计		100			
最终得分（自评30% + 互评30% + 师评40%）						

说明：测评满分为100分，60~74分为及格，75~84分为良好，85分及以上为优秀。不足60分的学生，需重新进行知识学习、任务训练，直到任务完成达为合格为止。

项目一 汽车自动变速器检修

归纳总结

液力变矩器位于发动机和机械变速机构之间，以自动变速器油（ATF）为工作介质。液力变矩器通常由泵轮、涡轮和导轮3个元件组成，称为三元件液力变矩器。液力变矩器工作中可实现转矩的放大。单向离合器又称为自由轮机构、超越离合器，其功用是实现导轮的单向锁止，即导轮只能沿顺时针方向转动而不能沿逆时针方向转动。锁止离合器可以将泵轮和涡轮直接连接起来，即将发动机与机械变速器直接连接起来，这样可以减少液力变矩器在高速比时的能量损耗，提高传动效率，提高汽车在正常行驶时的燃油经济性，并防止ATF过热。

思考题

1. 液力变矩器的具体功用有哪些？
2. 典型的液力变矩器由哪些元件组成？它是如何实现转矩放大的？
3. 什么是液力变矩器的偶合工作特性和失速特性？
4. 锁止离合器的功用是什么？它是如何工作的？

任务三 机械变速器检修

知识点：齿轮变速机构传动原理；换档执行元件的结构及工作原理；典型自动变速器的结构及工作原理。

能力点：检修换档执行元件及齿轮机构。

任务情境

机械变速器的检修

客户的轿车进店修理，该车挂倒档时行驶无力，有时甚至不能倒车。师傅让维修工小王对车辆进行检查，查找并排除故障。小王很快动手并完成这项任务。

任务分析

该任务是检修换档执行元件及齿轮变速机构。完成此任务需要了解齿轮变速机构的传动原理，掌握换档执行元件的结构及工作原理，掌握典型自动变速器的结构、原理及检修方法。

任务实施的相关专业知识

一、齿轮变速机构

液力变矩器可以在一定范围内自动无级地改变转矩和传动比，以适应行驶阻力的变化，但变矩比小，不能完全满足汽车使用的要求，必须与齿轮变速器组合使用，扩大传动比的变化范围，才能满足汽车行驶的要求。自动变速器的齿轮变速机构主要有行星齿轮变速机构和平行轴齿轮变速机构。目前绝大多数自动变速器采用行星齿轮变速机构与液力变矩器配合使用，行星齿轮变速机构由行星齿轮机构和执行机构组成，执行机构根据自动变速器控制系统的命令接合或分离、制动或放松行星齿轮机构的某个元件，通过改变动力传递路线获得不同的传动比。

1. 单排单级行星齿轮机构

单排单级行星齿轮机构主要由一个太阳轮（或称为中心轮）、一个带有若干个行星齿轮的行星架和一个齿圈组成，如图1-19所示。

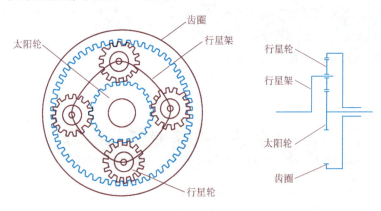

图1-19　单排单级行星齿轮机构

齿圈又称为齿环，制有内齿，其余齿轮均为外齿轮。太阳轮位于机构的中心，行星轮与其外啮合，行星轮与齿圈内啮合。通常行星轮有3～6个，通过滚针轴承安装在行星齿轮轴上，行星齿轮轴对称、均匀地安装在行星架上。行星齿轮机构工作时，行星轮除了绕自身轴线自转外，同时还绕着太阳轮公转；行星轮绕太阳轮公转，行星架也绕太阳轮旋转。由于太阳轮与行星轮是外啮合，所以两者的旋转方向是相反的；而行星轮与齿圈是内啮合，两者的旋转方向是相同的。

根据能量守恒定律，由作用在单排单级行星齿轮机构各元件上的力矩和结构参数，可以得出表示单排单级行星齿轮机构运动规律的特性方程式，即

$$n_1 + \alpha n_2 - (1+\alpha) n_3 = 0$$

式中，n_1 为太阳轮转速；n_2 为齿圈转速；n_3 为行星架转速；α 为齿圈齿数 z_2 与太阳轮齿数 z_1 之比，即 $\alpha = z_2/z_1$，且 $\alpha > 1$。

由于一个方程有3个变量,如果将太阳轮、齿圈和行星架中某个元件作为主动(输入)部分,将另一个元件作为从动(输出)部分,则由于第三个元件不受任何约束和限制,导致从动部分的运动是不确定的。因此为了得到确定的运动,必须对太阳轮、齿圈和行星架三者中的某个元件的运动进行约束和限制。

单排单级行星齿轮机构通过对不同的元件进行约束和限制,可以得到不同的动力传递方式,如图1-20所示。

图1-20 单排单级行星齿轮机构的动力传递方式

1)齿圈为主动件(输入),行星架为从动件(输出),太阳轮固定,如图1-20a所示。此时,$n_1=0$,则传动比i_{23}为

$$i_{23}=\frac{n_2}{n_3}=1+\frac{1}{\alpha}>1$$

由于传动比大于1,说明为减速传动,可以作为降速档。

2)行星架为主动件(输入),齿圈为从动件(输出),太阳轮固定,如图1-20b所示。此时,$n_1=0$,则传动比i_{32}为

$$i_{32}=\frac{n_3}{n_2}=\frac{\alpha}{1+\alpha}<1$$

由于传动比小于1,说明为增速传动,可以作为超速档。

3)太阳轮为主动件(输入),行星架为从动件(输出),齿圈固定,如图1-20c所示。此时,$n_2=0$,则传动比i_{13}为

$$i_{13}=\frac{n_1}{n_3}=1+\alpha>1$$

由于传动比大于1,说明为减速传动,可以作为降速档。

对比 1)、3) 两种情况的传动比,由于 $i_{13} > i_{23}$,虽然都为降速档,但 i_{13} 是降速档中的低档,而 i_{23} 为降速档中的高档。

4) 行星架为主动件(输入),太阳轮为从动件(输出),齿圈固定,如图 1-20d 所示。此时,$n_2 = 0$,则传动比 i_{31} 为

$$i_{31} = \frac{n_3}{n_1} = \frac{1}{1+\alpha} < 1$$

由于传动比小于 1,说明为增速传动,可以作为超速档。

5) 太阳轮为主动件(输入),齿圈为从动件(输出),行星架固定,如图 1-20e 所示。此时,$n_3 = 0$,则传动比 i_{12} 为

$$i_{12} = \frac{n_1}{n_2} = -\alpha < 0$$

由于传动比为负值,说明主、从动件的旋转方向相反;由于 $|i_{12}| > 1$,说明为增速传动,可以作为倒档。

6) 如果 $n_1 = n_2$,则可以得到 $n_3 = n_1 = n_2$。同样,$n_1 = n_3$ 或 $n_2 = n_3$ 时,均可以得到 $n_1 = n_2 = n_3$ 的结论。因此,若使太阳轮、齿圈和行星架 3 个元件中的任何两个元件连为一体转动,则另一个元件必然与前两者等速同向转动。即行星齿轮机构中所有元件(包含行星轮)之间均无相对运动,传动比 $i = 1$。这种传动方式用于变速器的直接档传动。

7) 如果太阳轮、齿圈和行星架 3 个元件没有任何约束,则各元件的运动是不确定的,此时为空档。

自动变速器中的行星齿轮变速器一般采用 2~3 排行星齿轮机构传动,其各档传动比就是根据上述单排行星齿轮机构传动特点进行合理组合得到的。

2. 单排双级行星齿轮机构

单排双级行星齿轮机构如图 1-21 所示。设太阳轮、齿圈和行星架的转速分别为 n_1、n_2 和 n_3,齿数分别为 z_1、z_2 和 z_3,齿圈与太阳轮的齿数比为 α,则其运动规律为

$$n_1 - \alpha n_2 + (\alpha - 1)n_3 = 0$$

单排双级行星齿轮机构的运动分析与单排单级行星齿轮机构相同。

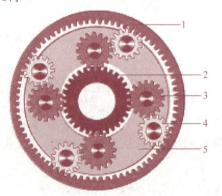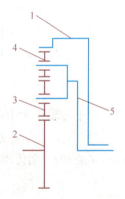

图 1-21 单排双级行星齿轮机构
1—齿圈 2—太阳轮 3—内行星轮 4—外行星轮 5—行星架

二、换档执行元件

行星齿轮变速器的换档执行元件包括离合器、制动器和单向离合器。离合器和制动器以液压方式控制行星齿轮机构元件的旋转,单向离合器以机械方式对行星齿轮机构的元件进行锁止。

1. 离合器

离合器的功用是连接轴和行星齿轮机构中的元件或是连接行星齿轮机构中的不同元件。

(1) 结构、组成 离合器主要由离合器鼓、花键毂、活塞、主动摩擦片、从动钢片、回位弹簧等组成，如图1-22所示。

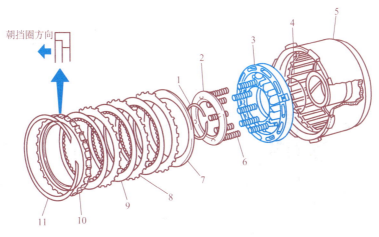

图1-22 离合器零件分解图

1—卡环 2—弹簧座 3—活塞 4—O形圈 5—离合器鼓 6—回位弹簧
7—碟形弹簧 8—从动钢片 9—主动摩擦片 10—压盘 11—卡环

离合器鼓是一个液压缸，鼓内有内花键齿圈，内圆轴颈上有进油孔与控制油路相通。离合器活塞为环状，内、外圆上有密封圈，安装在离合器鼓内。从动钢片和主动摩擦片交错排列，两者统称为离合器片，均使用钢材制成，但摩擦片的两面烧结有铜基粉末冶金的摩擦材料。为保证离合器接合柔和及散热，离合器片浸在油液中工作，因而称为湿式离合器。钢片带有外花键齿，与离合器鼓的内花键齿圈连接，并可做轴向移动，摩擦片则以内花键齿与花键毂的外花键槽配合，也可做轴向移动。花键毂和离合器鼓分别以一定的方式与变速器输入轴或行星齿轮机构的元件相连接。碟形弹簧的作用是使离合器接合柔和，防止换档冲击。可以通过调整卡环或压盘的厚度来调整离合器的间隙。

(2) 工作原理 离合器的工作原理如图1-23所示。

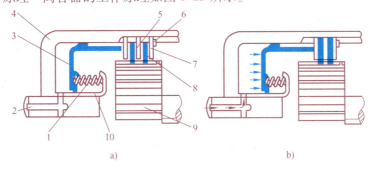

图1-23 离合器的工作原理

a) 分离状态 b) 接合状态

1—回位弹簧 2—控制油道 3—活塞 4—离合器鼓 5—主动摩擦片
6—卡环 7—压盘 8—从动钢片 9—花键毂 10—弹簧座

当一定压力的ATF经控制油道进入活塞左面的液压缸时,液压作用力便克服弹簧力使活塞右移,将所有离合器片压紧,即离合器接合,与离合器主、从动部分相连的元件也被连接在一起,以相同的速度旋转。

当控制阀将作用在离合器液压缸的油压撤除后,离合器活塞在回位弹簧的作用下回复原位,并将缸内的ATF从进油孔排出,使离合器分离,离合器主从动部分可以不同转速旋转。

为了快速泄油,保证离合器彻底分离,一般在液压缸中都设有一个单向球阀,如图1-24所示。当ATF的油压被撤除时,球体在离心力的作用下离开阀座,开启辅助泄油通道,使ATF迅速排出。

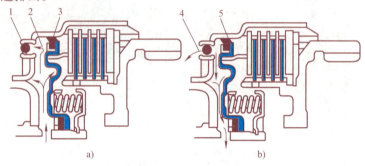

图1-24 带单向球阀的离合器

a) 接合时 b) 分离时

1—单向球阀 2—液压缸 3—油封 4—辅助泄油通道 5—活塞

2. 制动器

制动器的功用是固定行星齿轮机构中的元件,防止其转动。制动器有片式和带式两种形式。

（1）片式制动器 片式制动器与离合器的结构和原理相同,不同之处是离合器是起连接作用而传递动力,而片式制动器则是通过连接起制动作用。片式制动器的结构如图1-25所示。

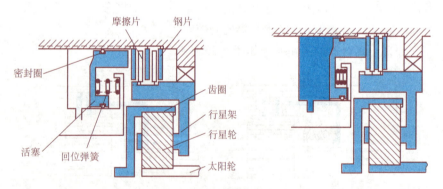

图1-25 片式制动器的结构

当活塞受到控制油压的作用时,活塞在活塞缸内运动,使摩擦片与钢片相互接触。其结果是在每个摩擦片与钢片之间产生很大的摩擦力,使行星齿轮机构某一元件或单向离合器锁定在变速器壳体上。当控制油压降低时,由于回位弹簧的作用,活塞回至原位,使制动解除。

（2）带式制动器　带式制动器由制动带和控制液压缸等组成。图1-26所示为带式制动器的零件分解图。制动带是内表面带有镀层的开口式环形钢带。制动带的一端支承在与变速器壳体固连的支座上，另一端与控制油缸的活塞杆相连。

制动器的工作原理如图1-27所示，制动带开口处的一端通过支柱支撑于固定在变速器壳体的调整螺钉上，另一端支撑于液压缸活塞杆端部，活塞在回位弹簧和左腔油压作用下位于右极限位置，此时，制动带和制动鼓之间存在一定间隙。

制动时，液压油进入活塞右腔，克服左腔油压和回位弹簧的作用力推动活塞左移，制动带以固定支座为支点收紧。在制动力矩的作用下，制动鼓停止旋转，行星齿轮机构某元件被锁止。随着油压撤除，活塞逐渐回位，制动解除。若仅依靠弹簧张力，则活塞回位速度较慢；目前大多数制动器设置了左腔进油道，在右腔撤除油压的同时，左腔进油，活塞在油压和回位弹簧的共同作用下回位，可迅速解除制动。

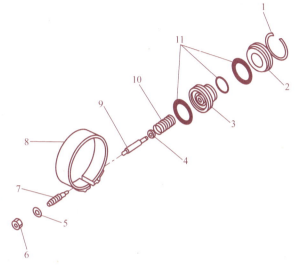

图1-26　带式制动器的零件分解图
1—卡环　2—活塞定位架　3—活塞　4—止动垫圈
5—垫圈　6—锁紧螺母　7—调整螺钉　8—制动带
9—活塞杆　10—回位弹簧　11—O形圈

图1-28所示为间接作用式伺服装置，活塞杆通过杠杆控制推杆的动作，由于采用杠杆结构将活塞作用力放大，制动力矩进一步增加。

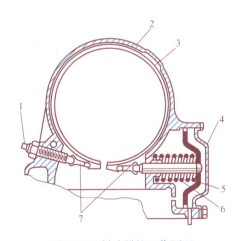

图1-27　制动器的工作原理
1—调整螺钉（固定支承端）　2—变速器壳体
3—制动带　4—液压缸盖　5—活塞
6—回位弹簧　7—支柱

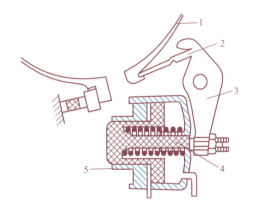

图1-28　间接作用式伺服装置
1—制动带　2—推杆　3—杠杆
4—活塞杆　5—壳体

3. 单向离合器

单向离合器的作用是使某一元件只能按一定方向旋转，而在另一方向上锁止。常见的单向离合器有楔块式和滚柱式两种结构形式。

楔块式单向离合器如图1-29所示，它由内座圈、外座圈、楔块和保持架等组成。内、外座圈组成的滚道宽度是均匀的，采用不均匀形状的楔块，楔块的大端长度大于滚道宽度。当内座圈固定，外座圈沿逆时针方向转动时，外座圈带动楔块沿逆时针方向转动，楔块的长径与内、外座圈接触，如图1-29a所示，由于楔块的长径长度大于内、外座圈之间的距离，所以外座圈被卡住而不能转动。而当外座圈沿顺时针方向转动时，外座圈带动楔块沿顺时针方向转动，楔块的短径与内、外座圈接触，如图1-29b所示，由于楔块的短径长度小于内、外座圈之间的距离，所以外座圈可以自由转动。

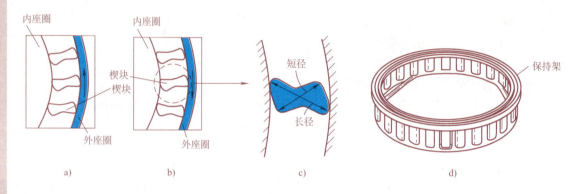

图1-29　楔块式单向离合器
a）不可转动　b）可以转动　c）楔块结构　d）楔块式单向离合器

滚柱式单向离合器如图1-30所示，它由内座圈、外座圈、滚柱和叠片弹簧等组成。当外座圈沿顺时针方向转动时，滚柱进入楔形槽的宽处，内、外座圈不能被滚柱楔紧，外座圈可以沿顺时针方向自由转动。当外座圈沿逆时针方向转动时，滚柱进入楔形槽的窄处，内、外座圈被滚柱楔紧，外座圈固定不动。

三、典型自动变速器

1. 丰田U341E型自动变速器

丰田卡罗拉轿车配备的U341E型自动变速器，其齿轮变速机构采用了CR-CR式行星齿轮机构，即将两组单行星排的行星架C（planet carrier）和齿圈R（gear-ring）分别组配。该行星齿轮机构仅有4个独立元件（前太阳轮、后太阳轮、前行星架/后齿圈组件、后行星架/前齿圈组件），其特点是变速比大、效率高、元件轴转速低。

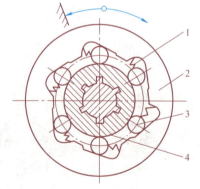

图1-30　滚柱式单向离合器
1—叠片弹簧　2—外座圈
3—滚柱　4—内座圈

（1）结构组成　丰田卡罗拉轿车U341E型自动变速器行星齿轮变速传动机构的结构如图1-31所示，主要部件的功能见表1-1，各换档执行元件的工作情况见表1-2。

项目一 汽车自动变速器检修

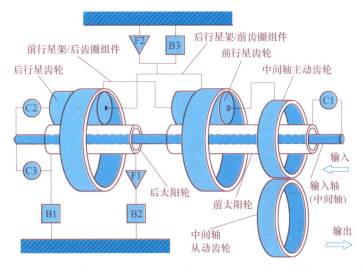

图 1-31 丰田卡罗拉轿车 U341E 型自动变速器行星齿轮变速传动机构的结构

表 1-1 主要部件功能

部 件	功 能
C1	前进档离合器	连接输入轴和前排太阳轮
C2	直接离合器	连接输入轴和后排行星架
C3	倒档离合器	连接输入轴和后太阳轮
B1	OD 档和 2 档制动器	固定后排太阳轮
B2	2 档制动器	固定 F1 的外圈
B3	1 档和倒档制动器	固定后行星架/前齿圈组件
F1	1 号单向离合器	与 B2 配合,阻止后太阳轮沿逆时针方向转动
F2	2 号单向离合器	阻止后行星架/前齿圈组件沿逆时针方向转动
	前行星齿轮组	根据各换档执行元件的工作情况,改变齿轮动力传递路线,以升高或降低输出转速
	后行星齿轮组	
	中间轴齿轮副	将动力传递给差速器,并改变传动方向,降低输出转速

表 1-2 各换档执行元件的工作情况

变速杆位置	档位	离合器			制动器			单向离合器	
		C1	C2	C3	B1	B2	B3	F1	F2
P	驻车档								
R	倒档			○			○		
N	空档								
D	1 档	○							○
	2 档	○			○			○	
	3 档	○	○						
	4 档		○		○				

(续)

变速杆位置	档位	离合器			制动器			单向离合器	
		C1	C2	C3	B1	B2	B3	F1	F2
3	1档	○							○
	2档	○				○		○	
	3档	○	○				○		
2	1档	○							○
	2档	○			○			○	
L	1档	○					○		

注：○表示工作。

(2) 动力传递路线分析

1) 1档。变速杆处于D、3和2位置的1档时，参与工作的换档执行元件有C1、F2，动力传递路线如图1-32所示。图中的"×"表示前齿圈有逆转的趋势，但被单向离合器锁住了。1档时动力传递发生在前行星齿轮组，F2阻止前齿圈逆输入轴的旋转方向（逆时针）转动，此时，后行星齿轮组没有元件被约束，因此处于空转状态，动力传递路线如下：

输入轴→C1→前太阳轮→前行星轮→前行星架→中间轴主动齿轮→输出轴

放松加速踏板时，前行星架转速高（接驱动轮），前太阳轮转速低（接发动机），使前齿圈试图被带动沿着前行星架（前太阳轮）的旋转方向加速转动。由于单向离合器F2不阻止前齿圈沿着行星架的旋转方向转动，整个行星齿轮组不能反向传递动力，所以无发动机制动效果。

为了提供有发动机制动的1档，在"L"位置的1档时，除了使上述的1档换档执行元件工作外，还使B3也工作，使得车辆行驶时，无论是踩下还是放松加速踏板，行星排都有动力传递能力，从而获得发动机制动效果。

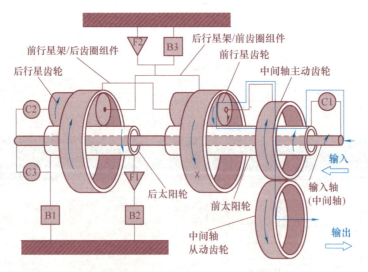

图1-32 1档动力传递路线

2) 2档。变速杆处于D和3位置的2档时，参与工作的换档执行元件有C1、B2、F1，动力传递路线如图1-33所示。2档时动力传递发生在前、后两个行星齿轮组，B2、F1联合作用，阻止后太阳轮逆输入轴的旋转方向转动，动力传递路线如下：

输入轴 → C1 → 前太阳轮 → 前行星轮 →┬→ 前行星架 ─────────────────────────┐
　　　　　　　　　　　　　　　　　　　　└→ 前齿圈 → 后行星架 → 后行星轮 → 后齿圈 →┤

中间轴主动齿轮→输出轴

放松加速踏板时，前行星架/后齿圈组件转速高（接驱动轮），前太阳轮转速低（接发动机），使前齿圈/后行星架组件加速转动，进而试图带动后太阳轮沿着前行星架（前太阳轮）的旋转方向加速转动。由于单向离合器F1不阻止后太阳轮沿着行星架的旋转方向转动，整个行星排不能反向传递动力，所以无发动机制动效果。

为了提供有发动机制动的2档，在2位的2档时，除了使上述的2档换档执行元件工作外，还使B1也工作，使车辆获得发动机制动效果。

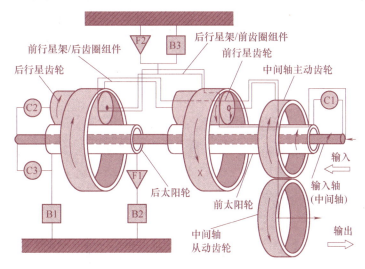

图1-33　2档动力传递路线

3）3档。变速杆处于D和3位置的3档时，参与工作的换档执行元件有C1、C2、B2，动力传递路线如图1-34所示。3档时前、后行星齿轮组互锁成一体旋转，动力传递路线如下：

输入轴 ┬→ C1 → 前太阳轮 ─────────────→ 前行星架 → 中间轴主、从动齿轮 → 输出轴
　　　 └→ C2 → 后行星架 → 前齿圈

由于行星齿轮机构的3个元件（太阳轮、行星架、齿圈）中有2个转速相等（前太阳轮、前行星架都与输入轴相连），因此在放松加速踏板时，驱动轮的动力可以经前行星架传给前太阳轮，所以有发动机制动效果。

4）4档。变速杆处于D位置的4档时，参与工作的换档执行元件有C2、B1、B2，动力传递路线如图1 35所示。4档时动力传递发生在后行星齿轮组，此时前行星齿轮组处于空转状态，动力传递路线如下：

输入轴→C2→后行星架→后行星轮→后齿圈→中间轴主、从动齿轮→输出轴

由于行星齿轮机构的3个元件（太阳轮、行星架、齿圈）中有1个固定（后太阳轮被

固定），因此在放松加速踏板时，驱动轮的动力可以经后齿圈传给后行星架，所以有发动机制动效果。

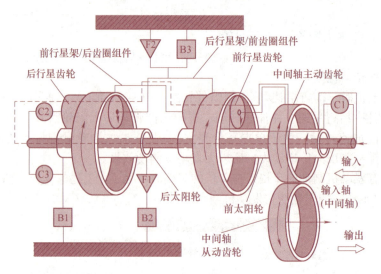

图1-34 3档动力传递路线

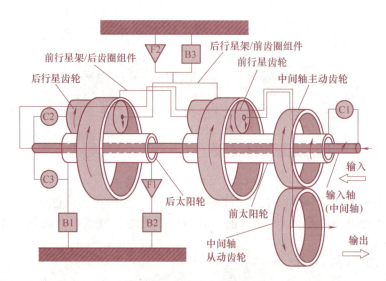

图1-35 4档动力传递路线

5）倒档。变速杆处于R位置时，参与工作的换档执行元件有C3、B3，动力传递路线如图1-36所示。R档时动力传递发生在后行星排，此时前排行星齿轮组处于空转状态，动力传递路线如下：

输入轴→C3→后太阳轮→后行星轮→后齿圈→中间轴主、从动齿轮→输出轴

由于行星齿轮机构的3个元件（太阳轮、行星架、齿圈）中有1个固定（后行星架被固定），因此在放松加速踏板时，驱动轮的动力可以经后太阳轮传给后齿圈，所以有发动机制动效果。

2. 大众01M自动变速器

大众01M型4档自动变速器采用了拉维娜式（Ravigneaux）行星齿轮机构，具有4个前

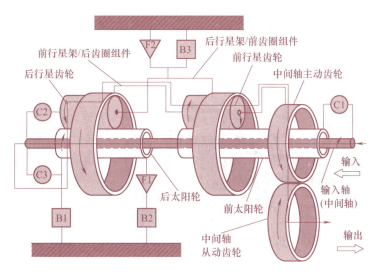

图1-36 倒档动力传递路线

进档，用于宝来、捷达等车型上。

（1）结构组成　01M自动变速器的结构如图1-37所示，包括拉维娜式行星齿轮变速传动机构、离合器、制动器和单向离合器。

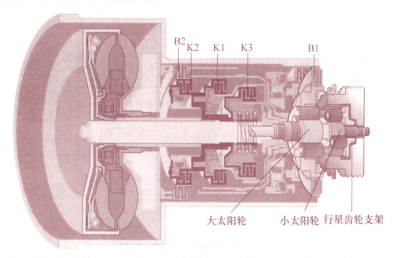

图1-37 01M自动变速器的结构

拉维娜式行星齿轮变速传动机构的结构如图1-38所示。行星齿轮系由大、小太阳轮各1个，长、短行星轮各3个，行星架和齿圈组成。长行星轮采用分段式结构，使3档到4档的转换更加平顺。短行星轮与长行星轮及小太阳轮啮合；长行星轮同时与大太阳轮、短行星轮及齿圈啮合，动力通过齿圈输出。

（2）动力传递路线分析　拉维娜式行星齿轮变速传动机构简图如图1-39所示。其中离合器K1用于驱动小太阳轮，离合器K2用于驱动大太阳轮，离合器K3用于驱动行星架，制动器B1用于制动行星架，制动器B2用于制动大太阳轮，单向离合器F防止行星架沿逆时针方向转动，锁止离合器 K0 将变矩器的泵轮和涡轮刚性连在一起。

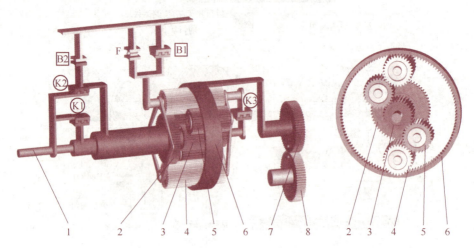

图 1-38 拉维娜式行星齿轮变速传动机构的结构

1—输入轴 2—大太阳轮 3—小太阳轮 4—长行星轮 5—短行星轮
6—齿圈 7—输出齿轮 8—主减速器齿轮

K1—第1档到第3档离合器 K2—倒档离合器 K3—第3档和第4档离合器
B1—倒档制动器 B2—第2档和第4档制动器 F—单向离合器

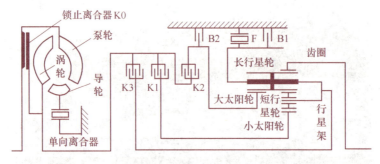

图 1-39 拉维娜式行星齿轮变速传动机构简图

各档位换档元件的工作情况见表1-3。

表 1-3 各档位换档元件的工作情况

档位	K1	K2	K3	B1	B2	F
P						
R		○		○		
N						
D_1	○					○
D_2	○				○	
D_3	○		○			
D_4			○		○	

(续)

档位	K1	K2	K3	B1	B2	F
2_1	○					○
2_2	○				○	
1	○			○		

注：○表示离合器、制动器或单向离合器工作。

1）D_1 档。D 位 1 档时，离合器 K1 接合，驱动后排小太阳轮，单向离合器 F 工作，单向制动行星架，齿圈同向减速输出。如图 1-40 所示，其动力传递路线：泵轮→涡轮→涡轮轴→离合器 K1→小太阳轮→短行星轮→长行星轮→齿圈。

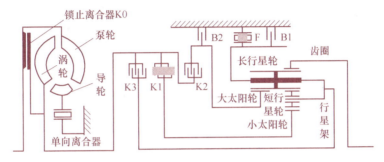

图 1-40　D_1 档动力传递路线

2）D_2 档。D 位 2 档时，离合器 K1 接合，驱动后排小太阳轮，制动器 B2 制动前排大太阳轮，齿圈同向减速输出。如图 1-41 所示，其动力传递路线：泵轮→涡轮→涡轮轴→离合器 K1→小太阳轮→短行星轮→长行星轮（围绕大太阳轮转动）→齿圈。

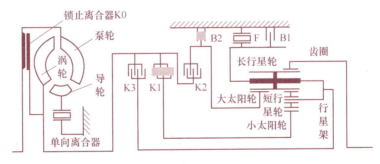

图 1-41　D_2 档动力传递路线

3）D_3 档。D 位 3 档时，离合器 K1 接合，驱动后排小太阳轮，离合器 K3 接合，驱动行星架，因而使行星齿轮机构锁止并一同转动，此时为直接档。如图 1-42 所示，其动力传递路线：泵轮→涡轮→涡轮轴→离合器 K1 和 K3→整个行星齿轮转动。

4）D_4 档。D 位 4 档时，离合器 K3 接合，驱动行星架，制动器 B2 工作，制动大太阳轮，齿圈同向增速输出，此时为超速档。如图 1-43 所示，其动力传递路线：泵轮→涡轮→涡轮轴→离合器 K3→行星架→长行星轮（围绕大太阳轮转动）→齿圈。

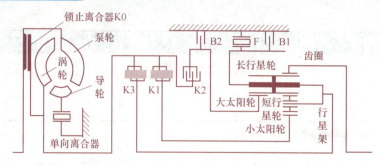

图1-42 D_3档动力传递路线

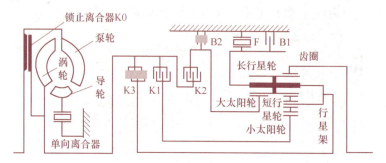

图1-43 D_4档动力传递路线

5）2_1档。2位1档的动力传递路线与D位1档相同。

6）2_2档。2位2档的动力传递路线与D位2档相同。

7）1档。1位1档时，离合器K1接合，驱动后排小太阳轮，制动器B1制动行星架，齿圈同向减速输出。如图1-44所示，其动力传递路线与D位1档相同。

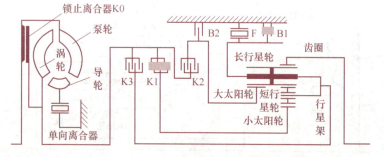

图1-44 1位1档动力传递路线

8）R位（倒档）。变速杆在R位置时，离合器K2接合，驱动大太阳轮，制动器B1制动行星架，齿圈反向减速输出。如图1-45所示，其动力传递路线：泵轮→涡轮→涡轮轴→离合器K2→大太阳轮→长行星轮反向驱动齿圈。

3．本田MAXA自动变速器

广州本田雅阁轿车MAXA自动变速器采用电子控制式，主要由平行轴式齿轮变速传动机构、液压控制系统和电子控制系统三大部分组成，可以提供4个前进档和1个倒档。

项目一 汽车自动变速器检修

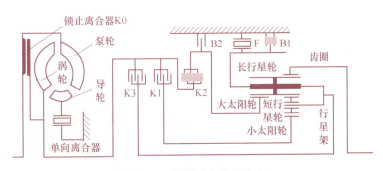

图1-45 倒档动力传递路线

（1）结构组成　广州本田雅阁轿车MAXA自动变速器的内部结构如图1-46所示，MAXA自动变速器的纵剖视图如图1-47所示，图1-48所示为MAXA自动变速器的齿轮机构。平行轴式齿轮变速传动机构主要由平行轴、各档齿轮和湿式多片离合器等组成。平行轴有3根，即输入轴（主轴）、中间轴和输出轴（副轴）。

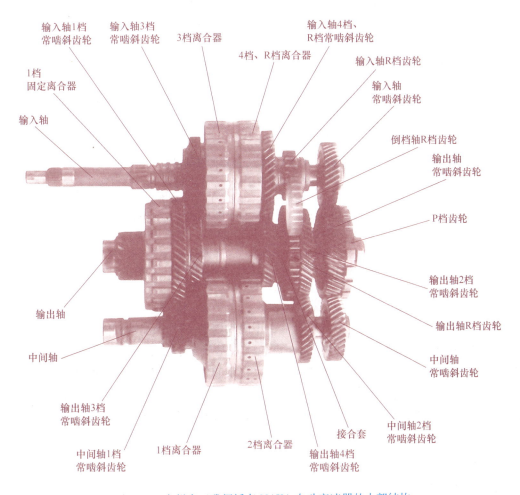

图1-46 广州本田雅阁轿车MAXA自动变速器的内部结构

33

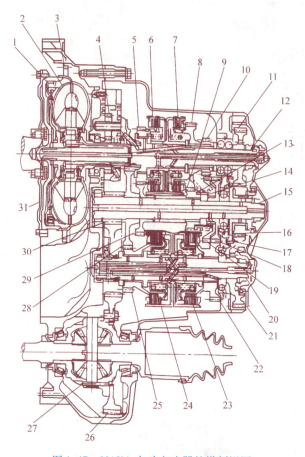

图1-47 MAXA自动变速器的纵剖视图

1—锁止活塞 2—液力变矩器 3—齿圈 4—ATF泵从动齿轮 5—输入轴3档齿轮 6—3档离合器 7—4档离合器 8—输入轴4档齿轮 9—输出轴4档齿轮 10—输入轴倒档齿轮 11—输入轴惰轮 12—输入轴 13—倒档接合套 14—倒档接合套轴套 15—输出轴 16—输出轴惰轮 17—驻车档齿轮 18—输出轴2档齿轮 19—输出轴倒档齿轮 20—中间轴 21—中间轴惰轮 22—中间轴2档齿轮 23—2档离合器 24—1档离合器 25—中间轴1档齿轮 26—主减速器从动齿轮 27—差速器总成 28—输出轴1档齿轮 29—输出轴3档齿轮 30—主减速器主动齿轮 31—驱动盘

1) 1档离合器。1档离合器可使1档齿轮实现啮合或脱离。1档离合器位于中间轴中部，它与2档离合器背向相接。1档离合器由中间轴内的ATF供油管提供液压。

2) 2档离合器。2档离合器可使2档齿轮实现啮合或脱离。2档离合器位于中间轴中部，它与1档离合器背向相接。2档离合器由来自中间轴与液压回路相连的回路提供液压。

3) 3档离合器。3档离合器可使3档齿轮实现啮合或脱离。3档离合器位于输入轴中部，它与4档离合器背向相接。3档离合器由输入轴内与调节器阀相连的油道提供压力。

4) 4档离合器。4档离合器可使4档齿轮及倒档齿轮实现啮合或脱离。4档离合器与倒档齿轮一起位于输入轴中部，4档离合器与3档离合器背向相接。4档离合器由输入轴内的ATF供油管提供液压。

5) 1档固定离合器。用于接合/分离1档或固定1档位置，它位于输出轴的端部，液力变矩器的后面。1档固定离合器由输出轴内的油道供给压力。

6）单向离合器。单向离合器固定在输出轴的1档齿轮和3档齿轮中间，通过3档齿轮花键与输出轴连接在一起，3档齿轮为单向离合器提供内座圈表面；1档齿轮为单向离合器提供外座圈表面；当动力从中间轴的1档齿轮传递给输出轴的1档齿轮时，单向离合器锁止；在D4、D3、2位置的1档、2档、3档和4档时，1档离合器和1档齿轮保持啮合。

但是，当2档、3档、4档离合器/齿轮在D4、D3、2位置作用时，单向离合器分离，这是因为输出轴上的齿轮增加的转速超过了单向离合器锁止的"转速范围"。

（2）动力传递路线分析　MAXA自动变速器各档位参与工作的相关部件见表1-4。

1）P位。液压油不作用到任何离合器，所有离合器均分离，动力不传递给输出轴。此时，依靠制动锁块与驻车档齿轮的互锁作用实现驻车。

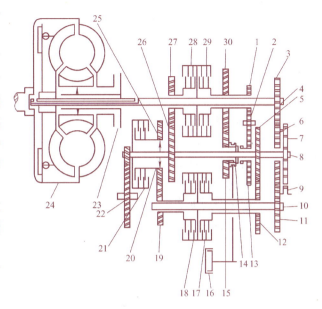

图1-48　MAXA自动变速器的齿轮机构

1—输入轴倒档齿轮　2—倒档齿轮　3—输入轴惰轮　4—输入轴
5—输出轴2档齿轮　6—输出轴惰轮　7—停车齿轮　8—输出轴
9—驻车锁销　10—中间轴　11—中间轴惰轮　12—中间轴2档齿轮　13—输出轴倒档齿轮　14—倒档滑套　15—输出轴4档齿轮　16—伺服液压缸　17—2档离合器　18—1档离合器
19—中间轴1档齿轮　20—单向离合器　21—1档固定离合器
22—最终驱动齿轮　23—油泵　24—液力变矩器　25—输出轴1档齿轮　26—输出轴3档齿轮　27—输入轴3档齿轮
28—3档离合器　29—4档离合器　30—输入轴4档齿轮

表1-4　MAXA自动变速器各档位参与工作的相关部件

档位		液力变矩器	1档齿轮 1档离合器	1档固定离合器	2档齿轮 2档离合器	3档齿轮 3档离合器	4档		倒档齿轮	驻车档齿轮
							齿轮	离合器		
P		○								○
R		○						○	○	
N		○								
D4	1档	○	○							
	2档	○	○		○					
	3档	○	○			○				
	4档	○	○				○	○		
D3	1档	○	○							
	2档	○	○		○					
	3档	○	○			○				
2		○	○		○					
1		○	○	○						

注：○表示工作。

2) N位。发动机动力由液力变矩器传递给输入轴惰轮、输出轴惰轮和中间轴惰轮,但液压油没有作用到任何离合器上,动力没有传递给输出轴。

当变速杆从D4位变换到N位时,倒档接合套将输出轴4档齿轮与倒档接合套及输出轴相连;当变速杆从R位变换到N位时,输出轴倒档齿轮处于啮合状态。但由于无动力传递给输出轴,上述两种情况均无动力输出,从而使车辆处于空档位置。

3) D4或D3位1档。其动力传递路线:液力变矩器→输入轴→输入轴惰齿轮→输出轴惰齿轮→中间轴惰齿轮→中间轴→1档离合器→中间轴1档齿轮→输出轴1档齿轮→单向离合器→输出轴→最终驱动齿轮,如图1-49所示。

4) D4或D3位2档或2位。其动力传递路线:液力变矩器→输入轴→输入轴惰齿轮→输出轴惰齿轮→中间轴惰齿轮→中间轴→2档离合器→中间轴2档齿轮→输出轴2档齿轮→最终驱动齿轮,如图1-50所示。

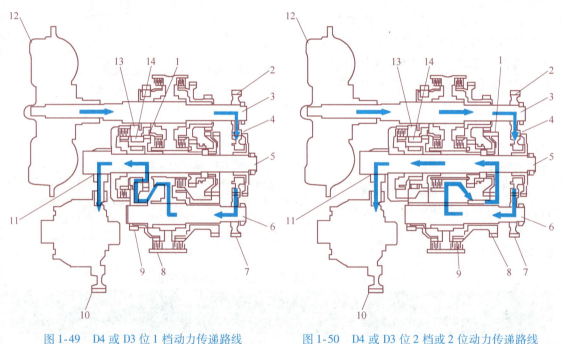

图1-49 D4或D3位1档动力传递路线
1—输出轴3档齿轮 2—输入轴惰齿轮 3—输入轴
4—输出轴惰齿轮 5—输出轴 6—中间轴 7—中间
轴惰齿轮 8—1档离合器 9—中间轴1档齿轮
10—最终输出齿轮 11—最终驱动齿轮
12—液力变矩器 13—输出轴1档齿轮
14—单向离合器

图1-50 D4或D3位2档或2位动力传递路线
1—输出轴2档齿轮 2—输入轴惰齿轮 3—输入轴
4—输出轴惰齿轮 5—输出轴 6—中间轴
7—中间轴惰齿轮 8—中间轴2档齿轮
9—2档离合器 10—最终输出齿轮
11—最终驱动齿轮 12—液力变矩器
13—轴出轴1档齿轮 14—单向离合器

5) D4或D3位3档。其动力传递路线:液力变矩器→输入轴→3档离合器→输入轴3档齿轮→输出轴3档齿轮→输出轴→最终驱动齿轮,如图1-51所示。

6) D4位4档。其动力传递路线:液力变矩器→输入轴→4档离合器→输入轴4档齿轮→输出轴4档齿轮→倒档滑套→输出轴→最终驱动齿轮,如图1-52所示。

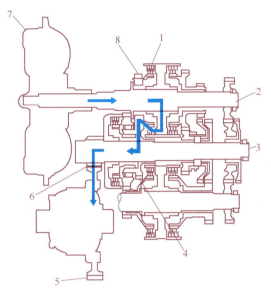

图 1-51　D4 或 D3 位 3 档动力传递路线

1—3 档离合器　2—输入轴　3—输出轴
4—输出轴 3 档齿轮　5—最终输出齿轮
6—最终驱动齿轮　7—液力变矩器
8—输入轴 3 档齿轮

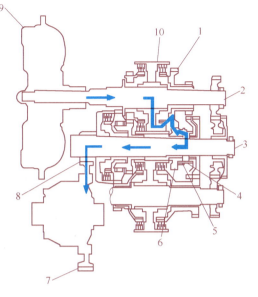

图 1-52　D4 位 4 档动力传递路线

1—输入轴 4 档齿轮　2—输入轴　3—输出轴
4—倒档选择器轮壳　5—倒档选择器
6—输出轴 4 档齿轮　7—最终输出齿轮
8—最终驱动齿轮　9—液力变矩器
10—4 档离合器

7）1 位 1 档。其动力传递路线与 D4 或 D3 位 1 档基本相同，区别仅在于 1 档固定离合器接合，使动力分流，实现发动机制动，如图 1-53 所示。其阻力传递路线：车轮→驱动

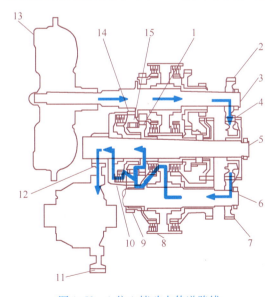

图 1-53　1 位 1 档动力传递路线

1—输出轴 3 档齿轮　2—输入轴惰齿轮　3—输入轴　4—输出轴惰齿轮　5—输出轴　6—中间轴
7—中间轴惰齿轮　8—1 档离合器　9—中间轴 1 档齿轮　10—1 档固定离合器　11—最终输出齿轮
12—最终驱动齿轮　13—液力变矩器　14—输出轴 1 档齿轮　15—单向离合器

桥→最终驱动齿轮→输出轴→1档固定离合器→输出轴1档齿轮→中间轴1档齿轮→1档离合器→中间轴→中间轴惰齿轮→输出轴惰齿轮→输入轴惰齿轮→输入轴→液力变矩器→发动机。

8) R位。其动力传递路线：液力变矩器→输入轴→4档离合器→输入轴倒档齿轮→倒档惰轮→输出轴倒档齿轮→输出轴→最终驱动齿轮，如图1-54所示。

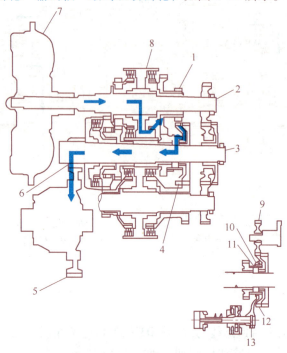

图1-54　R位动力传递路线

1—输入轴倒档齿轮　2—输入轴　3—输出轴　4—输出轴倒档齿轮　5—最终输出齿轮
6—最终驱动齿轮　7—液力变矩器　8—4档离合器　9—倒档惰齿轮　10—倒档选择器　11—倒档选择器轮壳　12—输出轴倒档齿轮　13—倒档换档拨叉

任务实施

一、任务实施的环境

1) 拆装及检修前车辆可靠驻停。
2) 正确选用拆装与检修工具。
3) 相关车型维修手册。
4) 发动机技术状况良好。
5) 仪器操作手册。
6) 注意环保及安全操作。

二、任务实施的步骤

1. 单向离合器的检查

单向离合器如果滚柱破裂、滚珠保持架断裂或内、外圈滚道磨损起槽，应更换新件。单向离合器的检查如图1-55所示，要求单向离合器在箭头所示的方向自由转动，而反方向锁止，必要时应更换或重新安装。

2. 离合器的检修

（1）离合器摩擦片的使用极限　摩擦片上的沟槽用于存储自动变速器油，沟槽磨平后，自动变速器油就无法进入摩擦片与钢片之间。在失去了自动变速器油的保护之后，磨损速度会急剧增加，沟槽磨平后必须更换摩擦片。

摩擦表面上有一层保持自动变速器油的含油层。新拆下来的摩擦片用无毛布将表面擦干，用手轻按摩擦表面时应有较多的自动变速器油流出。轻按时如果不出油，说明含油层（隔离层）已被抛光，无法保持自动变速器油，必须更换。

摩擦片上数字记号磨掉时必须更换；摩擦片出现翘曲变形时必须更换；摩擦片表面发黑（烧蚀）时必须更换；摩擦片表面出现剥落、有裂纹、内花键被拉毛（拉毛容易造成卡滞）、内花键齿掉齿等现象时必须更换。

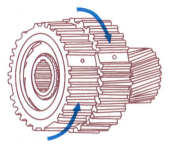

图1-55　单向离合器的检查

（2）离合器摩擦片装配前和装配时的注意事项

1）摩擦片还可以继续使用的，须单独进行清洗。用清洗剂彻底清洗后，用清洁的水反复冲洗零件表面，使其表面不含残存的清洗剂，然后用干燥清洁的压缩空气将所有的零件吹干，再在其表面上涂一层ATF，等待装配。

2）装配前，摩擦片要在洁净的ATF中浸泡。新摩擦片要浸泡2h，旧摩擦片要浸泡15～30min。

3）旧片要换位。如果使用旧摩擦片，装配时最里边和最外边的摩擦片最好进行一次换位。

4）缺口要对正。部分离合器摩擦片花键上有一个缺口，是动平衡标记，装配时注意将各片的缺口对正。

（3）离合器其他元件的检查

1）离合器活塞回位弹簧工作行程和油压较小，很少损坏。拆卸离合器时，外观上看回位弹簧没有折断、散乱就不必拆回位弹簧的卡环。回位弹簧主要检查其自由长度。变形、过短、折断的弹簧必须更换。

2）压盘和钢片上的齿要完好，不能拉毛，拉毛容易造成卡滞。压盘和钢片表面如果有蓝色过热的斑迹，应在平台上用高度尺测量其高度，或将两片叠在一起，检查其是否变形。出现变形或表面有裂纹的压盘和钢片必须更换。

（4）离合器间隙的检查　离合器重新装配后要检查离合器的间隙。若间隙过大，会使换档滞后、离合器打滑；若间隙过小会使得离合器分离不彻底。一般用塞尺检查离合器间隙，如图1-56所示。

检查离合器间隙时，可选用空气压缩机、压缩空气枪、百分表和磁力表架。压缩空气保持在0.4MPa的压力，把压缩空气枪对准进油孔，固定好离合器，用百分表抵住外侧压盘，开动压缩空气枪，从百分表摆差得到离合器间隙。

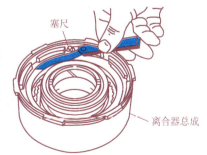

图1-56　检查离合器间隙

3. 带式制动器的检修

1）外观检查。检查制动带是否存在破裂、过热、不均匀磨损、表面剥落等缺陷，检查制动带磨损是否均匀，检查摩擦材料上印刷的数字是否被磨掉，如果出现上述任何一种情况，都应更换制动带。

2）检查制动带摩擦片表面的含油能力。擦净制动带摩擦片上的油，然后用手指轻压制动带摩擦片，应有油溢出。如果轻压后无油溢出，则说明制动带摩擦片表面含油能力下降，应更换，否则易烧蚀和造成制动鼓干磨。拆检修理带式制动器时，不要将制动带随意展平或叠压，以免造成摩擦表面的裂纹剥落等；不要将制动带随意弯曲或扭转，以免造成制动带变形，安装时不能复位，使配合间隙发生变化，造成制动器工作不良。

3）制动鼓的检查。检查制动鼓表面是否磨损严重、是否有烧蚀，如果磨损严重或有烧蚀，应更换制动鼓。

4）制动器装配后工作间隙的调整。若间隙过小，会造成换档冲击以及摩擦片和制动鼓之间分离不彻底；若间隙过大，易造成制动带打滑。调整时可将调整螺钉松开，先使制动带完全抱死，然后将调整螺钉退回 1.5 ~ 2.5 圈锁死。对于倒档制动带，因油压较高，制动带与制动鼓的间隙应稍大一些，一般是拧紧后将调整螺钉退回 5 圈锁死。

5）带式制动器组装后检查。可用 400 ~ 800kPa 的气压向伺服液压缸内施压，此时制动带应抱紧制动鼓，说明伺服液压缸正常。在继续加压至伺服液压缸工作通道的同时，用另一把压缩空气枪向伺服装置的释放通道加压，此时伺服装置应松开制动带。

在检查制动带能否箍紧时，可用塞尺在加压前先测量一下制动带的开口间隙，加压箍紧后再测量一下制动带的开口间隙，便可推算出伺服推杆实际的工作行程。

检查时如果发现异常现象，应分解检查。检查伺服装置钢制或铝制活塞是否有裂纹、毛刺、划伤和磨损等缺陷。活塞与活塞孔的正常工作间隙应为 0.008 ~ 0.013mm。活塞与活塞孔间隙过大，会造成液压压力的损失；而活塞卡滞，会造成工作粗暴或制动带打滑。

4. 行星齿轮机构的检修

1）检查太阳轮、行星轮和齿圈的齿面，如果有磨损或疲劳剥落，应更换整个行星齿轮机构。

2）检查行星轮与行星架的间隙，如图 1-57 所示。其标准间隙为 0.2 ~ 0.6mm，最大不得超过 1.0mm；否则，应更换止动垫片或行星架和行星轮组件。

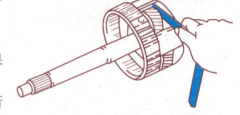

图 1-57　行星轮与行星架间隙检查

3）检查太阳轮、行星架、齿圈等零件的轴径或滑动轴承处有无磨损，如图 1-58 所示。如果有异常，应更换新件。

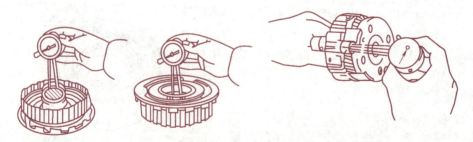

图 1-58　太阳轮、行星架、齿圈磨损检查

项目一　汽车自动变速器检修

三、技能训练及相关实践知识

机械变速器检修技能训练

【训练任务】客户所驾驶的自动档轿车出现事故，维修后重新加入自动变速器油（ATF），试车时发现该车没有倒档，但其余档位均正常。维修人员需对机械变速器进行检修，并向客户解释故障产生的原因。

【训练建议】以小组形式完成。制订故障诊断与排除的基本流程，并按要求逐项填写技能训练评价表。

【评价建议】可用如下技能训练评价表对学生的操作技能进行评价。

技能训练评价表

学生姓名			学　号			
测评日期			测评地点			
测评内容			机械变速器检修			
考评标准	内　容	分值/分	自　评	互　评	师　评	
	单向离合器的检查	30				
	离合器的检修	20				
	带式制动器的检修	20				
	行星齿轮机构的检修	30				
	合　计	100				
最终得分（自评30%＋互评30%＋师评40%）						

说明：测评满分为100分，60~74分为及格，75~84分为良好，85分及以上为优秀。不足60分的学生，需重新进行知识学习、任务训练，直到任务完成达到合格为止。

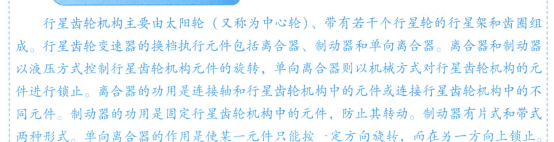

归纳总结

行星齿轮机构主要由太阳轮（又称为中心轮）、带有若干个行星轮的行星架和齿圈组成。行星齿轮变速器的换档执行元件包括离合器、制动器和单向离合器。离合器和制动器以液压方式控制行星齿轮机构元件的旋转，单向离合器则以机械方式对行星齿轮机构的元件进行锁止。离合器的功用是连接轴和行星齿轮机构中的元件或连接行星齿轮机构中的不同元件。制动器的功用是固定行星齿轮机构中的元件，防止其转动。制动器有片式和带式两种形式。单向离合器的作用是使某一元件只能按一定方向旋转，而在另一方向上锁止。常见的单向离合器有楔块式和滚柱式两种结构形式。

汽车底盘电控系统检测与修复 第3版

思考题

1. 对照实物或图片说明行星齿轮机构的组成和连接关系。
2. 对于单排单级行星齿轮机构,试说明如何才能得到变速器所需的各种档位。
3. 对照实物或图片说明U341E型自动变速器各档的动力传递路线。
4. 试说明如何检修、调整离合器和制动器。
5. 对照实物或图片说明01M自动变速器各档的动力传递路线。
6. 对照实物或图片说明本田MAXA自动变速器各档的动力传递路线。

任务四 液压控制系统检修

知识点:液压控制系统的基本组成;液压控制系统的主要元件;液压控制系统的工作原理。

能力点:油泵的拆装与检修。

任务情境

液压控制系统检修

客户的轿车进店修理,该车1档升2档时有冲击。师傅让维修工小王对车辆进行检查,查找并排除故障。小王很快动手并完成这项任务。

任务分析

该任务是检修自动变速器液压控制系统。完成此任务需要了解液压控制系统的基本组成;掌握液压控制系统主要元件的结构及工作原理;掌握液压控制系统的工作原理;掌握油泵的拆装及检修方法。

任务实施的相关专业知识

一、液压控制系统的基本组成

液压控制系统的基本组成包括动力源、执行机构和控制机构三部分。

(1)动力源 液压控制系统的动力源是油泵,它是整个液压控制系统的工作基础,如各种阀体的动作、换档执行元件的工作等都需要一定压力的自动变速器油（ATF）。油泵的基本功用是提供满足需求的 ATF 油量和油压。

（2）执行机构　执行机构主要由离合器、制动器液压缸等组成。其功用是在控制油压的作用下实现离合器的接合和分离、制动器的制动和松开，以便得到相应的档位。

（3）控制机构　控制机构包括阀体和各种阀，如主油路调压阀、手动阀、换档阀等。液压控制系统还包括一些辅助装置，如用于防止换档冲击的蓄能器、单向阀等。

二、液压控制系统主要元件

1. 油泵

（1）功用　油泵是液压控制系统的动力源，其功用是产生一定压力和流量的 ATF，供给液力变矩器、液压控制系统和行星齿轮机构。

（2）结构、原理　油泵是液压控制系统的动力源，一般位于液力变矩器和行星齿轮系统之间，由液力变矩器泵轮驱动。其类型主要有齿轮泵、转子泵和叶片泵，如图1-59所示。三种泵的共同特点是：内部元件（转子）由液力变矩器花键毂或驱动轴驱动，外部元件与内部元件之间有一定的偏心距。

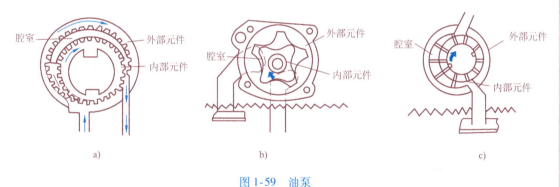

图1-59　油泵

a）半月形齿轮泵　b）转子泵　c）叶片泵

图1-60所示为内啮合齿轮泵的结构和原理示意图。内啮合齿轮泵主要由主动齿轮、从动齿轮、月牙板、壳体等组成。主动齿轮为外齿轮，从动齿轮为内齿轮，在壳体上有一个月牙板，把主、从动齿轮不啮合的部分隔开，并形成两个工作腔，分别为进油腔和出油腔。进油腔与泵体上的进油口相通，出油腔与泵体上的出油口相通。主动齿轮内径上有两个对称的凸键，与液力变矩器后端油泵驱动毂的键槽配合。因此，只要发动机转动，油泵便转动并开始供油。

在油泵工作过程中，主动齿轮带动从动齿轮转动，在齿轮脱离啮合的一端（进油腔）容积不断变大，产生真空吸力，把 ATF 从油底壳经滤网吸入油泵；在齿轮进入啮合的一端（出油腔）容积不断减小，油压升高，把 ATF 从出油腔挤压出去。这样，油泵不断地运转，就形成了具有一定压力的油液，供给自动变速器工作。

这种油泵要求具有严格的加工制造精度。因为齿轮之间、齿轮与泵体之间存在过大的磨损和间隙，会导致油泵的性能下降，油压过低，而油压对于自动变速器的正常工作是非常重要的。

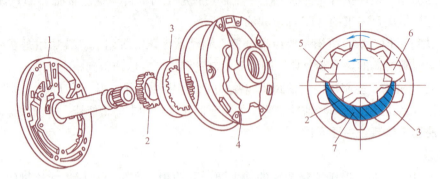

图 1-60 内啮合齿轮泵的结构和原理示意图
1—泵盖 2—主动齿轮 3—从动齿轮 4—壳体
5—进油腔 6—出油腔 7—月牙板

油泵使用应注意以下事项：

1）发动机不工作，油泵不转，自动变速器无油压，即使在 D 位和 R 位，也不能靠推车起动发动机。

2）长距离拖车时，由于发动机不转，油泵也不转，齿轮系统没有润滑油，磨损会加剧，因此要求车速慢、距离短。如丰田车系要求拖车车速不高于 30km/h，距离不超过 80km；奔驰车系要求拖车车速不高于 50km/h，距离不超过 50km。

3）变速器齿轮系统有故障或严重漏油时，牵引车辆应将传动轴脱开。对于前轮驱动的汽车，应将前轮悬空牵引。

2. 主油路调压阀

液压油从油泵输出后即进入主油路系统。油泵是由发动机直接驱动的，输出流量和压力均受发动机运转状况的影响，变化很大。当主油路压力过高时，会引起换档冲击和增加功率消耗；而主油路压力过低时，会使离合器、制动器等执行元件打滑，因此在主油路系统中必须设置主油路调压阀。其作用是将油泵输出压力精确调节到所需值后再输入主油路。主油路调压阀应满足主油路系统在不同工况、不同档位时，具有不同油压的要求：

1）节气门开度较小时，自动变速器所传递的转矩较小，执行机构中的离合器、制动器不易打滑，主油路压力可以降低。而当发动机节气门开度较大时，因传递的转矩增大，为防止离合器、制动器打滑，主油路压力要升高。

2）汽车低速档行驶时，所传递的转矩较大，主油路压力要升高。而在高速档行驶时，自动变速器传递的转矩较小，可降低主油路压力，以减少油泵的运转阻力。

3）倒档的使用时间较少，为减小自动变速器尺寸，倒档执行机构被做得较小，为避免出现打滑，需提高操纵油压。

主油路调压阀的结构如图 1-61 所示。油压靠电子控制调节，电磁阀调整出不同的油压值，使滑阀改变节流口 a 的大小，通过节流作用控制主油压的大小。节流口 b 泄出的油压经次调压阀的节流作用，调整成变矩器油压。

3. 次调压阀

次调压阀的功用是把主油路调压阀泄出的油压调节成变矩器油压。

次调压阀如图 1-62 所示，滑阀上端作用着从手动阀来的油压（向下推阀），下部还作用着一个主油压（也向下推阀）。而向上推阀的力有弹簧弹力和来自主油路调压阀调节后的油压，上、下两力的平衡决定了节流口 a 的开度，即通过节流口的开度将主油压调节成变矩器油压。

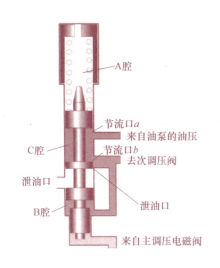

图 1-61　主油路调压阀的结构　　　　图 1-62　次调压阀

4. 手动阀

手动阀又称为手控阀或手动换档阀，与驾驶室内的变速杆相连，其功用是控制各档位油路的转换。手动阀的结构如图 1-63 所示，当驾驶人操纵变速杆时，手动阀会移动，使主油压通往不同的油道。例如当变速杆置于 P 位时，主油压会通往 P、R 和 L 位油道；当变速杆置于 R 位时，主油压会同时通往 P、R 和 L 位油道与 R 位油道；当变速杆置于 N 位时，手动阀会将主油压进油道切断，不会有主油压通往各换档阀；当变速杆置于 D 位时，主油压会通往 D、2 和 L 位油道；当变速杆置于 2 位时，主油压会同时通往 D、2 和 L 位油道与 2 和 L 位油道；当变速杆置于 L 位时，主油压会同时通往 D、2 和 L 位油道与 2 和 L 位油道及 P、R 和 L 位油道。

5. 换档阀

换档控制阀简称为换档阀，是一个 2 位换向阀。电控自动变速器换档阀的工作由换档电磁阀控制，其控制方式有两种：一种是泄压控制，即通过开启或关闭换档阀控制油路泄油孔来控制换档阀的工作；另一种是加压控制，即通过开启或关闭换档阀控制油路进油孔来控制换档阀的工作。

泄压控制方式工作原理如图 1-64a 所示。当换档电磁阀不通电时，油阀关闭，主油路油压经节流孔后加在换档控制阀的右侧，于是柱塞左移，主油路与高档油路接通，此时为高档状态；当换档电磁阀通电时，油阀打开，主油路油压经节流孔后，再经油阀泄压，柱塞右侧

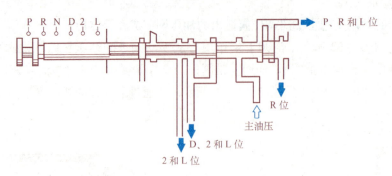

图1-63 手动阀的结构

压力下降,柱塞右移,主油路与低档油路接通,此时为低档状态。

加压控制方式工作原理如图1-64b所示。当换档电磁阀不通电时,油阀关闭,柱塞在弹簧弹力作用下右移,主油路与低档油路接通,此时为低档状态;当换档电磁阀通电时,油阀打开,主油路油压进入柱塞右侧,柱塞左移,主油路与高档油路接通,此时为高档状态。

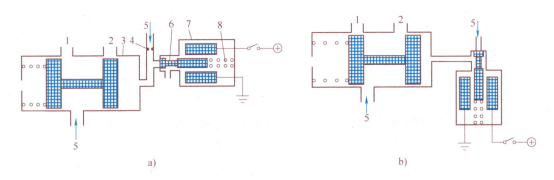

图1-64 电控换档阀工作原理

a) 泄压控制 b) 加压控制

1—高档油路 2—低档油路 3—换档控制阀 4—节流孔
5—主油路 6—油阀 7—换档电磁阀 8—弹簧

6. 锁止离合器控制阀

目前在一些新型电控自动变速器上,锁止电磁阀采用脉冲式电磁阀,电控单元(ECU)可利用脉冲电信号占空比大小来调节锁止电磁阀的开度,以控制作用在锁止离合器控制阀右端的油压,由此调节锁止离合器控制阀左移时排油孔的开度,从而控制锁止离合器活塞右侧油压的大小,如图1-65所示。当作用在锁止电磁阀上的脉冲电信号的占空比为0时,电磁阀关闭,没有油压作用在锁止离合器控制阀的右端,此时锁止离合器活塞左、右两侧的油压相同,锁止离合器处于分离状态。当作用在锁止电磁阀上的脉冲电信号较小时,电磁阀的开度和作用在锁止离合器控制阀右端的油压以及锁止控制阀左移打开的排油孔开度均较小,锁止离合器活塞左、右两侧油压差以及由此产生的锁止离合器接合力也较小,使锁止离合器处于半接合状态。脉冲信号的占空比越大,锁止离合器活塞左、右两侧油压差以及锁止离合器接合力越大。当脉冲信号的占空比达到一定数值时,锁止离合器即可完全接合。这样,ECU在控制锁止离合器接合时,可以通过电磁阀来调节其接合速度,让接合力逐渐增大,使接合过程更加柔和。

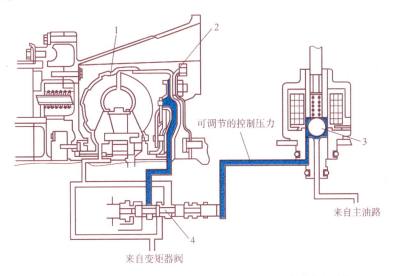

图 1-65　电控系统锁止离合器控制阀工作原理(脉冲式电磁阀)
1—变矩器　2—锁止离合器　3—脉冲线性式锁止电磁阀　4—锁止离合器控制阀

7. 节流控制阀

在自动变速器内,为改善换档质量,减轻换档冲击和延长离合器/制动器的使用寿命,在通往离合器或制动器的油路中加装了许多节流控制阀。

节流控制阀的作用有两个,一是使作用在离合器和制动器上的油压缓慢上升,以减轻接合时的冲击;二是使作用在离合器和制动器的油压在泄油时尽快降低,使分离迅速、彻底,防止摩擦片因分离不彻底而造成的磨损。

节流控制阀的结构与工作原理如图 1-66 所示,当工作油液从进排液口①流入进排液口②时,油压使防松球压靠在一个节流孔上,因此工作油液仅能流经一个节流孔,使流至进排液口②的工作油液

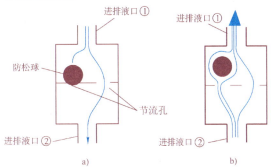

图 1-66　节流控制阀的结构与工作原理
a) 进油状态　b) 泄油状态

压力上升比较缓慢,减小了离合器和制动器接合时的冲击;当工作油液反转流动时,工作油液将防松球从受阻的节流孔处推开,迅速泄油,使离合器和制动器片能够快速分离。

8. 储能减振器

储能减振器通常用于防止离合器和制动器在接合时的冲击。

储能减振器的结构与工作原理如图 1-67 所示,油压从进排液口①将活塞 A 推至右端,

同时将活塞 B 向下推。用此方式可减小活塞 A 上的油压冲击,防止离合器或制动器片快速接合时引起冲击;推下活塞 B 压缩弹簧时又储存了能量。

三、液压控制系统的工作原理

以 4 档自动变速器为例,目前大部分电控自动变速器采用 2 个电磁阀来操纵 3 个换档阀以实现 4 个档位的变换。电控自动变速器换档液压系统原理如图 1-68 所示。它采用泄压控制方式。由图中可知,1-2 档换档阀和 3-4 档换档阀由电磁阀 A 控制,2-3 档换档阀由电磁阀 B 控制。电磁阀不通电时

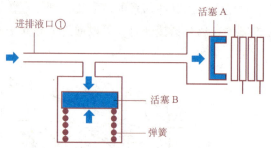

图 1-67 储能减振器的结构与工作原理

关闭泄油孔,来自手动阀的主油路压力油通过节流孔后作用在各换档阀右端,使阀芯克服弹簧力左移。电磁阀通电时泄油孔开启,换档阀右端液压油被泄空,阀芯在左端弹簧力的作用下右移。

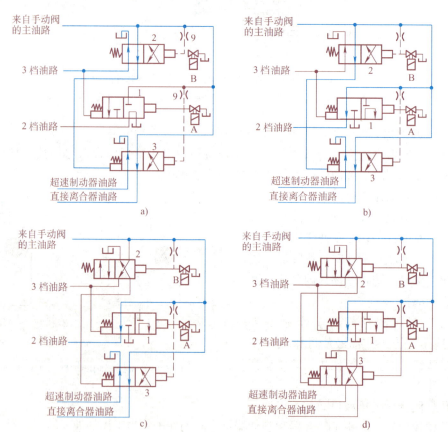

图 1-68 电控自动变速器换档液压系统原理

a) 1 档 b) 2 档 c) 3 档 d) 4 档

A、B—换档电磁阀 1—1-2 档换档阀
2—2-3 档换档阀 3—3-4 档换档阀

图1-68a所示为1档，此时电磁阀A断电，电磁阀B通电，1-2档换档阀阀芯左移，关闭2档油路；2-3档换档阀阀芯右移，关闭3档油路。同时，使主油路油压作用在3-4档换档阀阀芯右端，使3-4档换档阀阀芯停留在右位。

图1-68b所示为2档，此时电磁阀A和电磁阀B同时通电，1-2换档阀右端油压下降，阀芯右移，打开2档油路。

图1-68c所示为3档，此时电磁阀A通电，电磁阀B断电，2-3档电磁阀右端油压上升，阀芯左移，打开3档油路。同时，使主油路油压作用在1-2档换档阀左端，并让3-4档换档阀阀芯左端控制油压泄空。

图1-68d所示为4档，此时电磁阀A和电磁阀B均不通电，3-4档换档阀阀芯右端控制压力上升，阀芯左移，关闭直接档离合器油路，接通超速制动器油路。由于1-2档换档阀阀芯左端作用着主油路油压，虽然右端有液压油作用，但阀芯仍然保持在右端不能左移。

任务实施

一、任务实施的环境

1）拆装及检修前车辆可靠驻停。
2）正确选用拆装与检修工具。
3）相关车型维修手册。
4）发动机技术状况良好。
5）仪器操作手册。
6）注意环保及安全操作。

二、任务实施的步骤

1. 油泵的分解

油泵的分解如图1-69所示。

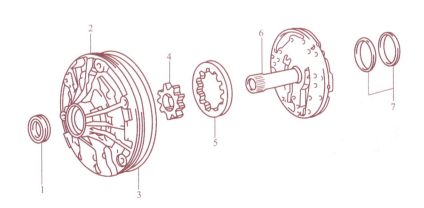

图1-69　油泵的分解

1—油封　2—油泵前端盖　3—O形密封圈　4—小齿轮
5—内齿圈　6—油泵后端盖　7—密封环

1）拆下油泵后端轴颈上的密封环。
2）按照对称交叉的顺序依次松开油泵盖螺栓，拆开油泵。
3）用油漆在小齿轮和内齿轮上做标记，取出小齿轮及内齿轮。
4）拆下油泵前端盖上的油封。

分解油泵时应注意，不要损伤铝合金的油泵前端盖，不可用冲子在油泵齿轮和油泵壳上做记号。

2. 油泵的组装

用干净的汽油清洗油泵的所有零件，在清洗后的零件上涂抹少许液压油，按下列步骤组装：

1）在油泵前端盖上装入新油封。
2）更换所有的 O 形密封圈，并在新的 O 形密封圈上涂抹液压油。
3）按与分解时相反的顺序组装油泵各零件。
4）按照对称交叉的顺序依次拧紧油泵盖螺栓，拧紧力矩为 10N·m。
5）在油泵后端轴颈上的密封环槽内涂抹凡士林，安装新的密封环。
6）检测油泵运转性能。将组装后的油泵插入变矩器中，转动油泵，油泵齿轮转动应平顺、无异响。

3. 油泵的检修

（1）从动轮与泵体之间的间隙检查　用塞尺测量从动轮与泵体之间的间隙，如图 1-70 所示。

（2）从动轮齿顶与月牙板之间的间隙检查　用塞尺测量从动轮齿顶与月牙板之间的间隙，如图 1-71 所示。

（3）主动轮与从动轮的侧隙检查　用直尺和塞尺测量主动轮与从动轮的侧隙，如图 1-72 所示。

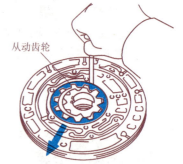

图 1-70　用塞尺测量从动轮与泵体之间的间隙

图 1-71　用塞尺测量从动轮齿顶与月牙板之间的间隙

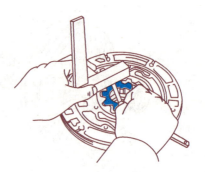

图 1-72　用直尺和塞尺测量主动轮与从动轮的侧隙

如果有工作间隙超过规定值，应更换油泵。

项目一　汽车自动变速器检修

三、技能训练及相关实践知识

液压控制系统检修技能训练

【训练任务】客户所驾驶的自动档轿车出现事故,维修后该车平路行驶基本正常,但上坡无力,且发动机转速很高。维修人员需对液压控制系统进行检修,并向客户解释故障产生的原因。

【训练建议】以小组形式完成。制订故障诊断与排除的基本流程,并按要求逐项填写技能训练评价表。

【评价建议】可用如下技能训练评价表对学生的操作技能进行评价。

技能训练评价表

学生姓名			学　号			
测评日期			测评地点			
测评内容			液压控制系统检修			
	内　容		分值/分	自　评	互　评	师　评
考评标准	油泵的分解		30			
	油泵的组装		30			
	油泵的检修		40			
	合　计		100			
最终得分（自评30% + 互评30% + 师评40%）						

说明:测评满分为100分,60～74分为及格,75～84分为良好,85分及以上为优秀。不足60分的学生,需重新进行知识学习、任务训练,直到任务完成达到合格为止。

归纳总结

　　自动变速器液压控制系统的基本组成包括动力源、执行机构和控制机构三部分。液压控制系统的动力源是油泵,它是整个液压控制系统的工作基础。油泵的功用是产生一定压力和流量的自动变速器油(ATF),供给液力变矩器、液压控制系统和行星齿轮机构。控制机构包括阀体和各种阀,如主油路调压阀、手动阀、换档阀等。主油路调压阀的作用是将油泵输出压力精确调节到所需值后再输入主油路。手动阀又称为手控阀或手动换档阀,与驾驶室内的变速杆相连,其功用是控制各档位油路的转换。电控自动变速器换档阀的工作由换档电磁阀控制,其控制方式有两种:加压控制和泄压控制。液压控制系统还包括一些辅助装置,如用于防止换档冲击的蓄能器、单向阀等。

思考题

1. 简述自动变速器液压控制系统的基本组成。
2. 简述自动变速器在不同工况时对油压的要求。
3. 在自动变速器液压控制系统中，采用哪些方式可以减少换档冲击、改善换档品质？
4. 参照图片说明电控自动变速器换档液压系统的工作原理。

任务五 电子控制系统检修

知识点： 电子控制系统的基本组成；传感器的结构与工作原理；执行器的结构与工作原理；电控单元的功能。

能力点： 检测电子控制系统主要元件；读取和清除故障码。

任务情境

电子控制系统检修

客户的轿车进店修理，该车以前进档行驶时，即使加速踏板保持不动，自动变速器仍经常出现突然降档的现象；降档后发动机转速异常升高，并产生换档冲击。师傅让维修工小王对车辆进行检查，查找并排除故障。小王很快动手并完成这项任务。

任务分析

该任务是检修自动变速器电子控制系统。完成此任务需要了解电子控制系统的基本组成；掌握电子控制系统主要传感器及执行器的结构及工作原理；掌握电控单元的控制功能；掌握电子控制系统主要元件的检测方法；读取和清除故障码。

任务实施的相关专业知识

一、概述

自动变速器的电子控制系统包括传感器及开关、电控单元（ECU）和执行器三部分，其组成框图如图1-73所示。

传感器及开关部分主要包括节气门位置传感器、车速传感器、冷却液温度传感器、油温传感器、空档起动开关、强制降档开关、制动灯开关、模式选择开关、OD开关等。

执行器部分主要包括各种电磁阀和故障指示灯等。

ECU主要实现换档控制、锁止离合器控制、油压控制、故障自诊断和失效保护等功能。

对于液控自动变速器，自动换档主要取决于节气门油压和速控油压，即发动机负荷和车速的情况。对于电控自动变速器，与此情况是类似的，即自动换档也主要取决于发动机负荷和车速，只是采用节气门位置传感器和车速传感器来感知发动机负荷和车速的情况，并将这两个信号发送给自动变速器ECU，ECU根据存储器中的换档程序决定升档或降档，然后给换档电磁阀发出控制信号，换至相应档位。

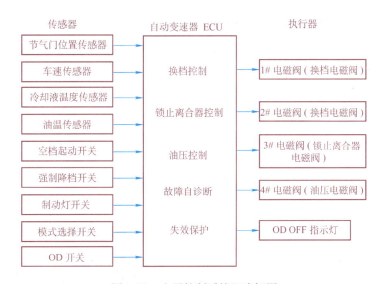

图1-73 电子控制系统组成框图

例如，对于丰田车系的4档自动变速器，换档情况见表1-5。当自动变速器ECU使1#换档电磁阀通电，2#换档电磁阀断电，则自动变速器为1档。

表1-5 丰田车系的4档自动变速器换档情况

档 位	换档电磁阀		档 位	换档电磁阀	
	1#	2#		1#	2#
1档	○	×	3档	×	○
2档	○	○	4档	×	×

注：○表示通电，×表示断电。

自动变速器的换档等控制还要取决于冷却液温度、ATF温度等信号。如果冷却液温度、ATF温度过低，自动变速器不会升档。

如果自动变速器在工作过程中满足了锁止离合器的工作情况，自动变速器ECU就会给锁止离合器（TCC）电磁阀（一般称为3#电磁阀）通电，切换油路使锁止离合器工作。

在换档过程中，为了防止换档冲击，自动变速器ECU还会通过4#电磁阀（油压电磁阀）控制换档油压。

自动变速器ECU具有自诊断功能，如果电子控制系统出现故障，ECU会将故障码存储在存储器中，以便读取；另外，ECU还会使OD OFF指示灯（或故障指示灯）亮以提示自动变速器出现故障，并可通过OD OFF指示灯的闪烁读取故障码。

如果自动变速器出现故障，除了OD OFF指示灯等会亮，一般自动变速器还会锁档，即自动变速器不会升档也不会降档。锁档则一定有故障码。

二、传感器

1. 节气门位置传感器（TPS）

（1）功用　节气门位置传感器安装在节气门体上，用于检测节气门开度的大小，并将数据传送给ECU，ECU根据此信号判断发动机负荷，从而控制自动变速器的换档、调节主油压和对锁止离合器进行控制。节气门位置信号相当于液控自动变速器中的节气门油压。

（2）结构、原理　一般是采用线性输出型节气门位置传感器，也称为可变电阻式传感器，其结构、原理如图1-74所示。节气门位置传感器实际上是一个滑动变阻器，E是搭铁端子，IDL是怠速端子，V_{TA}是节气门开度信号端子，V_C是ECU供电端子，ECU提供恒定5V电压。当节气门开度增加，节气门开度信号触点沿逆时针方向转动，V_{TA}端子输出电压也线性增大。V_{TA}端子输出电压与节气门开度成正比，如图1-75所示。当怠速时，怠速开关闭合，IDL端子电压为0V。

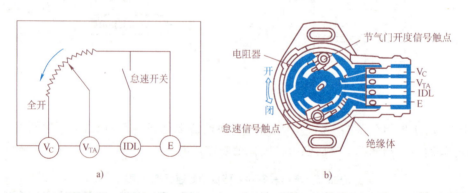

图1-74　节气门位置传感器的结构、原理
a）原理图　b）结构图

由于滑动电阻中间部分容易磨损，使其阻值无法正确反映节气门开度，测量电阻时欧姆表会产生波动，同时输出电压也会过高或过低。当输出电压高时，会导致升档滞后、不能升入超速档；同时会导致主油压过高，出现换档冲击。当输出电压低时，会导致升档提前，汽车行驶动力不足；同时会导致主油压过低，使离合器、制动器打滑。

2. 车速传感器（VSS）

（1）功用　车速传感器用于检测自动变速器输出轴转速，自动变速器ECU根据车速传感器输入的信号计算出车速，并以此信号控制自动变速器的换档和锁止离合器的锁止。

项目一 汽车自动变速器检修

（2）结构、原理 常见的车速传感器有电磁式、舌簧开关式和光电式三种形式。下面以常见的电磁式车速传感器为例介绍其结构及工作原理。

电磁式车速传感器主要由永磁铁、电磁感应线圈和转子等组成，如图1-76所示。转子一般安装在变速器输出轴上，永磁铁和电磁感应线圈安装在变速器壳体上，如图1-76c所示。当输出轴转动时，转子也转动，转子与传感器之间的空气间隙发生周期性变化，使电磁感应线圈中的磁通量也发生变化，从而产生交流感应电压，如图1-76b所示，并输送给自动变速器ECU。交流感应电压随着车速（输出轴转速）的变化具有两个响应特性：一是随着车速的增加，交流感应电压升高；二是随着车速的增加，交流感应电压脉冲频率增加。ECU根据交流感应电压脉冲频率大小计算车速，并以此控制自动变速器的换档。车速传感器信号相当于液控自动变速器中的速控油压，电控自动变速器没有速控阀。

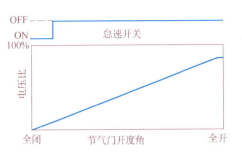

图1-75 V_{TA}端子输出电压与节气门开度的关系

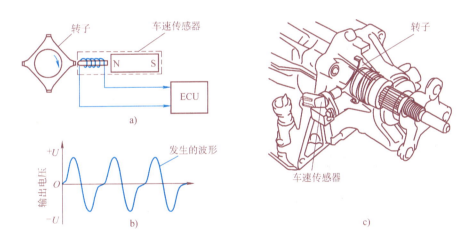

图1-76 电磁式车速传感器的结构、原理

3. 输入轴转速传感器

对于轿车自动变速器，一般在机械变速器输入轴或与输入轴连接的离合器毂附近的壳体上装有检测输入轴转速的输入轴转速传感器，如图1-77所示。该传感器一般采用电磁式，其结构及工作原理与车速传感器一样。

自动变速器ECU根据输入轴转速传感器的信号可以更精确地控制换档。另外，ECU还可以把该信号与发动机转速信号进行比较，计算出变矩器的转速比，使主油压和锁止离合器的控制得到优化，以改善换档、提高行驶性能。

4. 冷却液温度传感器与油温传感器

（1）功用 冷却液温度传感器的信号不仅用于发动机的控制，还用于自动变速器的控制。冷却液温度传感器电路图如图 1-78 所示，当发动机冷却液温度低于设定温度（如 60℃）时，发动机 ECU 在 THW 端子接收到一个与冷却液温度成正比的电压，从而得到冷却液温度信号，发动机 ECU 会发送一个信号给自动变速器 ECU 的 OD_1 端子，以防止自动变速器换入超速档，同时使锁止离合器不能工作。当发动机冷却液温度过高时，自动变速器 ECU 会让锁止离合器工作以帮助发动机降低冷却液的温度，防止变速器过热。

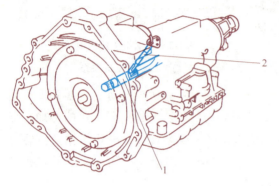

图 1-77　输入轴转速传感器
1—行星齿轮变速器输入轴　2—输入轴转速传感器

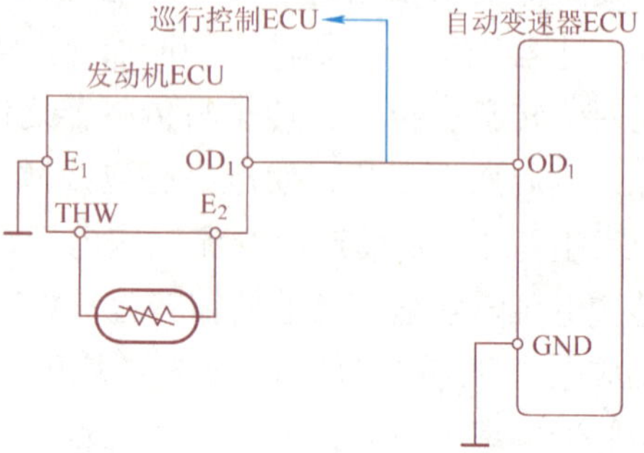

图 1-78　冷却液温度传感器电路图

如果冷却液温度传感器发生故障，发动机 ECU 会自动将冷却液温度设定为 80℃，以便发动机和自动变速器可以工作。

油温传感器安装在自动变速器油底壳内的阀板上（图 1-79），用于检测自动变速器油的温度，以作为自动变速器 ECU 进行换档控制、油压控制和锁止离合器控制的依据。

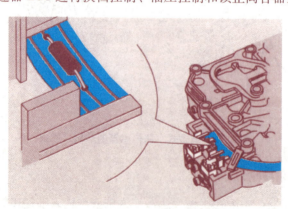

图 1-79　自动变速器油温传感器

（2）结构、原理　冷却液温度传感器和油温传感器一般是一个负温度系数的热敏电阻，即温度升高，电阻下降，如图 1-80 所示。

5. 模式选择开关

（1）功用　模式选择开关是供驾驶人选择所需的行驶或换档模式的开关。大部分车型都具有常规模式（N 或 NORM）和动力模式（P 或 PWR），有些车型还有经济模式（E 或 ECO）。自动变速器 ECU 根据所选择的行驶模式执行不同的换档程序，控制换档和锁止正

项目一 汽车自动变速器检修

时。如果选择动力模式,自动变速器会推迟升档,以提高动力性;而选择经济模式,自动变速器会提前升档,以提高经济性;常规模式介于二者之间。

(2)结构、原理 图 1-81 所示为常见的具有常规和动力两种模式的模式选择开关电路图。当开关接通 NORM(常规模式)时,仪表盘上 NORM 指示灯亮,同时自动变速器 ECU 的 PWR 端子的电压为 0V,ECU 从而知道选择了常规模式。当开关接通 PWR(动力模式)时,仪表板上 PWR 指示灯亮,同时自动变速器 ECU 的 PWR 端子的电压为 12V,ECU 从而知道选择了动力模式。

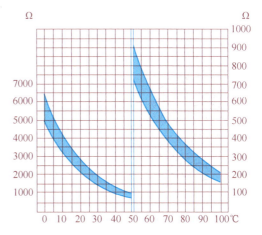

图 1-80 冷却液温度传感器/油温传感器特性

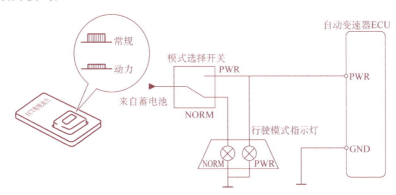

图 1-81 模式选择开关电路图

6. 空档起动开关

(1)功用 空档起动开关有两个功用,一是给自动变速器 ECU 提供档位信息,二是保证只有变速杆置于 P 位或 N 位时才能起动发动机。

(2)结构、原理 空档起动开关电路图如图 1-82 所示,当变速杆置于不同的档位时,仪表板上相应的档位指示灯会亮。当自动变速器 ECU 的端子 N、2 或 L 与端子 E 接通时,ECU 便分别确定变速器位于 N 位、2 位或 L 位;否则,ECU 便确定变速器位于 D 位。只有当变速杆置于 P 位或 N 位时,端子 B 与 NB 接通,才能给起动机通电,使发动机起动。

7. OD 开关

(1)功用 OD 开关(超速档开关)一般安装在变速杆上,由驾驶人操作控制,可以使自动变速器有或没有超速档。

(2)结构、原理 OD 开关 ON 的电路图如图 1-83 所示,当按下 OD 开关(ON),OD 开关的触点实际为断开时,自动变速器 ECU 的 OD_2 端子的电压为 12V,自动变速器可以升至超速档,且 OD OFF 指示灯不亮。

OD 开关 OFF 的电路图如图 1-84 所示,当再次按下 OD 开关,OD 开关会弹起(OFF),OD 开关的触点实际为闭合,此时 ECU 的 OD_2 端子的电压为 0V,自动变速器不能升至超速

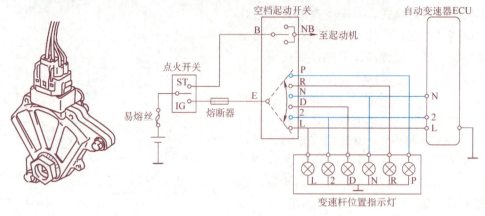

图 1-82 空档起动开关电路图

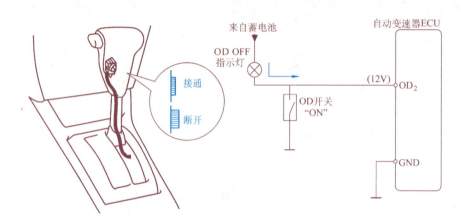

图 1-83 OD 开关 ON 的电路图

档,且 OD OFF 指示灯亮。

8. 制动灯开关

(1) 功用 自动变速器 ECU 通过制动灯开关检测是否踩下制动踏板,如果踩下制动踏板,ECU 会取消锁止离合器的工作。

(2) 结构、原理 制动灯开关电路图如图 1-85 所示,制动灯开关安装在制动踏板支架上。当踩下制动踏板时,开关接通,ECU 的 STP 端子的电压为 12V;当松开制动踏板时,开关断开,STP 端子的电压为 0V。ECU 根据 STP 端子的电压变化了解制动踏板的工作情况。

三、执行器

电子控制系统的执行器主要是电磁阀和故障指示灯,这里只介绍电磁阀。

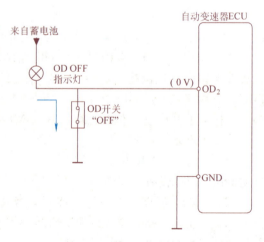

图 1-84 OD 开关 OFF 的电路图

项目一 汽车自动变速器检修

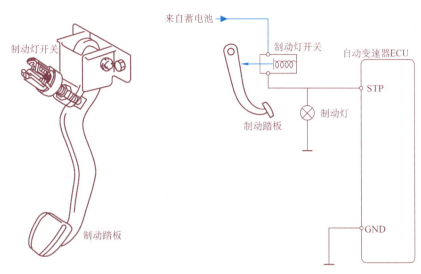

图1-85 制动灯开关电路图

电磁阀根据功能的不同,可以分为换档电磁阀、锁止离合器电磁阀和油压电磁阀;根据工作原理的不同,可以分为开关式电磁阀和占空比式(脉冲线性式)电磁阀。不同的自动变速器使用的电磁阀数量不同,一般为3~8个不等。例如上海通用的4T65-E自动变速器电控系统有4个电磁阀,其中2个是换档电磁阀、1个是油压电磁阀、1个是锁止离合器电磁阀。而一汽大众的01M自动变速器电控系统则采用7个电磁阀。

绝大多数换档电磁阀采用开关式电磁阀,油压电磁阀采用占空比式电磁阀,而锁止离合器电磁阀有采用开关式的,也有采用占空比式的。

1. 开关式电磁阀

(1) 功用 开关式电磁阀的功用是开启或关闭液压油路,通常用于控制换档阀和部分车型锁止离合器的工作。

(2) 结构、原理 开关式电磁阀由电磁线圈、衔铁和阀芯等组成,如图1-86所示。当电磁阀通电时,在电磁吸力的作用下衔铁和阀芯下移,关闭泄油口,主油压供给到控制油路。当电磁阀断电时,在回位弹簧的作用下衔铁和阀芯上移,打开泄油口,主油压被泄掉,控制油路压力很小。

2. 占空比式电磁阀

(1) 占空比的概念 占空比是指一个脉冲周期中通电时间所占的比例(百分数),如图1-87所示。

(2) 结构、原理 占空比式电磁阀与开关式电磁阀类似,也是由电磁线圈、滑阀、弹簧等组成的,如图1-88所示。它通常用于控制油路的油压,有的车型的锁止离合器也采用此种电磁阀控制。与开关式电磁阀不同的是,用于控制占空比式电磁阀的电信号不是恒定不变的电压信号,而是一个固定频率的脉冲电信号。在脉冲电信号的作用下,电磁阀不断开启、关闭泄油口。

占空比式电磁阀有两种工作方式,一种是占空比越大,经电磁阀泄油越多,油压越低;另一种是占空比越大,油压越高。

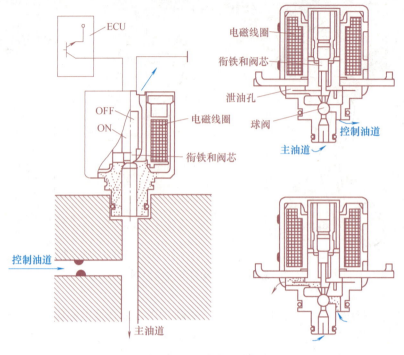

图1-86 开关式电磁阀

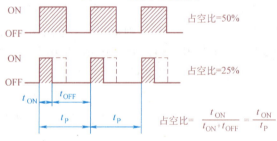

$$占空比 = \frac{t_{ON}}{t_{ON}+t_{OFF}} = \frac{t_{ON}}{t_P}$$

图1-87 占空比

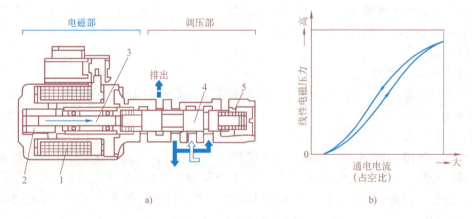

图1-88 占空比式电磁阀
a) 结构示意图　b) 占空比调节曲线
1—电磁线圈　2—滑阀　3—滑阀轴　4—控制阀　5—弹簧

四、电子控制单元

自动变速器 ECU 具有换档控制、锁止离合器控制、换档平顺性控制、故障自诊断、失效保护等功能。

1. 换档控制

自动变速器换档时刻的控制是自动变速器 ECU 最重要的控制内容之一。汽车在某个特定工况下都有一个与之对应的最佳换档时刻，使汽车发挥出最好的动力性和经济性。在汽车行驶过程中，自动变速器 ECU 根据模式选择开关信号、节气门开度信号、车速信号等参数来打开或关闭换档电磁阀，从而打开或关闭通往离合器、制动器的油路，使变速器升档或降档。

图 1-89 所示为常见 4 档自动变速器的自动换档图。4 档自动变速器的换档控制具有如下特点：

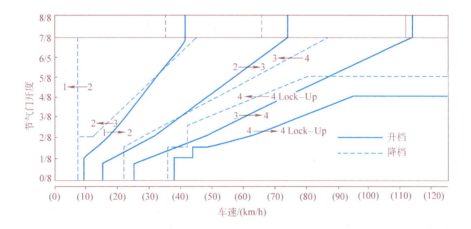

图 1-89 常见 4 档自动变速器的自动换档图

1）随着节气门开度增加，升档或降档车速增加。以 2 档升 3 档为例，当节气门开度为 2/8 时，升档车速为 35km/h，降档车速为 12km/h；当节气门开度为 4/8 时，升档车速为 50km/h，降档车速为 25km/h。所以在实际的换档操作过程中，一般可以采用"收油门"的方法来快速升档。

2）升档车速高于降档车速，以免自动变速器在某一车速附近频繁升档、降档而加速自动变速器的磨损。

2. 锁止离合器控制

自动变速器 ECU 将各种行驶模式下锁止离合器的工作方式编程存入存储器，然后根据各种输入信号控制锁止离合器电磁阀的通、断电，从而控制锁止离合器的工作。

（1）锁止离合器工作的条件　如果满足以下 5 个条件，自动变速器 ECU 会接通锁止离合器电磁阀，使锁止离合器处于接合状态。

① 变速杆置于 D 位，且档位在 D_2、D_3 或 D_4 档。

② 车速高于规定值。

③ 节气门开启（节气门位置传感器 IDL 触点未闭合）。

④ 冷却液温度高于规定值。

⑤ 未踩下制动踏板（制动灯开关未接通）。

（2）锁止的强制取消　如果符合以下条件中的任何一项，自动变速器ECU就会给锁止离合器电磁阀断电，使锁止离合器分离。

① 踩下制动踏板（制动灯开关接通）。

② 发动机怠速（节气门位置传感器IDL触点闭合）。

③ 冷却液温度低于规定值（如60℃）。

④ 当巡航系统工作时，车速降至设定车速以下至少10km/h。

在早期的电控自动变速器中，控制锁止离合器的电磁阀采用开关式电磁阀，即通电时锁止离合器接合，断电时锁止离合器分离。目前，许多新型电控自动变速器采用占空比式电磁阀作为锁止离合器电磁阀，ECU在控制锁止离合器接合时，通过改变脉冲电信号的占空比让锁止离合器电磁阀的开度缓慢增大，以减小锁止离合器接合时所产生的冲击，使锁止离合器的接合过程变得更加柔和。

3. 换档平顺性控制

自动变速器改善换档平顺性的方法有换档油压控制、减少转矩控制和N-D换档控制。

（1）换档油压控制　自动变速器在升档和降档的瞬间，自动变速器ECU会通过油压电磁阀适当降低主油压，以减少换档冲击，改善换档。也有的自动变速器是在换档时通过电磁阀来减小蓄能器背压，以减缓离合器或制动器油压的增长率，从而减少换档冲击。

（2）减少转矩控制　在自动变速器换档的瞬间，通过推迟发动机点火时刻或减少喷油量，减少发动机输出转矩，以减少换档冲击和输出轴的转矩波动。

（3）N-D换档控制　当变速杆由P位或N位换至D位或R位时，或由D位或R位换至P位或N位时，通过调整喷油量，使发动机转速的变化减少到最小限度，以改善换档。

4. 故障自诊断

电控自动变速器ECU具有内置的自我诊断系统，它不断监控各传感器、信号开关、电磁阀及其电路。当有故障时，ECU使OD OFF指示灯闪烁，以提醒驾驶人或维修人员；并将故障内容以故障码的形式存储在存储器中，以便维修人员采用人工或仪器的方式读取故障码。

当故障排除后，OD OFF指示灯将停止闪烁，不过故障码仍然会保留在ECU存储器中。

当按下OD开关（ON）时，OD开关触点断开，如果有故障，OD OFF指示灯将长亮而不是闪烁。

注意：不同的自动变速器，故障指示灯不同。如丰田车系采用OD OFF，通用车系采用Service Engine Soon指示灯，本田车系采用D_4指示灯。

5. 失效保护

当自动变速器出现故障时，为了尽可能使自动变速器保持最基本的工作能力，以维持汽车行驶，便于汽车进厂维修，电控自动变速器ECU都具有失效保护功能。

当传感器出现故障时，ECU所采取的失效保护措施如下：

1) 节气门位置传感器出现故障时，ECU根据怠速开关的状态进行控制。当怠速开关断

项目一 汽车自动变速器检修

开时（加速踏板被踩下），按节气门开度为 1/2 进行控制，同时节气门油压为最大值；当怠速开关接通时（加速踏板完全放松），按节气门处于全闭状态进行控制，同时节气门油压为最小值。

2）车速传感器出现故障时，ECU 不能进行自动换档控制，此时自动变速器的档位由变速杆的位置决定。在 D 位和 2 位时固定为超速档或 3 档，在 L 位时固定为 2 档或 1 档；或不论变速杆在任何前进档位，都固定为 1 档，以保持汽车最基本的行驶能力。

3）冷却液温度传感器或油温传感器出现故障时，ECU 按温度为 80℃ 的设定进行控制。

电磁阀出现故障时，ECU 所采取的失效保护措施如下：

1）换档电磁阀出现故障时，ECU 一般会将自动变速器锁档，档位与变速杆的位置有关。丰田车系锁档情况见表 1-6。

表 1-6 丰田车系锁档情况

变速杆位置	D	2	L	R
档位	4 档	3 档	1 档	倒档

2）锁止离合器电磁阀出现故障时，ECU 会停止锁止离合器的控制，使锁止离合器始终处于分离状态。

3）油压电磁阀出现故障时，ECU 会停止油压的控制，使油路压力保持最大。

任务实施

一、任务实施的环境

1）拆装及检修前车辆可靠驻停。
2）正确选用拆装与检修工具。
3）相关车型维修手册。
4）发动机技术状况良好。
5）仪器操作手册。
6）注意环保及安全操作。

二、任务实施的步骤

1. 电子控制系统元件的检测

（1）节气门位置传感器检测

1）检查传感器电阻。关闭点火开关，拔下传感器插接器插头，用万用表的欧姆档测量各端子之间的电阻值，标准值见表 1-7。如果电阻值不正常，应更换节气门位置传感器。

表 1-7 节气门位置传感器各端子之间的电阻值

节气门开度	V_{TA}-E 端子	IDL-E 端子	V_C-E 端子
全闭	0.2~0.8kΩ	0Ω	固定值
全开	2.8~8.0kΩ	∞	固定值
从全闭到全开	连续逐渐增大	∞	固定值

2）检查传感器电压。打开点火开关，但不起动发动机，用万用表的电压档测量各端子之间的电压，标准值见表 1-8。如果电压值不正常，应更换节气门位置传感器。

表1-8 节气门位置传感器各端子之间的电压值

节气门开度	V_{TA}-E 端子	IDL-E 端子	V_C-E 端子
全闭	0.7V	低于1V	5V
全开	3.5~5.0V	4~6V	5V
从全闭到全开	连续逐渐增大	4~6V	5V

（2）电磁式车速传感器检测

1）外观检查。检查转子是否有断齿、脏污等情况。

2）检查转子齿顶与传感器之间的间隙。方法是用标准间隙厚度的塞尺插入转子齿顶与传感器之间，如果感觉阻力合适，表明间隙符合标准；如果阻力大，说明间隙过小；如果没有阻力，说明间隙大。

3）检查电磁线圈电阻。方法是关闭点火开关，拔下传感器插头，用欧姆表测量电磁线圈电阻。不同车型自动变速器的车速传感器电磁线圈电阻不同，一般为几百欧姆到几千欧姆。

4）模拟检查。方法是用交流电压表2V档测量输出电压；起动时应高于0.1V，运转时应为0.4~0.8V；也可用示波器检测输出信号波形是否完整、连续、光滑等。

如果检查结果不符合要求，则应更换车速传感器。

（3）油温传感器检测 油温传感器检测时，可以将其放在水杯中进行加热，测量不同温度下的电阻值（图1-90），并对照维修手册判断其好坏。表1-9为大众车系油温传感器的检测电阻值。

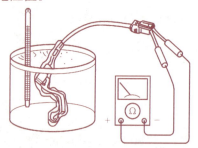

图1-90 油温传感器检测

表1-9 大众车系油温传感器的检测电阻值

温度/℃	电阻/kΩ
20	250
60	50
120	7.5

（4）OD开关检测 当按下OD开关（ON）时，OD OFF指示灯应熄灭；当再次按下OD开关，OD开关弹起（OFF）时，OD OFF指示灯应亮。否则应检查OD OFF指示灯、OD开关及电路。

（5）制动灯开关检测 测量制动灯开关电路的电源端子与搭铁之间的电压，在没有制动时应为蓄电池电压。若不是蓄电池电压，应检查制动灯电路中的熔丝是否断路。

（6）开关式电磁阀检测

1）检查电磁阀电阻（图1-91）。脱开电磁阀插接器，测量电磁阀端子与车身搭铁之间的电阻，应为11~15Ω。

2）检查电磁阀的工作（图1-92）。用蓄电池给电磁阀

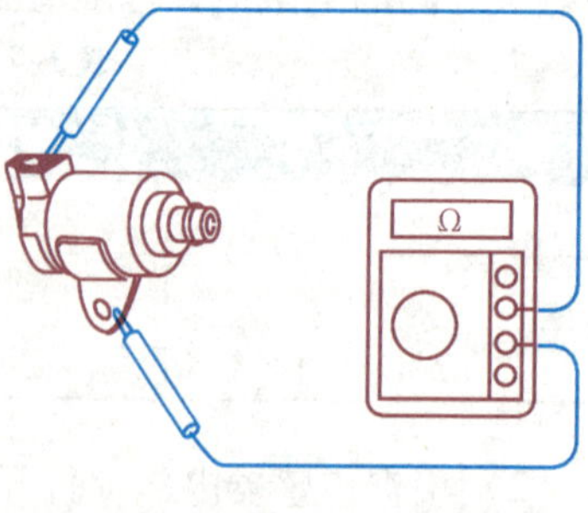

图1-91 检查电磁阀电阻

通电，检查是否有工作响声。

3）检查电磁阀的漏气（图1-93）。拆下电磁阀，用0.5MPa的压缩空气检查电磁阀是否漏气。如果不符合规定应更换电磁阀。

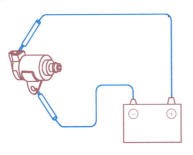

图1-92　检查电磁阀的工作

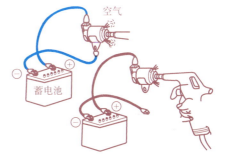

图1-93　检查电磁阀的漏气

（7）占空比式电磁阀检测　脱开电磁阀插接器，用万用表欧姆档测量电磁线圈电阻，应为3.6~4.0Ω；否则，应更换电磁阀。由于占空比式电磁阀的电磁线圈电阻很小，不可与12V蓄电池直接相连，否则容易烧毁电磁线圈。检测时将蓄电池串联一个低电阻，如一个8~10W的灯泡，然后与电磁线圈相连，电磁阀应当动作；否则，应更换电磁阀。

2. 电子控制系统的自诊断

大众车系自动变速器电子控制系统的核心是电控单元J217。电控单元J217中装有故障存储器，如果被监测的传感器或部件发生了故障，传感器或部件以及故障的类型将被存储在故障存储器内。仅发生一次的故障称为偶然（临时）故障。偶然故障是作为补充信号加以识别的。可以利用故障诊断仪V.A.G1551或V.A.G1552对故障进行查找，具体步骤如图1-94所示。

（1）查询故障检测条件

1）变速杆置于P位，并且拉紧驻车制动器手柄。

2）蓄电池电压正常。

3）有关的熔丝完好。

4）变速器的搭铁点无腐蚀、接触良好。

5）蓄电池搭铁线以及蓄电池和变速器之间的搭铁线完好。

（2）连接仪器　关闭点火开关，打开诊断插头接口盖板（位于变速杆前端的防尘罩下）。将诊断线V.A.G1551/2的5针插头与V.A.G1551或V.A.G1552连接，另一端的16针插头与诊断插头接口连接。

1）显示屏上显示（以V.A.G1551为例）：

V. A. G-SELF-DIAGNOSIS	HELP	V. A. G-自诊断	帮助
1—Rapid data transfer[1]		1—快速数据传递[1]	
2—Flash code output[1]		2—故障码输出[1]	

可以按"HELP"键，调出附加的操作说明；可以按"→"键，执行后续步骤。

2）接通点火开关，按"Print"键接通打印机（键内的指示灯亮）。

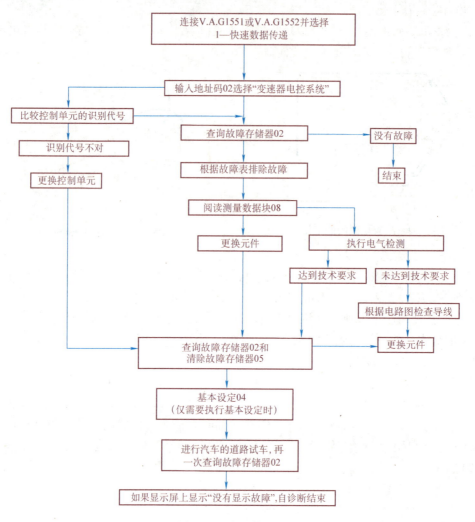

图1-94 自诊断框图

3) 按"1"键选择"快速数据传递",显示屏显示:

| Rapid data transfer   HELP | 快速数据传递   帮助 |
| Enter Address words × × | 输入地址码:× × |

4) 按"0"键和"2"键选择"变速器电控系统",显示屏显示:

| Rapid data transfer   Q | 快速数据传递 |
| 02—Gearbox electronics | 02—变速器电控系统 |

5) 按"Q"键确认,显示屏显示控制单元的识别代码:

| 01N 927 733BA AG4 Gearbox 01N 2754   → | 01N 927 733BA AG4 Gearbox 01N 2754   → |
| Coding 00000   WCS 00000 | 编码 00000   WCS00000 |

01N 927 733BA：控制单元配件号。

AG4 Gearbox 01N：4档自动变速器01N型。

2754：控制单元（EPROM）程序版本。

Coding 00000：目前不需要。

WSC 00000：V. A. G1551 经销商代号。

6) 按"→"键，显示屏显示：

Rapid data transfer HELP	快速数据传递 帮助
Select function × ×	选择功能 × ×

（3）查询故障存储器

1) 在上述第6) 步的基础上，按"0"键和"2"键选择"查询故障存储器"，显示屏显示：

Rapid data transfer Q	快速数据传递
02—Interrogate fault memory	02—查询故障存储器

2) 按"Q"键确认，显示屏显示所存储故障的数量或"No fault recognizes"（没有识别到故障）：

× Faults recognised	×故障被识别！

存储的故障码依次显示并打印出来。显示和打印故障码之后，根据故障表的描述排除故障。

3) 按"→"键，显示屏的显示与"（2）连接仪器"中的第6) 步相同。

（4）故障码表　自动变速器的故障码见表1-10。说明：

1) 查询故障存储器时，如果打印机的电源已接通，所有被自动变速器电控单元（J217）识别到的和显示在 V. A. G1551 上的故障将会被按照故障码进行分类并且被打印出来。

表1-10　自动变速器的故障码

V. A. G1551 上打印机的打印输出	可能的故障原因	故 障 排 除
没有识别到故障	如果进行了修理之后，显示出"没有识别到故障"，自诊断结束。如果已经执行了自诊断，但是自动变速器仍然工作不佳，应根据故障查找程序进行修理	
00258 电磁阀1—N88： 断路 对地短路	断路或对地短路 N88 有故障	根据电路图检查导线和连接（先检查连接触点是否被腐蚀或有水渗入，如有必要，应当更换。如果显示电磁阀有故障，应当仔细检查变速器上阀体扁状导线和导线束之间的10 插脚插头） 阅读测量数据块（显示组编号004） 执行电气检测

（续）

V. A. G1551 上打印机的打印输出	可能的故障原因	故 障 排 除
00260 电磁阀 2—N89： 断路 对地短路	断路或对地短路 N89 有故障	根据电路图检查导线和连接 阅读测量数据块（显示组编号 004） 执行电气检测
00262 电磁阀 3—N90： 断路 对地短路	断路或对地短路 N90 有故障	根据电路图检查导线和连接 阅读测量数据块（显示组编号 004） 执行电气检测
00264 电磁阀 4—N91： 断路 对地短路	断路或对地短路 N91 有故障	根据电路图检查导线和连接 阅读测量数据块（显示组编号 004） 执行电气检测
00266 电磁阀 5—N92： 断路 对地短路	断路或对地短路 N92 有故障	根据电路图检查导线和连接 阅读测量数据块（显示组编号 004） 执行电气检测
00268 电磁阀 6—N93： 断路 对地短路	断路或对地短路 N93 有故障	根据电路图检查导线和连接 阅读测量数据块（显示组编号 004） 执行电气检测
00270 电磁阀 7—N94： 断路 对地短路	断路或对地短路 N94 有故障	根据电路图检查导线和连接 阅读测量数据块（显示组编号 004） 执行电气检测
00281 车速传感器 G68： 无信号	导线断路 G68 有故障	根据电路图检查导线和连接 阅读测量数据块（显示组编号 002） 执行电气检测 更换车速传感器 G68
00293 多功能开关 F125： 不明确的开关状态	断路或对地短路 F125 有故障	根据电路图检查导线和连接 阅读测量数据块（显示组编号 001） 执行电气检测 更换多功能开关 F125
00297 车速器转速传感器 G38： 无信号	导线断路 G38 有故障	根据电路图检查导线和连接 执行电气检测 更换车速器转速传感器 G38
00300 变速器油温传感器 G93： 故障类型不能识别	导线断路 G93 有故障	根据电路图检查导线和连接 阅读测量数据块（显示组编号 005） 执行电气检测

项目一 汽车自动变速器检修

（续）

V.A.G1551 上打印机的打印输出	可能的故障原因	故障排除
00518 节气门电位计 G69： 信号超出允许的范围	导线断路 发动机 ECU 或 G69（在节气门总成内）有故障 来自 G69 的信号通过发动机 ECU 直接送入变速器 ECU，并且只能在阅读测量数据块中进行检测。如果自诊断显示 G69 有故障，也应当执行发动机 ECU 的自诊断	如果还显示出故障码 00638，应当先排除本故障 根据电路图检查导线和连接 阅读测量数据块（显示组编号 001 和 003） 检查发动机 ECU 更换 G69 或发动机 ECU 对系统进行基础设定
00529 转速信号出错	导线断路	根据电路图检查导线和连接 阅读测量数据块（显示组编号 003） 检查发动机 ECU 执行电气检测
00532 供电电压	蓄电池有故障 供给液压阀的电压太低	测试蓄电池电压 阅读测量数据块（显示组编号 002） 检测至发动机 ECU 的电压 执行电气检测
00545 发动机/变速器电气连接： 断路 对地短路	断路或对地短路 发动机/变速器 ECU 未连接 发动机和变速器 ECU 之间影响点火正时的信号未被传送或传送不正常	根据电路图检查导线和连接 阅读测量数据块（显示组编号 005） 检查发动机 ECU 对系统进行基本设定
00596 液压阀之间的导线短路	阀体扁状导线和导线束之间的 10 插脚插头至阀体的扁状导线有故障	根据电路图检查导线和连接 执行电气检测 更换扁状导线
00638 发动机/变速器电气连接 2： 无信号	断路或对地短路 发动机/变速器 ECU 未连接节气门，信号未被传送至变速器 ECU	根据电路图检查导线和连接 阅读测量数据块（显示组编号 005） 检查发动机 ECU，如有必要，进行更换 对系统进行基础设定
00641 ATF 温度： 信号太大	变速器温度太高，最高温度应不超过 148℃。如果 ATF 的温度太高，变速器将自动切换至下一个较低的档位 汽车后面拖车的负荷太大 ATF 液位不正确 变速器油温传感器 G93 有故障	检查 ATF 液位 阅读测量数据块（显示组编号 005，读取 ATF 的温度） 根据电路图检查导线和连接 更换扁状导线
00652 档位监控： 不可信的信号	电气/液压系统有故障 离合器或阀体有故障	阅读测量数据块（显示组编号 004），并且通过道路试车确定故障发生在哪个档位
00660 换低档开关/节气门电位计 （只有在行驶中才能识别 00660 故障）： 不可信的信号	导线断路 换低档开关 F 有故障 节气门电位计 G69 有故障	根据电路图检查导线和连接 阅读测量数据块（显示组编号 001） 执行电气检测 调整或更换加速踏板拉索 按照故障码 00518 中描述的方法进行修理
65535 自动变速器 ECU 有故障	电控单元 J217 有故障	更换电控单元 J217 对系统进行基本设定

69

2）如果故障仅仅是偶然发生或者排除故障之后没有清除故障存储器，那么这些故障将会在规定的时段内被显示为"偶然故障"。

3）如果在查询故障存储器的过程中，某些部件被判断有故障，应根据电路图对这些零件的导线进行短路或断路检测。

4）只有当 V.A.G1551 上打印机的电源接通时，才能够用"Rapid data transfer"（快速数据传递）功能打印出故障码。

在可能引起故障的原因未被确定和下列故障未排除之前，不应当更换电控单元 J217 和对系统进行基础设定。在确定可能的故障后，按照下面顺序排除：①机械故障；②液压故障；③电气/电子零件及线路连接的故障。

（5）清除故障存储器　查询故障存储器并排除故障后，应清除故障存储器。

1）在"（3）查询故障存储器"第3）步的基础上，按"0"键和"5"键选择"清除故障存储器"，显示屏显示：

| Rapid data transfer | → | 快速数据传递 |
| 05—Erase fault memory | | 05—清楚故障存储器 |

2）按"Q"键确认，显示屏显示：

| Rapid data transfer | → | 快速数据传递 |
| Fault memory is erased! | | 故障存储器被清除 |

三、技能训练及相关实践知识

电子控制系统检修技能训练

【训练任务】客户所驾驶的自动档轿车出现故障，该车行驶中自动变速器可以升入2档，但不能升入3档或高速档。维修人员需对电子控制系统进行检修，并向客户解释故障产生的原因。

【训练建议】以小组形式完成。制订故障诊断与排除的基本流程，并按要求逐项填写技能训练评价表。

【评价建议】可用如下技能训练评价表对学生的操作技能进行评价。

技能训练评价表

学生姓名			学　号			
测评日期			测评地点			
测评内容		电子控制系统检修				
考评标准	内　容		分值/分	自　评	互　评	师　评
	电子控制系统元件检测		70			
	电子控制系统自诊断		30			
	合　计		100			
	最终得分（自评30% + 互评30% + 师评40%）					

说明：测评满分为100分，60~74分为及格，75~84分为良好，85分及以上为优秀。不足60分的学生，需重新进行知识学习、任务训练，直到任务完成达到合格为止。

项目一 汽车自动变速器检修

归纳总结

自动变速器的电子控制系统包括传感器及开关、电控单元（ECU）和执行器三部分。传感器及开关部分主要包括节气门位置传感器、车速传感器、发动机转速传感器、输入轴转速传感器、冷却液温度传感器、油温传感器、空档起动开关、强制降档开关、制动灯开关、模式选择开关、OD开关等。执行器部分主要包括各种电磁阀和故障指示灯等。ECU主要完成换档控制、锁止离合器控制、油压控制、故障自诊断和失效保护等功能。

思考题

1. 简述自动变速器信号输入装置的组成及功用。
2. 简述自动变速器电控单元的功能。
3. 试说明如何检测车速传感器。
4. 试说明如何检测节气门位置传感器。
5. 试说明如何检测开关式电磁阀和占空比式电磁阀。
6. 试说明如何读取、清除大众车系自动变速器的故障码。

任务六　自动变速器的检查维护及性能检测

知识点：自动变速器的正确使用；自动变速器故障诊断与排除基本程序。

能力点：自动变速器初步检查；道路试验；手动换档试验；失速试验；换档迟滞试验；油压试验。

任务情境

自动变速器的检查维护及性能检测

客户的轿车进店修理，该车行驶中升档车速明显偏高，升档时发动机转速也明显高于正常值；需采用提前升档的操作方法，才能使自动变速器升入高档或超速档。师傅让维修工小王对车辆进行检查，查找并排除故障。小王很快动手并完成这项任务。

任务分析

该任务是自动变速器的检查维护及性能检测。完成此任务需要掌握自动变速器的初步检查方法以及道路试验、手动换档试验、失速试验、换档迟滞试验和油压试验的方法。

任务实施的相关专业知识

一、自动变速器的正确使用

1. 汽车起动

1) 起动时变速杆必须置于 P 位或 N 位。

2) 汽车在停放状态下起动，必须拉紧驻车制动器手柄，踩下制动踏板，然后旋转点火开关起动发动机。在没有制动状态下起动发动机，有时会发生瞬间起步现象，容易发生意外。

2. 汽车起步

车辆起动后（从停放状态下起动）须停留几秒再挂档行车。换档时，必须查看变速杆的位置或仪表板上档位指示是否确实无误。选定档位后，放松驻车制动再缓慢放松制动踏板（过早放松制动踏板或放松过快会造成急速起步），使汽车缓慢起步。起步时应注意以下问题：

1) 不允许边踩加速踏板边挂档。

2) 不允许先踩加速踏板后挂档。

3) 不允许踩着制动踏板，或者还未松开驻车制动器手柄就狠踩加速踏板。

4) 除必要时，接通行驶档后不应立即一脚将加速踏板踩到底。

3. 拖车时注意事项

使用自动变速器的汽车，拖车时必须低速行驶（不得超过 30~50km/h），每次牵引距离不应过长（如不得超过 50km）。高速长距离牵引时，自动变速器内的旋转件会因缺乏润滑而烧蚀并发生卡滞。自动变速器自身有故障需要牵引时，后轮驱动的车型应拆去传动轴，前轮驱动的车型应支起驱动轮。

4. 倒车时注意事项

汽车完全停止后，将变速杆由 D 位换至 R 位。没有停稳时不允许从前进档换入倒档，也不允许从倒档换入前进档，否则，会引起离合器和制动器损坏。

5. 临时停车

临时停车时，变速杆停在 D 位，只需踩踏制动踏板防止汽车蠕动。这样放松制动踏板就可以重新起步。但停车时间较长时，必须拉紧驻车制动手柄。

6. 利用节气门变化进行换档

1) 快速放松加速踏板实现提前升档。汽车在 D 位 1 档起步，保持节气门开度为 20%~50%，加速到 15km/h 时，快速放松加速踏板，变速器便可立即从 1 档升入 2 档。然后继续踩加速踏板，仍保持原有的节气门开度，加速到 30km/h 时再次快速放松加速踏板，变速器便可以从 2 档升入 3 档。然后用同样方法从 3 档升入 4 档。用这种快速放松加速踏板方法完成升档，乘坐舒适性好，换档快。

2) 踩下加速踏板实现提前降档。在汽车达到规定的降档点车速时，稍踩加速踏板即可实现降档，并可获得和快速放松加速踏板升档时一样的好处。

7. 档位使用注意事项

不要在 N 位上行驶。高速滑行时车速高，发动机却怠速运转，油泵出油量减少，输出

项目一 汽车自动变速器检修

轴上所有的零件仍在高速运转，会因润滑油不足而烧坏。

低速档属于发动机强制制动档，L 位或 1 位通常只在泥泞道路和上坡时使用，不宜长期使用；2 位通常在条件不太好的路面或下坡时使用，也不宜长时间使用。

二、自动变速器故障诊断与检修注意事项

1）诊断、检修时要遵循由简入繁、由表及里的原则。
2）要根据厂家推荐的程序进行。
3）拆卸自动变速器时应先清洗外部。
4）分解时应将零部件按原顺序放好。
5）液压件及油路应用同型号的 ATF 清洗，油路用压缩空气吹通，不能用抹布擦拭。
6）零部件装配时应涂抹 ATF。
7）更换新的离合器片或制动器片等时，应在装配前放入 ATF 中浸泡 15min 以上。

三、自动变速器故障诊断与排除的基本程序

常见的电控自动变速器一般采用的故障诊断与排除程序是：

1）初步检查。
2）读取故障码。
3）手动换档试验。
4）失速试验。
5）油压试验。
6）换档迟滞试验。
7）道路试验。
8）电控系统检查。
9）车上和车下修理。

当自动变速器故障车辆进厂后，维修人员询问故障现象、分析车主的陈述，然后通过道路试验等方法确认故障。故障确认后，先进行初步检查，包括：ATF 检查和更换、变速器漏油检查、节气门拉索检查和调整、变速杆位置检查和调整、空档起动开关检查和调整、发动机怠速检查。自动变速器的很多故障可以通过初步检查而排除，然后进行故障码的读取及数据分析。如果有故障码，可以按故障码的提示进行检修；如果没有故障码，要进一步判断故障是发生在机械、液压部分还是电控系统，方法是进行手动换档试验。如果是电控系统故障，要逐步检查、修理或更换；如果是机械和液压系统的故障，要进行失速试验、油压试验、换档迟滞试验、道路试验，以判断故障部位并进行修理，最后进行试车检验。

任务实施

一、任务实施的环境

1）拆装及检修前车辆可靠驻停。
2）正确选用拆装与检修工具。
3）相关车型维修手册。
4）发动机技术状况良好。

5）仪器操作手册。
6）注意环保及安全操作。

二、任务实施的步骤

1. 自动变速器的初步检查（维护）

（1）ATF 检查和更换

1）ATF 液面高度的检查。ATF 液面高度过高会导致主油压过高，从而出现换档冲击振动、换档提前等故障；ATF 液面高度过高还会导致空气进入 ATF。如果 ATF 液面高度过低，则会导致主油压过低，从而出现换档滞后、离合器和制动器打滑等故障。

ATF 液面高度检查的方法和步骤如下：

① 行驶车辆，使发动机冷却液温度和 ATF 温度达到正常工作温度。

② 将车辆停在水平地面，并可靠驻停。

③ 发动机怠速运转，将变速杆由 P 位换至 L 位，再退回 P 位。

④ 拉出变速器油尺，并将其擦拭干净。

⑤ 将油尺全部插回套管。

⑥ 将油尺拉出，检查油面是否在 HOT 范围，如图 1-95 所示；如果不在，应加油。

一般车辆经过 1 万 km 的行驶里程就要检查 ATF 液面高度。

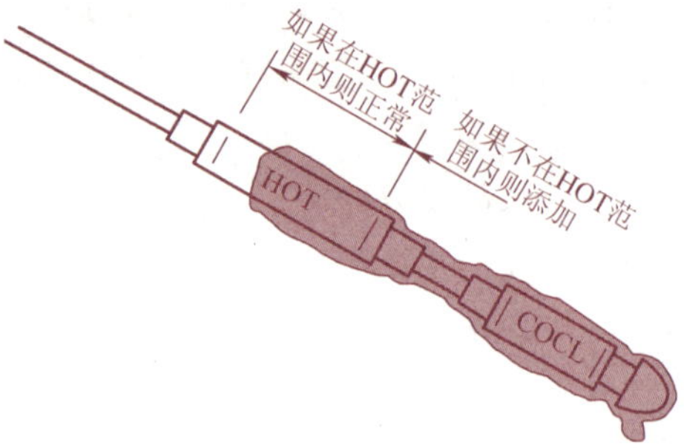

图 1-95 ATF 液面高度的检查

2）ATF 油质的检查。从油质中可以了解自动变速器具体的损坏情况。油质的好坏主要从以下几个方面去判断。

① ATF 的颜色：正常颜色为鲜亮、透明的红色；如果发黑，则说明已经变质或有杂质；如果呈粉红色或白色，则说明油冷却器进水。

② ATF 的气味：正常的 ATF 没有气味；如果有焦糊味，说明 ATF 过热，有摩擦材料烧蚀。

③ ATF 的杂质：如果 ATF 中有金属切屑，说明有元件严重磨损或损伤；如果 ATF 中有胶质状油，说明 ATF 因油温过高或使用时间过长而变质。

检查 ATF 油质时，闻一闻油尺上油液的气味，在手指上点少许油液，用手指互相摩擦看是否有颗粒，或将油尺上的油液滴在干净的白纸上，检查油液的颜色及气味。

3）ATF 的更换。ATF 的更换间隔一般为 20 000 ~ 40 000km 或 24 个月，也有的自动变速器 100 000km 更换即可。ATF 更换的方法和步骤如下：

① 拆下放油塞，将 ATF 排放到容器中，如图 1-96 所示。

② 将放油塞紧固。

③ 将发动机熄火，通过加油管加入新油。

④ 起动发动机，将变速杆由 P 位换至 L 位，再退回 P 位。

⑤ 检查油位，应在"COOL"范围内。

⑥ 在正常温度（70 ~ 80℃）时检查油位，必要时加油。

需要说明的是，有些自动变速器（如丰田新皇冠的 A761E）不采用上述方式。加注或更换 ATF 时，先拆下注液塞和溢流塞，从注液孔处注入 ATF 直到油液从溢流孔流出即可。

ATF 的选择要按照厂家的推荐。更换 ATF 如图 1-96 所示，在放油塞上标有使用的 ATF 为 TⅡ型。

（2）自动变速器漏油检查　一般情况下，ATF 不会消耗，如果 ATF 液面高度变低，就要检查自动变速器是否有漏油的地方。

漏油会导致油压下降、液面高度下降，使换档打滑和延迟。目视检查油封、管接头等部位。常见自动变速器漏油的检查部位如图 1-97 所示。

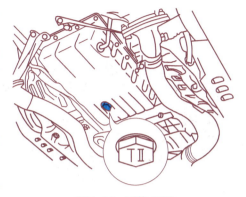

图 1-96　更换 ATF

（3）节气门拉索检查和调整　节气门拉索调整不当会导致自动变速器工作不正常。如果节气门拉索过松，会造成节气门油压过低，主油压偏低，使换档滞后、换档打滑；如果节气门拉索过紧，会造成节气门油压过高，主油压偏高，使换档提前、换档产生冲击。

常见的节气门拉索检查和调整如图 1-98 所示。检查轧头和索套之间的距离，标准距离为 0～1mm。如果距离不合适，可以通过旋转调节螺母进行调整。

（4）变速杆位置检查和调整　将变速杆自 N 位换到其他档位，检查变速杆是否能平稳而又精确地换到其他档位。同时检查档位指示器是否正确地指示档位。

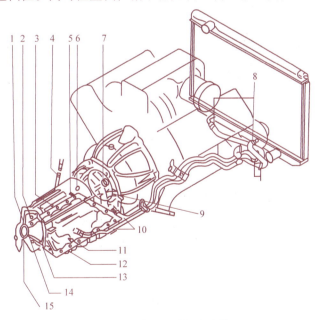

图 1-97　自动变速器漏油的检查

1—2 号车速传感器 O 形圈　2—转速传感器 O 形圈　3—电磁线圈配线 O 形圈　4—油尺导管 O 形圈
5—油压测试口螺塞和 O 形圈　6—输入轴转速传感器油封　7—油泵油封　8—油冷却器管箍
9—油泵 O 形圈　10—油冷却器管接头和 O 形圈　11—蓄能器背压测试口螺塞和 O 形圈
12—油底壳和变速器之间的垫片　13—加长壳体与变速器之间的垫片
14—1 号车速传感器油封　15—加长壳体后油封

如果档位指示器与正确档位不一致,应进行下述调整:
1)松开变速杆上的螺母,如图 1-99 所示。

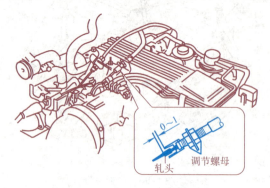

图 1-98　节气门拉索检查和调整

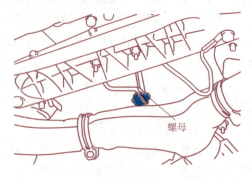

图 1-99　松开变速杆上的螺母

2)将控制轴杆向后推足,然后将控制轴杆退回两个槽口到 N 位,如图 1-100 所示。

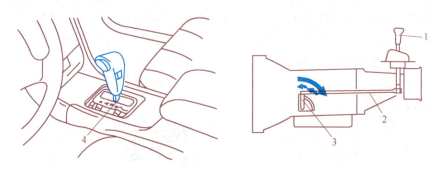

图 1-100　将控制轴杆移到 N 位

1—变速杆　2—连接杆　3—控制轴杆　4—空档位置

3)将变速杆定位在 N 位。
4)稍稍朝 R 位定位变速杆,拧紧变速杆螺母。
5)起动发动机,确认变速杆自 N 位换到 D 位时,车辆向前移动;变速杆换到 R 位时,车辆后退。

(5)空档起动开关检查和调整　检查发动机是否仅能在变速杆位于 N 位或 P 位时起动,在其他档位不能起动。如果不符合要求,则应进行如下的调整(图 1-101):
1)松开空档起动开关螺栓,将变速杆置于 N 位。
2)将槽口对准空档基准线。
3)定位位置并按规定力矩拧紧螺栓。

(6)发动机怠速检查　将变速杆置于 N 位,关闭空调,检查发动机怠速转速。具体数值应查看具体车型的维修手册,一般为 650~750r/min。

自动变速器很多故障是由于发动机的问题引起的。例如发动机怠速转速过低,当变速杆由 P 位或 N 位换至 D 位或 R 位时,会引起车身的振动,严重时会导致发动机熄火。

2. 道路试验

道路试验是诊断、分析自动变速器故障最有效的手段之一。此外,自动变速器在修复之

项目一 汽车自动变速器检修

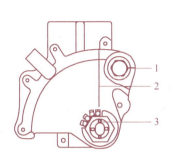 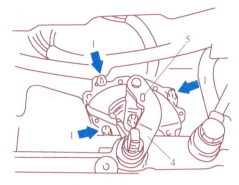

图 1-101 空档起动开关的调整
1—固定螺钉 2—基准线 3—槽口 4—摇臂 5—调整用定位销

后，也应进行道路试验，以检查其工作性能，检验修理质量。自动变速器的道路试验内容主要有：检查换档车速，换档质量以及换档执行元件是否打滑等。在道路试验之前，应先让汽车以中低速行驶 5~10min，让发动机和自动变速器都达到正常工作温度。在试验中，通常应将 OD 开关置于 ON 的位置（即 OD OFF 指示灯熄灭），并将模式选择开关置于常规模式或经济模式。道路试验的方法如下。

(1) 升档检查　将变速杆置于 D 位，踩下加速踏板，使节气门保持在 50% 开度左右，让汽车起步加速，检查自动变速器的升档情况。自动变速器在升档时发动机会有瞬时的转速下降，同时车身有轻微的闯动感。正常情况下，汽车起步后随着车速的升高，试车者应能感觉到自动变速器顺利地由 1 档升入 2 档，随后再由 2 档升入 3 档，最后升入超速档。若自动变速器不能升入高档（3 档或超速档），说明控制系统或换档执行元件有故障。

(2) 升档车速的检查　在上述升档检查的过程中，当察觉到自动变速器升档时，记下升档车速。一般 4 档自动变速器在节气门开度为 50% 时，由 1 档升至 2 档的车速为 25~35km/h，由 2 档升至 3 档的车速为 55~70km/h，由 3 档升至 4 档（超速档）的车速为 90~120km/h。由于升档车速和节气门开度有很大的关系，即节气门开度不同时，升档车速也不同，而且不同车型的自动变速器各档位传动比的大小都不相同，其升档车速也不完全一样。因此，只要升档车速基本保持在上述范围内，而且汽车行驶中加速良好，无明显的换档冲击，都可认为其升档车速基本正常。若汽车行驶中加速无力，升档车速明显低于上述范围，说明升档车速过低（即升档提前）；若汽车行驶中有明显的换档冲击，升档车速明显高于上述范围，说明升档车速过高（即升档滞后）。

升档车速太低一般是控制系统的故障所致；升档车速太高则可能是控制系统的故障所致，也可能是换档执行元件的故障所致。

(3) 换档质量的检查　换档质量的检查内容主要是检查有无换档冲击。正常的自动变速器只能有不太明显的换档冲击，特别是电控自动变速器的换档冲击应十分微弱。若换档冲击太大，说明自动变速器的控制系统或换档执行元件有故障，其原因可能是主油压高或换档执行元件打滑，应做进一步的检查。

(4) 锁止离合器工作状况的检查　自动变速器液力变矩器中锁止离合器的工作是否正

常也可以采用道路试验的方法进行检查。试验中,让汽车加速至超速档,以高于80km/h的车速行驶,并让节气门开度保持在低于50%的位置,使液力变矩器进入锁止状态。此时,快速将加速踏板踩下使节气门开度超过85%,同时检查发动机转速的变化情况。若发动机转速没有太大的变化,说明锁止离合器处于接合状态;反之,若发动机转速升高很多,则表明锁止离合器没有接合,其原因通常是锁止控制系统有故障。

(5) 发动机制动作用的检查　检查自动变速器有无发动机制动作用时,应将变速杆置于2位或L位。在汽车以2档或1档行驶时,突然松开加速踏板,检查是否有发动机制动作用。若松开加速踏板后车速立即下降,说明有发动机制动作用;否则,说明控制系统或换档执行元件有故障。

(6) 强制降档功能的检查　检查自动变速器强制降档功能时,应将变速杆置于D位,保持节气门开度为30%左右,在以2档、3档或超速档行驶时突然将加速踏板完全踩到底,检查自动变速器是否被强制降低一个档位。在强制降档时,发动机转速会突然升至4000r/min左右,并随着加速升档,转速逐渐下降。若踩下加速踏板后没有出现强制降档,说明强制降档功能失效。若在强制降档时发动机转速升高反常,达到5000r/min,并在升档时出现换档冲击,则说明换档执行元件打滑,应拆修自动变速器。

3. 手动换档试验

(1) 目的　手动换档试验用于判断故障是来自电控系统还是机械系统。

(2) 方法和步骤

1) 脱开换档电磁阀插接器。

2) 将变速杆置于各个位置,检查档位是否与表1-11所列情况相同;如果出现异常,说明故障在机械系统。

3) 插上换档电磁阀插接器,清除故障码。

表1-11　手动换档试验

变速杆位置	D	2	L	R	P
档位	4档	3档	1档	倒档	锁定棘轮

4) 如果L位、2位和D位的换档位置难以区别,则进行下列道路试验:在车辆行驶时,经过从L位至2位、2位至D位的换档,检查相应档位的换档变化。如果在上述试验中发现异常,则是变速器机械系统的故障。

4. 失速试验

(1) 目的　失速试验是通过测量在D位、R位时的失速转速来检查发动机及变速器的总体性能。

(2) 注意事项

1) 在正常工作温度下进行该试验(50~80℃)。

2) 该试验连续进行不得超过5s。

3) 为保证安全,请在宽阔水平地面上进行,并确保试验用车前、后无人。

4) 失速试验应由两人共同完成:一人观察车轮情况或车轮塞木情况,另一人进行试验。

(3) 方法和步骤(图1-102)

1) 塞住前、后车轮。

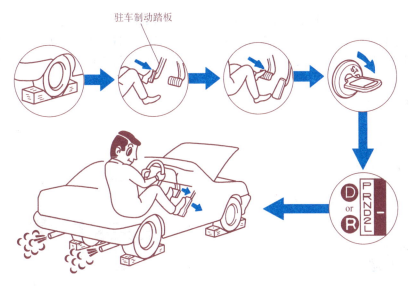

图 1-102 失速试验

2）在发动机上安装转速表（如果仪表板上有转速表可省略此步）。

3）拉紧驻车制动器手柄或踩下驻车制动踏板。

4）左脚踩下制动踏板。

5）起动发动机。

6）将变速杆置于 D 位。用右脚将加速踏板踩到底，同时迅速读取发动机转速，此转速即为失速转速。

注意：如果在发动机转速未达到规定失速转速之前后轮开始转动，应放松加速踏板停止试验。

7）在 R 位重复试验。

（4）试验结果分析　常见车型自动变速器的失速转速一般为 2200r/min 左右，但有的自动变速器的失速转速低于 1800r/min，有的自动变速器的失速转速高于 2800r/min。丰田 U341E 型自动变速器的标准失速转速为（2400±300）r/min，如果失速转速不符合标准要求，可能的故障原因见表 1-12。

表 1-12　失速转速不符合标准的可能故障原因

故　障	可能的故障原因
D 位时发动机失速转速低	1）发动机动力输出可能不足 2）液力变矩器导轮单向离合器工作异常 注意：如果测量值比规定值低 600r/min 或更多，则变矩器可能有故障
D 位时发动机失速转速高	1）管路压力过低 2）前进档离合器打滑 3）2 号单向离合器工作异常 4）液位不正确

5. 换档迟滞试验

(1) 目的 发动机怠速转动时,将操纵手柄从空档拨至前进档或倒档后,需要有一段时间的迟滞或延时才能使自动变速器完成换档工作,这一时间称为自动变速器换档迟滞时间。根据换档迟滞时间的长短,可判断主油路油压及换档执行元件的工作是否正常。

(2) 注意事项

1) 在正常工作油温下进行该试验(50~80℃)。

2) 在各试验中保证有1min间隔。

3) 进行三次试验并取平均值。

(3) 方法和步骤(图1-103)

图1-103 换档迟滞试验

1) 拉紧驻车制动器手柄或踩下驻车制动踏板。

2) 起动发动机并检查怠速。

3) 将变速杆从N位拨到D位。用秒表测量拨动变速杆到感觉振动的时间。延迟时间应小于1.2s。

4) 从N位拨到R位用同样方法测量。延迟时间应小于1.5s。

(4) 试验结果分析 对于装备丰田U341E型自动变速器的汽车而言,如果N位拨到D位或N位拨到R位的延迟时间比规定的延迟时间长,可能的故障原因见表1-13。

表1-13 换档延迟时间长可能的故障原因

故障	可能的故障原因	故障	可能的故障原因
N位拨到D位延迟时间较长	1) 管路压力过低 2) 前进档离合器磨损 3) 2号单向离合器工作异常	N位拨到R位延迟时间较长	1) 管路压力过低 2) 倒档离合器磨损 3) 1档和倒档制动器磨损

6. 油压试验

油压试验一般是做主油路油压测试，也可做节气门油压、速控油压、蓄能器背压测试。

（1）注意事项

1）在正常工作油温时进行该试验（50~80℃）。

2）油压试验应由两人完成：一人观察车轮及车轮塞木状况，另一人进行试验。

（2）方法和步骤（图1-104）

1）运转发动机，使发动机和变速器温度正常。

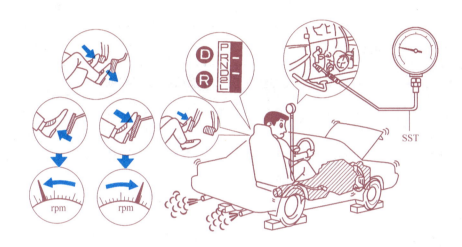

图1-104 油压试验

2）拔去变速器壳体上的检查接头塞，连接压力表。

3）拉紧驻车制动器手柄或踩下驻车制动踏板，塞住4个车轮。

4）起动发动机，检查怠速转速。

5）左脚踩下制动踏板，将变速杆换入D位。

6）发动机怠速运转下测量主油路油压。

7）将加速踏板踩到底，在发动机达到失速转速时迅速读取油路最高压力。

注意：如果在发动机转速未达到失速转速之前后轮开始转动，则松开加速踏板停止试验。

8）在R位重复试验。

丰田U341型自动变速器管路压力见表1-14。

表1-14 丰田U341型自动变速器管路压力 （单位：kPa）

条件	D位	R位
怠速运转时	372~412	553~623
失速测试	1120~1230	1660~1870

（3）试验结果分析 不同车型自动变速器的主油路油压不完全相同。若主油路油压不正常，说明油泵或控制系统有故障，可能的故障原因见表1-15。

表1-15 主油路油压不正常的可能故障原因

故障	可能的故障原因	故障	可能的故障原因
如果在所有位置的测量值都偏高	1）换档电磁阀故障 2）调压器阀故障	如果仅在D位压力偏低	1）D位油路漏油 2）前进档离合器故障
如果在所有位置的测量值都偏低	1）换档电磁阀故障 2）调压器阀故障 3）油泵故障	如果仅在R位压力偏低	1）R位油路漏油 2）倒档离合器故障 3）1档和倒档制动器故障

三、技能训练及相关实践知识

自动变速器的检查维护及性能检测技能训练

【训练任务】客户所驾驶的自动档轿车出现故障，在该车行驶过程中，当操纵手柄位于前进低档（S、L或2、1）位时，松开加速踏板，发动机转速降至怠速，但汽车没有明显减速；下坡时，变速杆位于前进低档，但不能产生发动机制动作用。维修人员需对车辆进行检查，并向客户解释故障产生的原因。

【训练建议】以小组形式完成。制订故障诊断与排除的基本流程，并按要求逐项填写技能训练评价表。

【评价建议】可用如下技能训练评价表对学生的操作技能进行评价。

技能训练评价表

学生姓名			学 号			
测评日期			测评地点			
测评内容		自动变速器的检查维护及性能检测				
考评标准	内　　容		分值/分	自　评	互　评	师　评
	自动变速器的初步检查		20			
	道路试验		20			
	手动换档试验		10			
	失速试验		20			
	换档迟滞试验		10			
	油压试验		20			
	合　　　计		100			
最终得分（自评30% + 互评30% + 师评40%）						

说明：测评满分为100分，60~74分为及格，75~84分为良好，85分及以上为优秀。不足60分的学生，需重新进行知识学习、任务训练，直到任务完成达到合格为止。

项目一 汽车自动变速器检修

归纳总结

　　自动变速器的初步检查包括：ATF检查和更换、变速器漏油检查、节气门拉索检查和调整、变速杆位置检查和调整、空档起动开关检查和调整、发动机怠速检查等。自动变速器的道路试验内容主要有：检查换档车速、换档质量以及检查换档执行元件是否打滑等。手动换档试验用于判断故障是来自电控系统还是机械系统。失速试验通过测量在D位、R位时的失速转速来检查发动机及变速器的总体性能。根据换档迟滞时间的长短，可判断主油路油压及换档执行元件的工作是否正常。油压试验一般是做主油路油压测试。

思考题

1. 简述ATF液面高度的检查方法。
2. 试说明如何判断锁止离合器的工作情况。
3. 简述失速试验的操作方法，并对试验结果进行分析。
4. 简述自动变速器油压试验的方法。
5. 试说明自动变速器油质的检查方法。

任务七 无级变速器（CVT）检修

知识点：无级变速器的结构及工作原理。
能力点：检修无级变速器。

任务情境

——— 无级变速器（CVT）检修 ———

　　客户的汽车进店修理，该车装备无级变速器，由于变速器进水，曾在其他修理厂进行过变速器大修，但大修后出现了变速器挂D位反应慢、加速有冲击的现象。师傅让维修工小王对车辆进行检查，查找并排除故障。小王很快动手并完成这项任务。

任务分析

　　该任务是检修无级变速器。完成此任务需要了解无级变速器的结构及工作原理；掌握无级变速器的维修方法。

任务实施的相关专业知识

一、无级变速器概述

1. 原理介绍

无级变速器（Continuously Variable Transmission，CVT）是传动比可以在一定范围内连续变化的变速器。它采用传动带和工作直径可变的主、从动轮配合来传递动力，可以实现传动比的连续改变，从而得到传动系统与发动机工况的最佳匹配，最大限度地利用发动机的特性，提高汽车的动力性和燃油经济性。目前，无级变速器在汽车上的应用越来越多。

图1-105所示为金属带式无级变速器的变速原理图。变速部分由主动带轮（也称为初级轮）、金属带和从动带轮组成。每个带轮都是由两个带有斜面的半个带轮组成一体，其中一个半轮是固定的，另一个半轮可以通过液压控制系统控制其轴向移动。两个带轮之间的中心矩是固定的，由于两个带轮的直径可以连续无级变化，所以形成的传动比也是连续无级变化的。

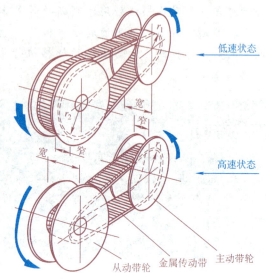

图1-105 金属带式无级变速器的变速原理图

2. 在国内的应用

目前，国内常见的采用无级变速器的汽车有奥迪A6、派力奥（西耶那、周末风）、飞度、旗云等。

（1）奥迪A6的Multitronic无级/手动一体变速器 奥迪的Multitronic变速器在原有无级变速器的基础上安装了一种称为多片式链带的传动组件，这种组件大大拓展了无级变速器的使用范围，能够传递和控制峰值高达280N·m的动力输出，其传动比超过了以前各种自动变速器的极限值。Multitronic变速器还采用了全新的电子控制系统，以克服原有无级变速器的不足。例如在上、下坡时，系统能自动探测坡度，并通过调整速比增加动力输出或加大发动机的制动转矩来协助车辆行驶。

（2）派力奥（西耶那、周末风）Speedgear 派力奥Speedgear是一种手/自一体式电控无级变速器（ECVT），南京菲亚特公司率先把它应用在小型车上。它提供两种换档模式：电控无级自动变速模式和6档顺序手动变速模式，驾驶人可以根据喜好选择不同的换档方法。Speedgear由液力变矩器、两个可变直径钢带轮和一根传动金属带（一定数量的钢片和两根9层钢带）组成，具有更宽的传动比，同时具有无级变速器结构简单、体积紧凑的特点。

（3）飞度CVT 飞度CVT是专门为小型车设计的，属于新一代钢带无级自动变速器，可允许两个带轮之间进行高转矩传递,运转平稳、传动效率高,是小型车里较好的一种无级变速器。飞度 CVT 变速器还带有 S 档(运动模式),既追求流畅感、低油耗,又不乏驾驶乐趣。

(4)旗云 CVT　旗云 CVT 采用了德国米埃孚公司生产的 VT1F 无级变速器。该无级变速器有无级变速、自动巡航、运动模式和 6 档手动 4 种驾驶模式,与电子节气门配合以后更接近智能化控制。

3. 优点

CVT 技术真正应用在汽车上不过十几年的时间,但与传统的手动和自动变速器相比,其优势却是显而易见的:

1)结构简单,体积小,大批量生产后的成本低于当前液力自动变速器的成本。

2)工作速比范围宽,容易与发动机形成理想的匹配,从而改善燃烧过程,降低油耗和排放。

3)具有较高的传动效率,功率损失少,经济性高。

二、无级变速器的基本组成和工作原理

本部分内容以奥迪 Multitronic CVT 为例进行介绍,该无级变速器的内部编号为 01J。

1. 奥迪 01J CVT 的基本组成

奥迪 01J CVT 主要由飞轮减振装置、前进档离合器/倒档制动器及行星齿轮机构、速比变换器、液压控制单元和电控单元组成,如图 1-106 所示。

发动机输出转矩通过飞轮减振装置或双质量飞轮传递给无级变速器,前进档离合器和倒档制动器都是湿式摩擦元件,两者均为起动装置。倒档的旋转方向是通过行星齿轮机构改变的。发动机的转矩通过辅助减速齿轮传到速比变换器,并由此传到主减速器、差速器。液压控制系统和电子控制系统集成一体,位于变速器内部。

2. 前进档离合器/倒档制动器及行星齿轮机构

(1)前进档离合器和倒档制动器　奥迪 01J CVT 的起动装置是前进档离合器和倒档制动器,并与行星齿轮机构一起实现前进档和倒档。它们只做起动装置,并不改变传动比,这与自动变速器中的离合器和制动器的功用是不同的。

奥迪 01J CVT 的前进档离合器和倒档制动器均采用湿式多片式结构,这与前述的自动变速器中的离合器和制动器的结构是相同的,这里不再叙述。

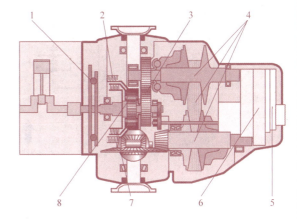

图 1-106　奥迪 01J CVT 的基本组成

1—飞轮减振装置　2—倒档制动器　3—辅助减速齿轮
4—速比变换器　5—电子控制系统　6—液压控制系统
7—前进档离合器　8—行星齿轮机构

(2)行星齿轮机构　行星齿轮机构的结构如图 1-107 所示,由齿圈、两组行星轮、行星架、太阳轮组成。当太阳轮沿顺时针方向转动时,驱动行星轮 1 沿逆时针方向转动,再驱动行星轮 2 沿顺时针方向转动,最后驱动齿圈也沿顺时针方向转动。

作为输入元件的太阳轮与输入轴和前进档离合器钢片相连,作为输出元件的行星架与辅助减速齿轮的主动齿轮和前进档离合器的摩擦片相连,齿圈和倒档制动器摩擦片相连,倒档制动器钢片和变速器壳体相连。行星齿轮机构的简图如图1-108所示。

1) P/N档的动力传递路线。变速杆处于P位或N位时,前进档离合器和倒档制动器都不工作。发动机的转矩通过与输入轴相连的太阳轮传到行星齿轮机构并驱动行星轮1,行星轮1再驱动行星轮2,行星轮2与齿圈相啮合。车辆尚未行驶时,作为辅助减速齿轮输入部分的行星架(行星齿轮机构的输出部分)的阻力很大,处于静止状态,齿圈以发动机转速一半的速度怠速运转,旋转方向与发动机相同。

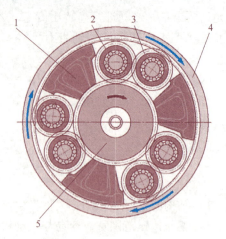

图1-107 行星齿轮机构的结构
1—行星架 2—行星轮1 3—行星轮2
4—齿圈 5—太阳轮

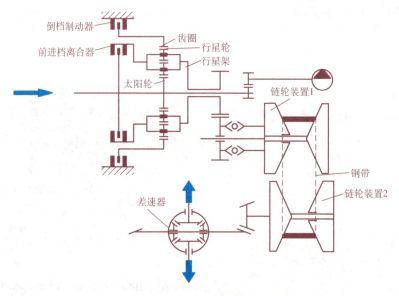

图1-108 行星齿轮机构的简图

2) 前进档的动力传递路线。变速杆处于D位时,前进档离合器工作。由于前进档离合器钢片与太阳轮相连,摩擦片与行星架相相连,此时,太阳轮(变速器输入轴)与行星架(输出部分)相连,行星齿轮机构被锁死成为一体,并与发动机运转方向相同,传动比为1:1。

3) 倒档的动力传递路线。变速杆处于R位时,倒档制动器工作。由于倒档制动器摩擦片与齿圈相连,钢片与变速器壳体相连,此时,齿圈被固定,太阳轮(输入轴)转动,转矩传递到行星架,由于是双行星齿轮(其中一个为惰轮),所以行星架以与发动机旋转方向相反的方向运转,车辆向后行驶。

由行星架输出的动力由辅助减速齿轮传递到速比变换器,如图1-109所示。

项目一　汽车自动变速器检修

3. 速比变换器

速比变换器是 CVT 最重要的装置，其功用是实现无级变速传动。

速比变换器由两组滑动锥面链轮和专用链条组成，如图 1-110 所示。主动链轮由发动机通过辅助减速齿轮驱动，发动机转矩由传动链传递到从动链轮装置，并由此传给主减速器。每组链轮装置中的其中一个链轮可沿轴向移动，实现传动链跨度尺寸的调整，从而连续地改变传动比。两组链轮装置必须同步进行，这样才能保证传动链始终处于张紧状态，并且具有足够的传动链和链轮之间的接触压力。

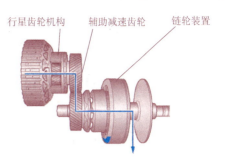

图 1-109　辅助减速齿轮

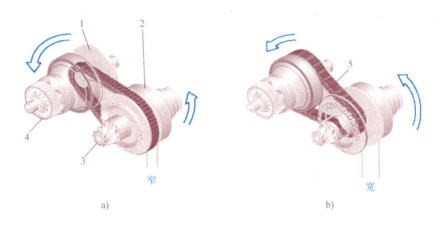

图 1-110　速比变换器的基本组成和原理
a) 低速（传动比大）　b) 高速（传动比小）
1—主动链轮装置　2—从动链轮装置　3—动力输出　4—动力输入　5—传动链

速比变换器的组成如图 1-111 所示。该速比变换器的工作模式是基于双活塞工作原理。其特点是利用少量的液压油就可以很快地进行换档，这可以保证在相对低压时，锥面链轮与传动链之间有足够的接触压力。在链轮装置 1 和链轮装置 2 上各有一个保证传动链轮和传动链之间正常接触压力的压力缸和用于调整变速比的分离缸。为了有效地传递发动机转矩，锥面链轮和传动链之间需要很高的接触压力，接触压力通过调节压力缸内的油压产生。压力缸表面积很大，能够在低压时提供所需的接触压力。液压系统泄压时，主动链轮膜片弹簧和从动链轮的螺旋弹簧产生一个额定的传动链基础张紧力（接触压力）。在卸压状态下，速比变换器起动传动比由从动链轮的螺旋弹簧弹力调整。

（1）换档控制

1）电子控制部分。奥迪 01J CVT 的电控单元有一个动态控制程序（DRP），用于计算额定的变速器输入转速。为了在每个驾驶状态下都能获得最佳传动比，驾驶人输入信息和车辆实际工作状态要被计算在内。根据边界条件动态控制程序计算出变速器额定输入转速。变速器输入转速传感器 G182 监测链轮装置 1 处的实际转速。电控单元会根据实际值与设定值进行比较，并计算出换档压力调节电磁阀 N216 的控制电流，这样 N216 就会产生液压换档阀的控制压力，该压力与控制电流几乎是成正比的。电控单元通过检查来自变速器输入转速传感器 G182、变速器输出转速传感器 G195 的信号及发动机转速信号来实现对换档的监控。

2）液力换档控制（增速与降速）。液压控制单元中的输导控制阀（VSTV）向换档压力调节电磁阀 N216 提供一个约 0.5MPa 的常压。N216 根据电控单元计算的控制电流产生控制压力，该压力的大小会影响减压阀 UV 的位置。

根据控制压力，减压阀 UV 将调节出来的压力传递到主动链轮和从动链轮的分离缸。当调节压力为 0.18～0.2MPa 时，减压阀 UV 处于关闭状态。当控制压力低于 0.18MPa 时，调节压力通过减压阀 UV 传递到链轮装置 1 的分离缸，同时从动链轮的分离缸与油底壳接通，速比变换器朝增速的方向进行变速，如图 1-112 所示。

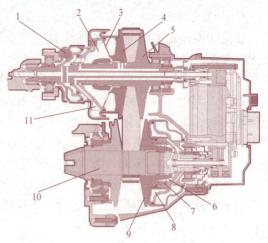

图 1-111　速比变换器的组成

1—转矩传感器　2、8—压力缸　3—膜片弹簧
4—锥面链轮 1　5—链轮装置 1　6、11—分离缸
7—螺旋弹簧　9—锥面链轮 2　10—链轮装置 2

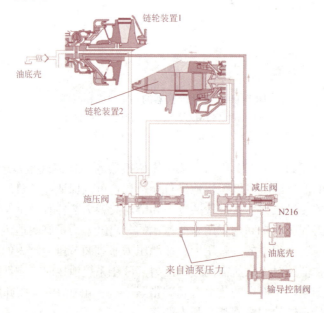

图 1-112　速比变换器增速的控制

当调节压力高于 0.22MPa 时，调节压力通过减压阀传递到链轮装置 2 的分离缸，同时链轮装置 1 的分离缸与油底壳接通，速比变换器朝减速的方向变速，如图 1-113 所示。

（2）接触压力控制　压力缸中合适的油压最终产生锥面链轮与传动链之间的接触压力。若接触压力过高会降低传动效率；相反，若接触压力过低，传动链会打滑，这将损坏传动链

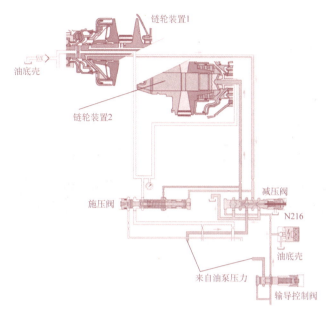

图 1-113　速比变换器减速的控制

和链轮。使用转矩传感器的目的是根据要求建立起尽可能精确、安全的接触压力。

转矩传感器集成于链轮装置 1 内，静态和动态高精确度地监控传递到压力缸的实际转矩，并建立压力缸的正确油压。转矩传感器的主要部件为 2 个滑轨架，每个滑轨架有 7 个滑轨，滑轨中装有 7 个滚子，如图 1-114 所示。

滑轨架 1 装在链轮装置 1 的输出齿轮中（辅助减速输出齿轮），滑轨架 2 通过内花键与链轮装置 1 连接，并可以沿轴向移动且由转矩传感器活塞支撑。转矩传感器活塞调整接触压力，并形成 2 个压力腔：转矩传感器腔 1 和转矩传感器腔 2。转矩传感器产生的轴向力作为控制力，与发动机转矩成正比，压力缸中建立起来的压力与控制力成正比。转矩传感器支架彼此间可径向旋转，将转矩转化为轴向力（因滚子和滑轨的几何关系），此轴向力施加于滑轨架 2，并通过移动转矩传感器控制凸缘关闭或打开转矩传感器腔输出端，如图 1-115 所示。

1）输入转矩低时。转矩传感器腔 1 直接与压力缸相通。发动机转矩产生的轴向力与压力缸内的压力达到平衡。在汽车稳定运行的情况下，出油孔只部分关闭，打开排油孔（转矩传感器）后压力下降，出油孔进油压力降低，直至恢复压力平衡，如图 1-116 所示。

2）输入转矩高时。转矩达到峰值时，控制凸缘完全关闭出油孔。若转矩传感器进一步移动，将会起到油泵作用，此时被排出的油使压力缸内的压力迅速上升，这样就会毫无延迟地调整接触压力。锥面链轮产生的接触压力不仅取决于输入转矩，还取决于传动链跨度半径，此两者确定了速比变换器的实际传动比，如图 1-117 所示。

4. 液压控制系统

CVT 的液压控制系统与自动变速器的液压控制系统一样，负责系统油压的控制、油路的转换控制、用油元件的供油以及冷却控制等。

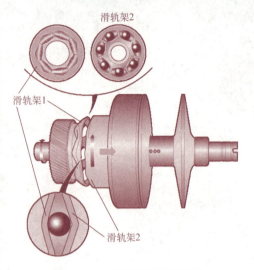

图 1-114 转矩传感器的组成

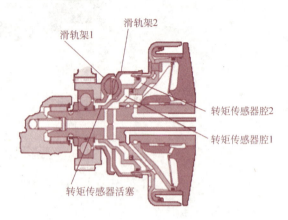

图 1-115 转矩传感器的工作原理

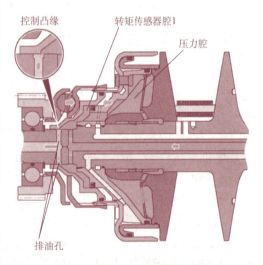

图 1-116 低转矩时的控制

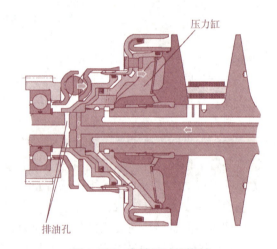

图 1-117 高转矩时的控制

(1) 供油装置　奥迪 01J CVT 的供油装置采用的是带月牙形密封的内啮合齿轮泵，直接装在液压控制单元上，形成一个整体，减少了压力损失。

(2) 液压控制单元　液压控制单元由手动换档阀、9 个液压阀和 3 个电磁控制阀组成。液压控制单元和电控单元直接插接在一起，液压控制单元应完成下述功能：

1) 驱动前进档离合器/倒档制动器。
2) 调节离合器压力。
3) 冷却离合器。
4) 为接触压力控制提供压力油。
5) 传动控制。
6) 为飞溅润滑油罩盖供油。

液压控制系统的油路图如图 1-118 所示。为防止系统工作压力过高，限压阀将油泵产生

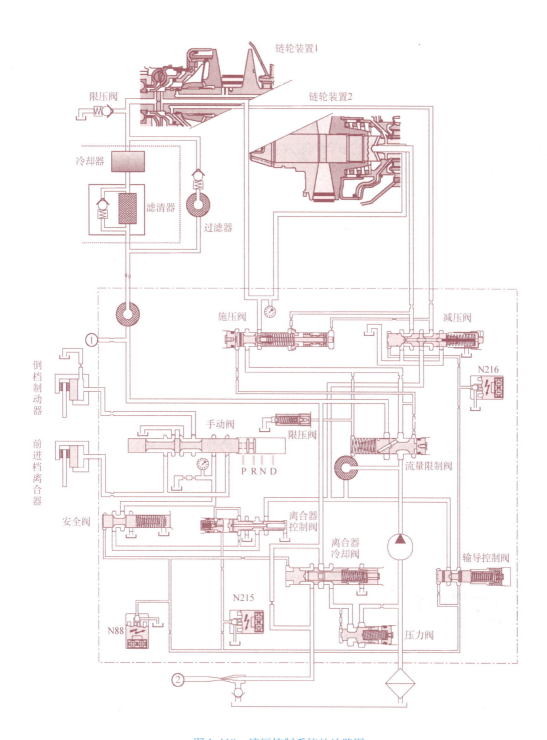

图 1-118 液压控制系统的油路图

的最高压力限制在 0.82MPa，并通过输导控制阀向三个压力调节电磁阀提供一个恒定的 0.5MPa 的输导控制压力。压力阀用于防止起动时油泵吸入空气。当油泵输出功率高时，压力阀打开，允许 ATF 从回油管流到油泵吸入侧，提高油泵效率。施压阀控制系统压力，在各种工况下都能够提供足够的油压。电磁阀 N88、N215 和 N216 在设计上称为压力控制阀，它们将控制电流转变为相应的液压控制压力。

5. 电子控制系统

奥迪 01J CVT 的电子控制系统由电控单元、输入装置（传感器、开关）和输出装置（电磁阀）三部分组成。其特点是电控单元集成在速比变换器内，直接用螺栓紧固在液压控制单元上。3 个压力调节阀与电控单元间直接通过坚固的插头连接（S 形接头），没有连接线。控制单元用一个 25 针的小型插头与汽车相连。电子控制系统更具特点的是集成在电控单元内的传感器：电器部件的底座为一个坚硬的铝板，壳体材料为塑料，并用铆钉紧固到底座上。壳体容纳全部的传感器，因此不再需要线束和插头。这种结构大大提高了工作效率和可靠性。另外，将发动机转速传感器和多功能开关设计成霍尔传感器，霍尔传感器没有机械磨损，信号不受电磁干扰，这使其可靠性进一步提高。传感器为电控单元的集成部件，若某个传感器损坏，必须更换电控单元。图 1-119 所示为电子控制系统的组成。

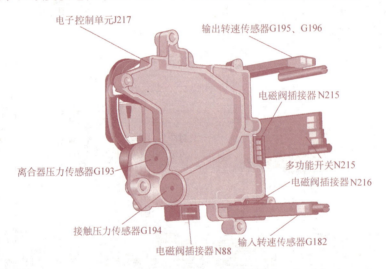

图 1-119　电子控制系统的组成

任务实施

一、任务实施的环境

1）拆装及检修前车辆可靠驻停。
2）正确选用拆装与检修工具。
3）相关车型维修手册。
4）发动机技术状况良好。
5）仪器操作手册。
6）注意环保及安全操作。

项目一 汽车自动变速器检修

二、任务实施的步骤

1. CVT 维修注意事项

1）发动机运转时，对车辆进行维修工作前务必将变速杆置于 P 位，并拉紧驻车制动器手柄，谨防发生事故。

2）车辆静止，挂入 D 档后切勿因一时疏忽打开节气门（例如在发动机舱内作业时不慎用手碰开节气门）。若发生此种情况，轿车将立即起步行驶，即使拉紧驻车制动器也无法阻止轿车移动。

3）不允许用超声波清洗装置来清洁液压控制单元和电控单元 J217。

4）当档盖已取下或未加注 ATF 时，不可起动发动机或拖动车辆。

2. CVT 维修基本步骤

（1）问诊　主要是询问故障信息的来源、确认故障发生的时间、故障症状等。

（2）基本检查　主要是一些外围的检查，包括：发动机怠速检查、ATF 液面高度检查、油质检查以及利用专用检测仪器的诊断（无级变速器系统、发动机控制系统和 ABS 等）。

（3）维修前的路试　它是进一步确认故障信息最有效的途径，同时可验证是否与客户所描述的故障信息完全吻合。当然有必要采取随车诊断功能（通过专用检测仪器读取汽车行驶时的动态数据）为下一步维修提供有效的帮助。

（4）电子液压控制系统的检修　某些少数 CVT 的液压控制系统是可以直接通过油压试验来检查故障原因的（例如派力奥 Speedgear 变速器装有油压检测孔）。大多数 CVT 的液压系统是通过油压传感器来反映变速器内部工作油压的，因此必须使用专用检测仪器通过读取汽车运行状态下的动态数据来进一步确认故障信息。对于液压控制元件（阀体）和液压执行元件（离合器或制动器）可进行液压测试和解体检查。

CVT 电子控制系统的故障检修与电控自动变速器的故障检修几乎是一样的，可通过专用检测仪器进行故障码的分析、动态数据流的分析、波形分析、ECU 电路以及对网络数据通信的分析。同时，可对电子元件（传感器、开关、电磁阀）进行元件测试和对比试验等来进行故障排除。

（5）机械元件的检修　对于 CVT 机械元件的检修，只能做解体检查或故障部位的修理和更换。

3. CVT 维护

（1）维护说明

1）日常维护时需目测检查 CVT 有无渗漏。

2）轿车每行驶 60000km 需要检查 CVT 及主减速器润滑油油位，必要时添加润滑油。

3）轿车每行驶 60000km 或 4 年需更换 CVT 的 ATF。

（2）AFT 的检查、更换

1）检测的前提条件。

① 变速器不允许处于紧急运转状态。

② 车辆必须处于水平位置。

③ 连接车辆诊断、测量和信息系统 VAS5051，然后选择车辆自诊断和车辆系统"02—变速器电气设备"。

④ 发动机必须处于怠速运转。

⑤ 必须关掉空调和暖风。

⑥ 开始检查前，ATF 的温度不允许超过 30℃，必要时先冷却变速器。

2）ATF 加注条件。在车辆诊断、测量和信息系统 VAS5051 上读取 ATF 温度，变速器温度在 30~35℃ 时进行操作。

① 发动机处于怠速运转。

② 车辆必须处于水平位置。

③ 踩下制动器，在所有档位（P 位、R 位、N 位、D 位）上停留一遍，并且在每一个位置上使发动机怠速运转约 2s。

④ 将变速杆置于 P 位，当 ATF 从加注孔（油面高度检查孔）溢出即可。

3）更换 ATF。

① 打开变速器底部放油螺塞将旧的 ATF 排除。

② 将变速器底部的 ATF 加注螺塞打开，利用专用 ATF 加注器将新的 ATF 加入变速器内部。

③ 油面高度的检查方法如上。

三、技能训练及相关实践知识

无级变速器（CVT）检修技能训练

【训练任务】客户所驾驶的装备无级变速器的轿车出现故障，在该车行驶过程中，变速杆由 P 位/N 位入 R 位冲击严重，有时发动机会熄火。维修人员需对车辆进行检查，并向客户解释故障产生的原因。

【训练建议】以小组形式完成。制订故障诊断与排除的基本流程，并按要求逐项填写技能训练评价表。

【评价建议】可用如下技能训练评价表对学生的操作技能进行评价。

技能训练评价表

学生姓名			学　号			
测评日期			测评地点			
测评内容	无级变速器（CVT）检修					
考评标准	内　　容		分值/分	自　评	互　评	师　评
	CVT 维修注意事项		30			
	CVT 维修基本步骤		30			
	CVT 维护		40			
	合　计		100			
最终得分（自评30% + 互评30% + 师评40%）						

说明：测评满分为 100 分，60~74 分为及格，75~84 分为良好，85 分以上为优秀。不足 60 分的学生，需重新进行知识学习、任务训练，直到任务完成达到合格为止。

项目一　汽车自动变速器检修

归纳总结

无级变速器（Continuously Variable Transmission，CVT）是传动比可以在一定范围内连续变化的变速器。奥迪01J CVT主要由飞轮减振装置、前进档离合器/倒档制动器及行星齿轮机构、速比变换器、液压控制单元和电控单元组成。

思考题

1. 简述无级变速器的变速原理。
2. 简述奥迪01J CVT的基本组成。
3. 说明01J CVT行星齿轮机构的传动原理。

任务八　双离合器自动变速器检修

知识点：双离合器自动变速器的结构组成。
能力点：检修双离合器自动变速器。

任务情境

双离合器自动变速器检修

一辆装备DSG双离合器自动变速器的大众迈腾轿车，客户反映车辆在起步时偶尔会出现加油发动机空转、车辆无法行驶的故障现象，进店进行检查。技师小王接车后根据故障现象分析该车产生故障的主要原因可能是双离合器控制故障或双离合器内部故障，经诊断检查后顺利排除故障。

任务分析

该任务是完成双离合器自动变速器故障检修。完成此任务，需要全面认识和了解双离合器自动变速器，熟悉双离合器自动变速器的结构与工作原理，掌握双离合器自动变速器的故障检查与诊断方法。

任务实施的相关专业知识

一、双离合器自动变速器概述

双离合器自动变速器（Dual Clutch Transmission，DCT）又称为直接换档变速器（Direct Shift Gearbox，DSG）。双离合器自动变速器是基于手动变速器发展而来的，并且综合了手动变速器与自动变速器的优点。

1. 工作原理

双离合器自动变速器的工作原理如图1-120所示。它将变速器档位按奇、偶数分开布置，形成两个彼此独立的传动单元。每个传动单元的结构都与一个手动变速器相同，每个传动单元都配有一个湿式多片离合器，传动单元1通过湿式多片离合器K1来选择1、3、5档和倒档，传动单元2通过湿式多片离合器K2来选择2、4、6档，因此，只需通过切换两个离合器的工作状态就可以完成换档操作。

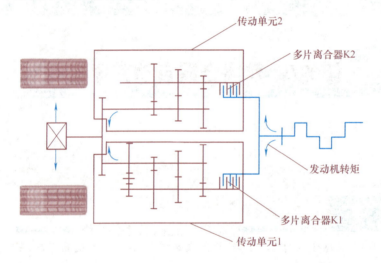

图1-120 双离合器自动变速器的工作原理

2. 双离合器自动变速器的结构特点

双离合器自动变速器具有以下结构特点：
1）有两根输入轴，档位按奇、偶数分开布置在两根输入轴上。
2）换档方式及换档齿轮基本结构与手动变速器一样。
3）有两个离合器进行换档控制。
4）离合器的切换和档位变换由控制单元和执行机构进行自动控制。

3. 优点

双离合器自动变速器具有以下优点：
1）传动效率高，油耗低。
2）换档时没有动力中断，换档平稳。
3）能跳过一个档。

项目一 汽车自动变速器检修

4)具有良好的驾驶舒适性、动力性和操控性。

二、双离合器自动变速器的构造

下面以一汽大众公司的 02E 双离合器自动变速器为例介绍其主要结构特点和工作原理。02E 双离合器自动变速器的外形如图 1-121 所示,其内部结构如图 1-122 所示。

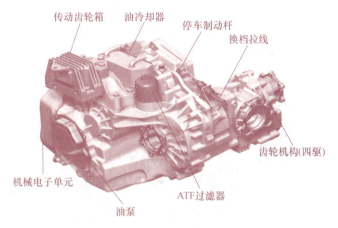

图 1-121　02E 双离合器自动变速器的外形

双离合器自动变速器主要由机械传动机构、电子控制系统、液压控制系统等部分组成。

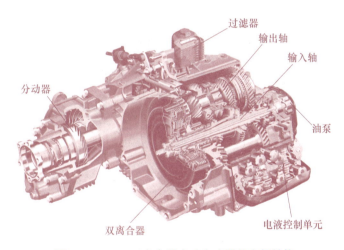

图 1-122　02E 双离合器自动变速器的内部结构

1. 机械传动机构

机械传动机构的组成如图 1-123 所示,主要由双质量飞轮、两个多片离合器、输入轴及齿轮、输出轴及齿轮等组成。

2. 电子控制系统

电子控制系统的组成如图 1-124 所示,主要由输入装置(传感器和开关信号)、电控单元和执行机构组成。

(1)输入装置　输入装置主要包括各种传感器和开关信号,主要功能见表 1-16。

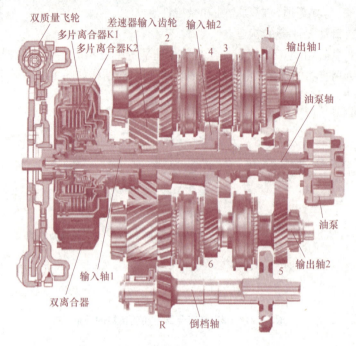

图1-123 02E变速器机械传动机构的组成
（1～6表示1～6档的齿轮，R表示倒档齿轮）

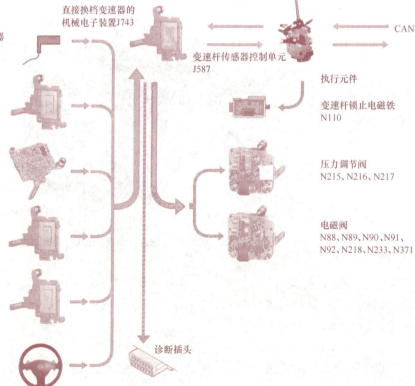

图1-124 电子控制系统的组成

项目一 汽车自动变速器检修

表1-16 输入装置传感器和开关信号的功能

传感器和开关信号	功能
变速器输入转速传感器 G182	该传感器用于计算变速器输入轴转速信号,电控单元(ECU)根据此信号和变速器输入轴1和输入轴2的转速传感器G501和G502的信号计算出多片离合器K1和K2的滑转率,电控单元可以借助离合器滑转率数据,更精确地控制离合器的分离和接合 如果该信号中断,电控单元将利用来自CAN总线的发动机转速信号作为替代信号
输入轴1转速传感器 G501 和输入轴2转速传感器 G502	两传感器分别用于计算输入轴1和输入轴2的转速信号,电控单元可通过此信号确定多片离合器K1和K2的输出转速,并根据变速器输入转速信号计算出离合器K1和K2的滑转率,电控单元可根据滑转率识别离合器的接合和分离的状况,可对其实现精确控制。另外,电控单元可根据此信号和变速器输出转速信号判定是否已挂入正确档位 如果该信号中断,变速器的相应部分会被切断,若是G501损坏,则汽车只能以2档行驶,若是G502损坏,则汽车只能以1档和3档行驶
变速器输出轴传感器 G195、G196	两传感器都装在机械电子装置上,与电控单元始终连接在一起,用来检测输出轴的转速,电控单元可以根据此信号识别车速和行驶方向。两个传感器以错开的方式安装在一个壳体内,由一个信号转子驱动,如果改变行驶方向,信号会以相反顺序到达电控单元 如果该信号中断,电控单元将利用来自ABS电控单元的车速信号和转速信号作为替代信号
液压压力传感器 G193 和 G194	两传感器分别用于检测多片离合器K1和K2的液压压力,电控单元可通过此信号得知K1和K2处的液压压力,以实现对离合器K1和K2压力的精确调节 如果中断信号或无压力,相关变速器部分将从整个系统中脱开,车辆只能以1档和3档或者2档行驶
多片离合器油温度传感器 G509	该传感器装在变速器输入转速传感器G182的壳体里,用于快速精确地检测离合器出口处的ATF温度。其工作温度范围为-55~180℃。电控单元通过此信号调节离合器冷却油的流量并采取其他措施来保护变速器 如果该信号中断,电控单元将利用G93和G510的信号作为替代信号
齿轮油温度传感器 G93 和电控单元温度传感器 G510	两个传感器的信号用于检测机械电子单元的温度。此外,这些传感器信号还用于起动暖机程序。两个传感器彼此检查是否存在故障。两个传感器直接测量处于危险状态的组件的温度。这样可以及时采取措施降低油温,以避免机械电子单元过热 当温度超过138℃时,机械电控单元将控制减小发动机的转矩输出;当温度超过145℃时,将不再向离合器供油,离合器保持分离状态
换档执行机构行程传感器 G487、G488、G489、G490	这4个传感器用于检测换档执行机构所处的档位,电控单元根据准确的位置将压力油输送给换档执行机构,以进行换档。如果某一行程传感器无法发送信号,变速器将无法挂入相应档位 G487用于1档/3档,G488用于2档/4档,G489用于6档/R档,G490用于5档/N档

(2)电控单元 电控单元与电动液压控制单元集成在一起,装在变速器内部,并浸在ATF中,是变速器控制的核心,所有的传感器信号和来自其他电控单元的信号都由电控单元

接收并进行监控，电控单元具有以下功能：

1) 能够根据需求情况调整液压系统压力。
2) 精确控制双离合器的压力和流量。
3) 对离合器进行冷却控制。
4) 根据传感器信号进行换档点选择。
5) 和其他电控单元进行信息交换。
6) 激活应急模式。
7) 进行故障自诊断。
8) 可同时根据发动机转矩、离合器控制压力、离合器温度等信号对离合器进行过载保护和安全切断。
9) 电控单元会不断检测离合器是否出现打滑状况，对离合器进行匹配控制。

（3）执行元件　电子控制系统里的执行元件主要是各种电磁阀，可分为占空比电磁阀和开/关电磁阀两类。各电磁阀的功能见表1-17。

表1-17　各电磁阀的功能

电磁阀	功能
调压阀 N217（主压力阀）	该阀位于机械电子单元的电液控制单元内，是一个占空比阀。其作用是调节机械电子液压系统内的压力。计算主压力时最重要的因素是离合器实际压力，该压力取决于发动机转矩。发动机温度和发动机转速用于校正主压力。电控单元不断调整主压力，以满足当前工作条件要求
离合器调压阀 N215、N216	这两个阀也都是占空比阀，用于产生控制多片离合器的压力。调压阀 N215 控制多片离合器 K1 的压力，调压阀 N216 控制多片离合器 K2 的压力。离合器压力计算的基础是当前发动机转矩。电控单元根据多片离合器摩擦力的变化调节离合器压力
冷却油流量调节阀 N218	该阀位于电液控制单元内，该阀是一个占空比阀，它通过一个液压滑阀控制冷却油流量。电控单元使用多片离合器油温度传感器 G509 的信号来对其进行控制 如果 N218 失效，冷却油将以最大流量流到多片离合器，这可能造成环境温度较低时换档困难及耗油量明显提高
换档电磁阀 N88、N89、N90、N91	这 4 个电磁阀都位于机械电子单元的电液控制单元内，它们是开/关型电磁阀，通过多路转换器滑阀控制至所有换档执行机构的油压，不通电时电磁阀处于闭合位置，压力油无法到达换档执行机构。其中电磁阀 N88 控制 1 档和 5 档的换档油压，电磁阀 N89 控制 3 档和空档的换档油压，电磁阀 N90 控制 2 档和 6 档的换档油压，电磁阀 N91 控制 4 档和 R 档的换档油压
多路转换控制阀 N92	该阀位于机械电子单元的电液控制单元内，该电磁阀也是开/关型电磁阀，用于控制液压控制单元内的多路转换器。电磁阀接通，可以选择 2、4、6 档。电磁阀断开，可以选择 1、3、5 档和 R 档
调压阀 N233 和 N371	调压阀 N233 和 N371 位于机械电子单元的液压模块内，它们是占空比阀，用于控制机械电子单元阀箱内的安全滑阀。当变速器部分出现与安全有关的故障时，安全滑阀会使该部分内的液压压力与系统隔开

3. 液压控制系统

液压控制系统以自动变速器油（ATF）为介质，主要功用是根据需求调整液压系统压力，并对双离合器和换档调节器进行控制，同时对离合器的冷却进行控制，为整个齿轮机构提供可靠的冷却和润滑。

整个液压控制系统的组成如图1-125所示,它主要由ATF、供油装置、冷却装置、过滤装置、电液控制装置和油路组成。

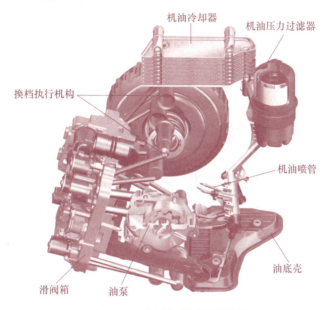

图1-125 液压控制系统的组成

4. 各档动力传递路线

1) 1档动力的传递路线。1档动力的传递路线如图1-126所示。发动机动力传递路线:离合器K1→输入轴1→输入轴1上的1、倒档齿轮→输出轴1上的1档齿轮→1、3档同步器→输出轴1→输出轴1上的输出齿轮→差速器。

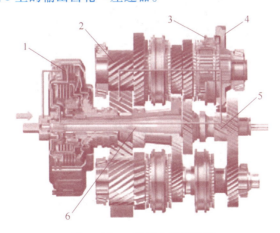

图1-126 1档动力传递路线

1—离合器K1 2—输出轴1上的输出齿轮 3—1、3档同步器 4—输出轴1上的
1档齿轮 5—输入轴1上的1、倒档齿轮 6—输入轴1

2) 2档动力的传递路线。2档动力的传递路线如图1-127所示。发动机动力传递路线:离合器K2→输入轴2→输入轴2上的2档齿轮→输出轴上1的2档齿轮→2、4档同步器→

输出轴1→输出轴1上的输出齿轮→差速器。

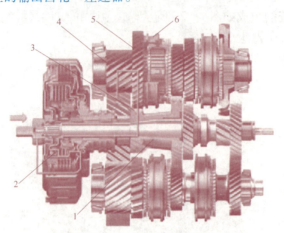

图1-127 2档动力传递路线

1—输入轴2 2—离合器K2 3—输入轴1上的2档齿轮 4—输出轴1上的输出齿轮
5—输出轴1上的2档齿轮 6—2、4档同步器

3）3档动力的传递路线。3档动力的传递路线如图1-128所示。发动机动力传递路线：离合器K1→输入轴1→输入轴1上的3档齿轮→输出轴1上的3档齿轮→1、3档同步器→输出轴1→输出轴1上的输出齿轮→差速器。

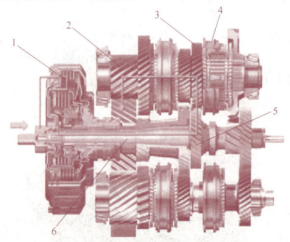

图1-128 3档动力传递路线

1—离合器K1 2—输出轴1上的输出齿轮 3—输出轴1上的3档齿轮
4—1、3档同步器 5—输入轴1上的3档齿轮 6—输入轴1

4）4档动力的传递路线。4档动力的传递路线如图1-129所示。发动机动力传递路线：离合器K2→输入轴2→输入轴2上的4、6档齿轮→输出轴1上的4档齿轮→2、4档同步器→输出轴1→输出轴1上的输出齿轮→差速器。

5）5档动力的传递路线。5档动力的传递路线如图1-130所示。发动机动力传递路线：离合器K1→输入轴1→输入轴1上的5档齿轮→输出轴2上的5档齿轮→5档同步器→输出轴2→输出轴2上的输出齿轮→差速器。

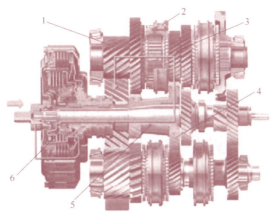

图 1-129　4 档动力传递路线

1—输出轴 1 上的输出齿轮　2—2、4 档同步器　3—输出轴 1 上的 4 档齿轮
4—输入轴 2 上的 4、6 档齿轮　5—输入轴 2　6—离合器 K2

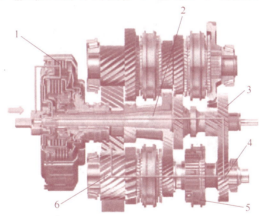

图 1-130　5 档动力传递路线

1—离合器 K1　2—输入轴 1　3—输入轴 1 上的 5 档齿轮　4—输出轴 2 上的 5 档齿轮
5—5 档同步器　6—输出轴 2 上的输出齿轮

6）6 档动力的传递路线。6 档动力的传递路线如图 1-131 所示。发动机动力传递路线：离合器 K2→输入轴 2→输入轴 2 上的 4、6 档齿轮→输出轴 2 上的 6 档齿轮→6、倒档同步器→输出轴 2→输出轴 2 上的输出齿轮→差速器。

7）倒档动力的传递路线。倒档动力的传递路线如图 1-132 所示。发动机动力传递路线：离合器 K1→输入轴 1→输入轴 1 上的 1、倒档齿轮→倒档轴上的倒档齿轮 1→倒档轴→倒档轴上的倒档齿轮 2→输出轴 2 上的倒档齿轮→6、倒档同步器→输出轴 2→输出轴上的输出齿轮→差速器。

8）P 位。变速杆移动到 P 位时，驻车锁结合，止动爪卡入驻车锁止齿轮的轮齿内。驻车锁的结构如图 1-133 所示。

如果驻车锁接合，止动爪卡入驻车锁止齿轮的一个轮齿内，弹簧 1 拉紧，锁止弹簧卡入连杆内并使止动爪保持不动。如果车辆开始移动，就会通过松开弹簧 1 将止动爪推到驻车锁止齿轮上的下一个空隙处。

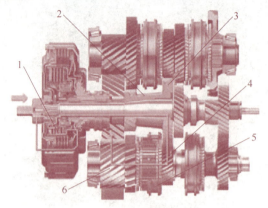

图 1-131　6 档动力传递路线

1—离合器 K2　2—输入轴 2　3—输入轴 2 上的 4、6 档齿轮　4—输出轴 2 上的 6 档齿轮　5—4、6 档拨叉　6—输出轴 2 上的输出齿轮

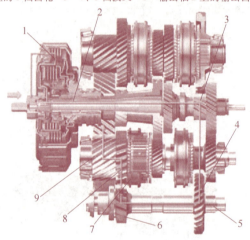

图 1-132　倒档动力传递路线

1—离合器 K1　2—输入轴 1　3—输入轴 1 上的 1、倒档齿轮　4—倒档轴上的倒档齿轮 1　5—倒档轴　6—倒档轴上的倒档齿轮 2　7—6、倒档同步器　8—输出轴 2 上的倒档齿轮　9—输出轴 2 上的输出齿轮

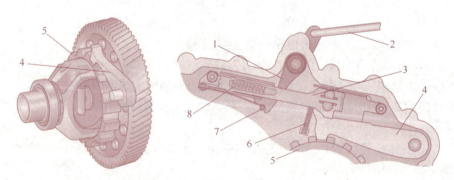

图 1-133　驻车锁的结构

1—连杆　2—连接至变速杆的拉线　3—滑板　4—止动爪　5—驻车锁止齿轮　6—弹簧 2　7—锁止弹簧　8—弹簧 1

项目一　汽车自动变速器检修

变速杆移出 P 位时，驻车锁松开。滑板向右后侧退回到其初始位置，弹簧 2 将止动爪从驻车锁止齿轮的空隙中推出。

任务实施

一、任务实施的环境

1）拆装及检修前车辆可靠驻停。
2）正确选用拆装与检修工具。
3）实训车型维修手册。
4）发动机技术状况良好。
5）仪器操作手册。
6）注意环保及安全操作。

二、任务实施的步骤

1. ATF 的更换

1）将车辆停在水平位置，拉紧驻车制动器手柄。
2）起动发动机，使发动机处于怠速运转，用故障诊断仪 VAS5051 读取 ATF 温度（注意：ATF 温度在 30~35℃时进行操作）。
3）将发动机熄火，把接油盘放到自动变速器下面。
4）拧下滤清器壳体，取下前轻轻敲击壳体，以使壳体内的油流回自动变速器，更换滤芯后拧紧壳体。
5）拧下放油螺塞及放油孔内的溢流管，排放旧的 ATF，并拧回溢流管。
6）将 ATF 专用加注器连接到加注口，加注新的 ATF，并接上 VAS5051，读取 ATF 温度。
7）起动发动机，踩下制动踏板，试挂所有档位，每个档位停留 2s，最后将变速杆置入 P 位。
8）当 ATF 温度达到 35~45℃时，检查是否有 ATF 从检查孔流出，当 ATF 开始滴出时，拧上放油螺塞，加注完成。

2. 双离合器间隙的调整

1）用手转动双离合器轴上的四个活塞环，确认能够灵活转动。检查从动盘的凸缘是否安装在外膜片架上用彩色做标记的齿之间。
2）用螺丝刀小心地撬出从动盘的卡环，并从随附的卡环中选出 2mm 厚的卡环并安装。
3）第一次测量时，如图 1-134 所示，将千分表支架拧到自动变速器法兰上，测头置于输入轴上，通过预紧将千分表调至"0"。向上抬起离合器，直至卡环锁止位置，并记下测量结果。
4）第二次测量时，如图 1-135 所示，将千分表测头置于大膜片架的凸缘上（注意测头不得位于卡环上），再次通过预紧将千分表调至"0"。再次向上抬起离合器，直至止档位置，同样也记下这次测量结果。
5）确定间隙尺寸。按以下公式确定新卡环：第 2 次的测量值 – 第 1 次的测量值 +1.85mm = 待安装的卡环厚度。附件中会有 10 个卡环，剩余 9 个卡环厚度依次相差 0.1mm，测量所有的卡环，并找出厚度最接近的卡环。

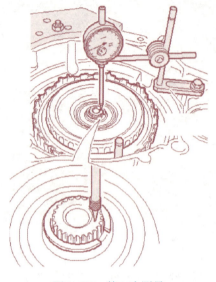
图1-134 第一次测量

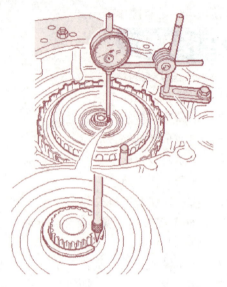
图1-135 第二次测量

3. 电控单元自诊断

1) 连接诊断仪,按照图1-136所示依次选择"功能/组件""驱动装置""02 直接换档变速器 02E""01 带自诊断功能的系统",即可进入自动变速器电控单元的诊断。根据选项可提供"电气部件"和"功能"两个选项。

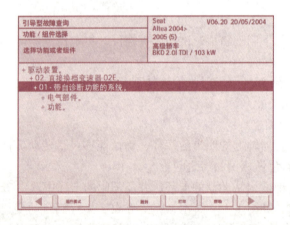

图1-136 自诊断功能选择

2) 选择"电气部件"菜单项,再选择"直接换档变速器机电控制单元"项,可以对参与换档过程的所有部件包括"感应器/传感器"及"J587 变速杆传感器控制单元"进行检查,如图1-137所示。

3) 选择"功能"菜单项,可以选择5个有关变速器控制单元的功能,如图1-138所示,包括油位和油温传感器的功能检测、自动变速器控制单元编码、DGS 变速器控制单元功能检测、DSG 变速器档位检测、供电。

项目一 汽车自动变速器检修

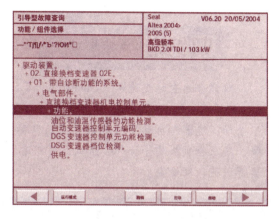

图1-137　电气部件自诊断　　　　　　　图1-138　变速器功能自诊断

三、技能训练及相关实践知识

双离合器自动变速器检修技能训练

【训练任务】客户所驾驶的搭载双离合器自动变速器的轿车偶尔会出现加油发动机空转，车辆无法行驶的故障现象，维修人员需对车辆进行检查，并向客户解释故障产生的原因。

【训练建议】以小组形式完成。制订故障诊断与排除的基本流程，并按要求逐项填写技能训练评价表。

【评价建议】可用如下技能训练评价表对学生操作技能进行评价。

技能训练评价表

学生姓名			学　号			
测评日期			测评地点			
测评内容			双离合器自动变速器检修			
考评标准	内　　容		分值/分	自　评	互　评	师　评
	双离合器自动变速器的基本结构及工作原理		20			
	ATF的检查和更换		20			
	变速器控制单元自诊断		30			
	离合器拆卸检查及间隙调整		30			
	合　　计		100			
最终得分（自评30%＋互评30%＋师评40%）						

说明：测评满分为100分，60～74分为及格，75～84分为良好，85分及以上为优秀。不足60分的学生，需重新进行知识学习、任务训练，直到任务完成达到合格为止。

汽车底盘电控系统检测与修复 第3版

归纳总结

双离合器自动变速器（Dual Clutch Transmission，DCT），又称为直接换档变速器（Direct Shift Gearbox，DSG）。双离合器自动变速器是基于手动变速器发展而来的，并且综合了手动变速器与自动变速器的优点。双离合器自动变速器主要由机械传动机构、电控系统、液压控制机构等几部分组成，可以通过诊断仪电控单元自诊断功能对双离合器自动变速器进行诊断检查。

思考题

1. DSG 有何优点？有何结构特点？
2. DSG 由哪几部分组成，各组成部分的功用是什么？
3. DSG 各档动力是如何进行传递的？

素养提升

做环境保护的践行者

自动变速器需要利用 ATF 作为介质传递动力，更换 ATF 是自动变速器维修中的基础工作，更换下来的 ATF 需要按照环保要求使用专用容器收集并进行妥善处理，避免造成环境污染。除了 ATF，在汽车维修中还有许多其他的油液及维修部件的处理都涉及环境保护问题，处理不好就会造成环境污染，因此，作为一名维修技术从业人员，在维修工作中必须遵守环保法规要求，做环境保护的践行者，共同守护我们共同的家园。

生态环境是人类生存、生产与生活的基本条件。长期以来，我国十分重视生态环境保护，在党的领导下，经过各族人民的共同努力，我国的生态环境保护取得了可喜成绩，已经做到了"天更蓝、山更绿、水更清"，人民的生活环境得到了明显改善。

环境保护就是运用环境科学的理论和方法，在更好地利用自然资源的同时，深入认识污染和破坏环境的根源及危害，有计划地保护环境，预防环境质量恶化，控制环境污染，促进人类与环境协调发展，提高人类生活质量，保护人类健康，造福子孙后代。

只有每个人都成为环境保护的践行者，才能使我们生存的环境越来越好，希望同学们从自身做起，从日常工作做起，真正成为生态环境保护的践行者。

项目二
汽车防滑控制系统检修

学习目标

通过本项目的学习，懂得汽车防滑控制系统的结构及工作原理，并具备从事汽车防滑控制系统维护及检修等工作的能力。

能够：

➡ 熟悉 ABS 的基本组成及工作原理。
➡ 熟练掌握制动压力调节器的结构及工作原理。
➡ 熟练掌握典型 ABS 的结构、原理及检修方法。
➡ 熟悉 ASR 的结构和工作原理。
➡ 掌握雷克萨斯 LS400 轿车 ABS/TRC 的结构、原理及检修方法。
➡ 掌握 ESP 的结构及工作原理。

素养目标

通过"紧跟科技创新趋势、做时代的技术先锋"的学习，你将懂得科技强国和提升科技创新能力的重要性。

能够：

具有创新精神、培养创新思维。

工作任务

某客户抱怨其驾驶的轿车防滑控制系统工作不正常，制动过程中车轮发生抱死现象、加速时驱动轮严重打滑，仪表板上的警告灯一直亮，要求排除故障、修复此轿车。

汽车防滑控制系统检修主要包括防抱死制动系统（ABS）检修、驱动防滑控制系统（ASR）检修、电子稳定程序控制系统（ESP）检修。

任务一 防抱死制动系统（ABS）检修

知识点：ABS的理论基础；ABS轮速传感器、电控单元、制动压力调节器，典型ABS的结构与工作原理。

能力点：轮速传感器的检修、ABS的故障诊断。

任务情境

防抱死制动系统（ABS）检修

客户反映，他所驾驶的轿车ABS工作不正常，ABS警告灯一直亮，师傅让维修工小王对车辆进行检查，查找并排除故障。小王很快动手并完成这项任务。

任务分析

该任务是检修防抱死制动系统。完成此任务需要了解ABS的结构与工作原理；掌握轮速传感器的结构、工作原理及检修方法；掌握制动压力调节器的结构及工作原理；掌握典型ABS的结构及工作原理；掌握ABS故障诊断方法。

任务实施的相关专业知识

汽车防抱死制动系统（Anti-lock Braking System，ABS）是一种安全控制制动系统，目前已经成为轿车及客车的标准配置。ABS既有普通制动系统的制动功能，又能防止车轮制动抱死，保证汽车的制动方向稳定性，防止产生侧滑和跑偏。

当对行驶中车辆进行适当制动时，如果左、右制动力对称产生，则车辆能够在行驶方向上停下来；但左、右制动力不对称时，车辆就会产生绕重心旋转的力矩。此时，如果轮胎与地面的侧向反力能阻止旋转力矩的作用，则车辆仍能保持直线行驶；如果轮胎与地面的侧向反力很小，则车辆就有可能出现如图2-1所示的不规则运动。当车辆直线行驶车轮抱死时，车辆出现制动跑偏或甩尾侧滑的现象，如图2-1a所示。当车辆弯道行驶仅前轮抱死时，车辆出现失去转向能力的现象，如图2-1b所示。当车辆弯道行驶仅后轮抱死时，车辆出现甩尾侧滑的现象，如图2-1c所示。

一、ABS的理论基础

1. 制动时车轮的受力

汽车只有受到与行驶方向相反的外力时，才能受到制动而从一定的速度变化到较小的速度，直至停车。这个外力只能由地面和空气提供，但由于空气阻力相对较小，所以实际上外力是由地面提供的，这个外力称为地面制动力。地面制动力越大，制动减速度越大，制动距离也越短，所以地面制动力对汽车制动性能具有决定性影响。

项目二 汽车防滑控制系统检修

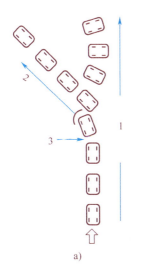 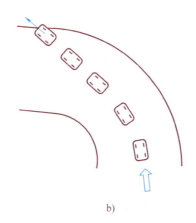 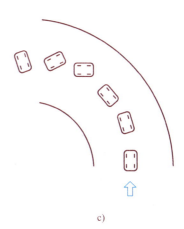

a)　　　　　　　　　　　　b)　　　　　　　　　　　c)

图 2-1　车轮抱死后车辆的运动情况

1—车轮抱死　2—制动力解除时　3—外部干扰

a) 车辆直线行驶车轮抱死时　b) 车辆弯道行驶仅前轮抱死时　c) 车辆弯道行驶仅后轮抱死时

（1）地面制动力（F_B）　图 2-2 所示为汽车在良好路面上制动时车轮的受力情况。图中忽略了滚动阻力矩和减速时的惯性力矩。

汽车制动时，由于制动鼓（盘）与制动蹄（钳）摩擦片之间的摩擦作用，形成了摩擦力矩 T_μ，此力矩与车轮转动方向相反。车轮在 T_μ 的作用下给地面一个向前的作用力，与此同时，地面给车轮一个与行驶方向相反的切向反作用力 F_B，这个力就是地面制动力，它是迫使汽车减速或停车的外力。

（2）制动器制动力（F_μ）　当汽车制动时，阻止车轮转动的是制动器摩擦力矩 T_μ。制动器的摩擦力矩 T_μ 转化为车轮周缘的切向力，称为制动器制动力 F_μ。它相当于把汽车架离地面，并踩住制动踏板，在轮胎周缘沿切线方向推动车轮直至它能转动所需的力。

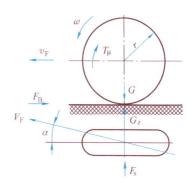

图 2-2　制动时车轮受力分析

T_μ—制动中的摩擦力矩　v_F—汽车瞬时速度　F_B—地面制动力　G—车轮垂直载荷　G_Z—地面对车轮的反作用力　r—车轮的滚动半径　V_F—车轮的圆周速度　F_S—侧向力　ω—车轮的角速度　α—侧偏角

制动器制动力由制动器结构参数决定，即取决于制动器的形式、结构尺寸、制动器摩擦副的摩擦因数以及车轮半径，并与制动踏板力（即制动时的液压力）成正比。

（3）地面制动力、制动器制动力和附着力的关系　图 2-3 所示为不考虑制动过程中附着系数变化的地面制动力、制动器制动力和附着力的关系。在制动过程中，车轮的运动只有减速滚动和抱死滑移两种状态。当驾驶人踩制动踏板的力较小，制动摩擦力矩较小时，车轮只做减速滚动，并且随着摩擦力矩的增加，制动器制动力和地面制动力也随之增长，且在车

111

轮未抱死前地面制动力始终等于制动器的制动力。此时，制动器制动力可全部转化为地面制动力。但地面制动力不可能超过附着力。

当制动系统液压力（制动踏板力）增大到某一值时，地面制动力达到附着力，即地面制动力达到最大值。此时，车轮即开始抱死不转而出现拖滑的现象。当再加大制动系统液压力时，制动器制动力随着制动器摩擦力矩的增长仍按直线关系继续上升，但是，地面制动力已不再随制动器制动力的增加而增加。

要想获得好的制动效果，必须同时具备两个条件，即汽车具有足够的制动器制动力，同时又要有附着系数较高的路面提供足够的地面制动力。

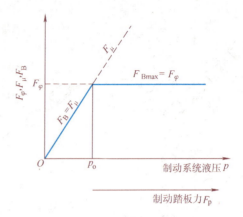

图 2-3 地面制动力、制动器制动力和附着力的关系

2. 滑移率

（1）滑移率的定义 汽车匀速行驶时，汽车的实际车速与车轮滚动的圆周速度（又称为车轮速度）是相同的。在驾驶人踩制动踏板使车轮的轮速降低时，车轮滚动的圆周速度（轮胎胎面在路面上移动的速度）随之降低，但由于汽车自身的惯性，汽车的实际车速与车轮速度不再相等，使车速与轮速之间产生一个速度差。此时，轮胎与路面之间产生相对滑移现象，其滑移程度用滑移率表示。

滑移率是指车轮在制动过程中滑移成分在车轮纵向运动中所占的比例，用"S_b"表示。其定义表达式为

$$S_b = (v - \omega r)/v \times 100\%$$

式中 S_b——车轮的滑移率（%）；
r——车轮的滚动半径（m）；
ω——车轮的转动角速度（rad/s）；
v——车轮中心的纵向速度（m/s）。

由上式可知：当汽车的实际车速等于车轮滚动的圆周速度时，滑移率为零，车轮为纯滚动；当汽车制动时，逐渐踩下制动踏板，车轮边滚动边滑动，滑移率为 0% ~ 100%；当制动踏板完全踩到底，车轮处于抱死状态，而车身又具有一定的速度时，车轮滚动的圆周速度为零，则滑移率为 100%。

（2）附着系数与滑移率的关系 大量的实验证明，在汽车的制动过程中，附着系数的大小随着滑移率的变化而变化。图 2-4 所示为在干路面上时附着系数与滑移率的关系曲线。对于纵向附着系数 φ_B，随着滑移率的增大而迅速增加，并在 $S_b = 20\%$ 左右时，纵向附着系数最大；然后随着滑移率的进一步增加，当 $S_b = 100\%$（即车轮抱死）时，纵向附着系数有所下降，制动距离增加，制动效能下降。对于横向附着系数 φ_S，$S_b = 0$ 时，横向附着系数最大；然后随着滑移率的增加，横向附着系数逐渐下降，并在 $S_b = 100\%$（即车轮抱死）时，横向附着系数下降为零左右。此时车轮将完全丧失抵抗外界侧向力作用的能力，稍有侧向力干扰（如路面不平产生的侧向力、汽车重力的侧向分力、侧向风力等），汽车就会产生侧滑

项目二 汽车防滑控制系统检修

而失去稳定性。而转向轮抱死后将失去转向能力。因此，车轮抱死将导致制动时汽车的方向稳定性变差。

从上述分析可知，若制动时车轮抱死，制动效能和制动方向稳定性都将变坏。而如果制动时将车轮的滑移率 S_b 控制在 15% ~ 30%，即图 2-4 所示的 S_{opt} 处，此时纵向附着系数最大，可得到最好的制动效能；同时，横向附着系数保持较大值，使汽车具有较好的制动方向稳定性。

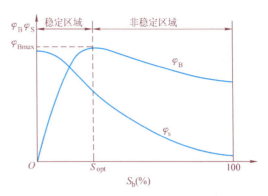

图 2-4 附着系数与滑移率的关系曲线（干路面）

在汽车的制动过程中，若能将滑移率控制在最大附着系数所对应的滑移率范围内，汽车将处于最佳制动状态。要控制滑移率就要对作用于车轮上的力矩进行瞬时的自适应调节。防抱死制动系统就是通过电控单元、轮速传感器和制动压力调节器，对作用于制动轮缸内的制动液压力进行瞬时的自动控制（每秒约 10 次），从而控制制动车轮上的制动器压力，使制动车轮尽可能保持在最佳的滑移率范围内运动，从而使汽车的实际制动过程接近于最佳制动状态。

3. ABS 的优点及其局限性

（1）ABS 的优点

1）缩短了制动距离。ABS 可以将滑移率控制在最大附着系数范围内，从而获得最大的纵向制动力。

2）改善了轮胎的磨损状况。ABS 可以防止车轮抱死，从而避免因制动车轮抱死而造成的轮胎局部异常磨损，延长了轮胎的使用寿命。

3）提高了汽车制动时的稳定性。ABS 可防止车轮在制动时完全抱死，能将车轮侧向附着系数控制在较大的范围内，使车轮具有较强的承受侧向力的能力，以保证汽车制动时的稳定性。

4）使用方便、工作可靠。ABS 的运用与常规制动系统的运用几乎没有区别，制动时驾驶人踩下制动踏板，ABS 就根据车轮的实际转速自动进入工作状态，使车轮保持在最佳工作状态。

（2）ABS 的局限性 在两种情况下，ABS 不能提供最短的制动距离。

在平滑的干路面上，由有经验的驾驶人直接进行制动。在这些路况上，熟练驾驶人比 ABS 更能使轮胎在逐步接近理想的滑移率范围内进行制动（图 2-5）。但对于一般的驾驶人或在不太理想的路况下，ABS 总是能使汽车在较短的距离内进行制动。

在松散的砾石路面、松土路面或积雪很深的路面上制动时，车轮抱死将更有利于汽车制动，因为松散的砾石等在汽车轮胎前形成楔形物，有助于汽车的制动，如图 2-6 所示，而 ABS 则会阻止这种楔形物的形成。因此，一些装备 ABS 的汽车都在仪表板上装有一个开关，以便在这种路况下关闭 ABS，使其不起作用。

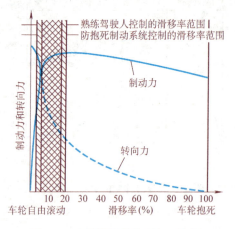

图2-5 在平滑的干路面上,熟练驾驶人与ABS控制滑移率范围的比较

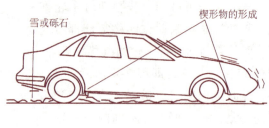

图2-6 轮胎前楔形物的形成

二、ABS的基本结构与工作原理

1. ABS的基本组成及工作原理

如图2-7所示,ABS通常由轮速传感器、制动压力调节器、电控单元(ECU)和ABS警示装置等组成。

ABS工作原理如图2-8所示,轮速传感器将各车轮的转速信号及时输入电控单元;电控单元是ABS的控制中心,它根据各个车轮轮速传感器的信号对各个车轮的运动状态进行监测和判定,并形成相应的控制指令,再适时发出控制指令给制动压力调节器;制动压力调节器是ABS中的执行器,它是由调压电磁阀总成、电动泵总成和储液器等组成的一个独立整体,并通过制动管路与制动主缸和各制动轮缸相连,制动压力调节器受电控单元的控制,对各制动轮缸的制动压力进行调节;ABS警示装置包括仪表板上的制动警告灯和ABS警告灯。制动警告灯为红色,通常用"BRAKE"作标志,由制动液面开关、驻车制动开关及制动液压力开关并联控制;ABS警告灯为黄色,由ABS电控单元控制,通常用"ABS"或"ANTI-LOCK"作标志。ABS具有失效保护和自诊断功能,当电控单元监测到系统出现故障时,将自动关闭ABS,仅保留常规制动系统;同时,存储故障信息,并使ABS警告灯亮,提示驾驶人尽快进行修理。

2. ABS的控制方式

根据控制通道数的不同,ABS的控制方式可分为四通道式、三通道式、二通道式和一通道式;根据传感器数的不同,ABS的控制方式可分为四传感器式和三传感器式等。控制通道是指能够独立进行制动压力调节的制动管路。如果一个车轮的制动压力占用一个控制通道,可以进行单独调节,称为独立控制。如果两个车轮的制动压力是一同调节的,称为一同控制。两个车轮一同控制时有两种方式:如果以保证附着系数较小车轮不发生抱死为原则进行制动压力调节,则称这两个车轮按低选原则一同控制;如果以保证附着系数较大车轮不发生抱死为原则进行制动压力调节,则称这两个车轮按高选原则一同控制。按低选原则一同控制较常见。

项目二 汽车防滑控制系统检修

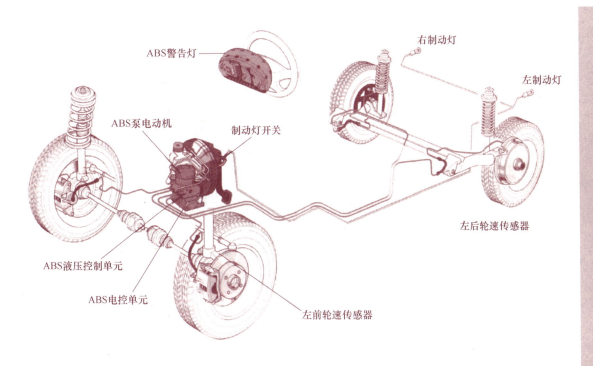

图 2-7 ABS 的基本组成

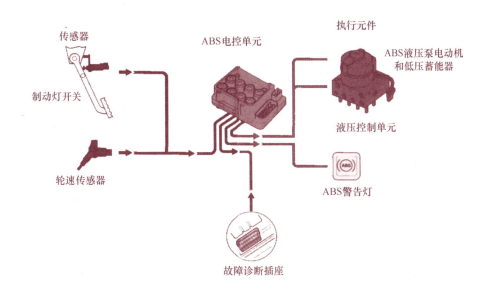

图 2-8 ABS 工作原理

(1) 四传感器四通道/四轮独立控制方式　该控制方式通过各轮速传感器的信号分别对各车轮制动压力进行单独控制，如图2-9a所示。该控制方式的制动距离和操纵性最好，但在附着系数不对称路面上制动时的方向稳定性较差，其原因是此时同一轴上左、右车轮的制动力不同，使汽车产生较大偏转力矩而出现制动跑偏。

(2) 四传感器四通道/前轮独立-后轮选择控制方式　该控制方式的前轮为独立控制，而后轮选择方式控制，一般采用低选择控制，即以易抱死车轮为标准，给两后轮施加相等的制动压力控制车轮转动，如图2-9b所示。此种控制方式用于X形制动管路汽车的ABS，

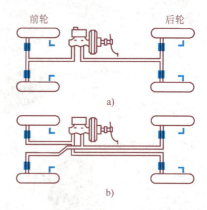

图2-9　四传感器四通道/四轮独立控制方式
a) 四传感器四通道前后制动管路
b) 四传感器四通道X形制动管路
▉—控制通道　└—转速传感器

因为左、右后轮不是同一制动管路，因此需要采用四个通道。此种控制方式的操纵性、稳定性较好，制动效能稍差。

(3) 四传感器三通道/前轮独立-后轮低选择控制方式　该控制方式用于制动管路前后布置的后轮驱动汽车，如图2-10所示。由于采用四个轮速传感器，检测左、右后驱动轮的轮速，实现低选择控制方式，其性能与控制方式(2)相同，即操纵性、稳定性较好，制动性能稍差。

(4) 三传感器三通道/前轮独立-后轮低选择控制方式　该控制方式用于制动管路前后布置的后轮驱动汽车，两前轮各有一个轮速传感器，独立控制，如图2-11所示。而后轮轮速由装于差速器上的一个测速传感器检测，按低选择的控制方式用一条制动管路对后轮进行制动控制，其性能与控制方式(3)相近。

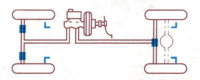

图2-10　四传感器三通道/前轮
独立-后轮低选择控制方式
▉—控制通道　└—转速传感器

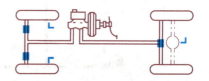

图2-11　三传感器三通道/前轮
独立-后轮低选择控制方式
▉—控制通道　└—转速传感器

(5) 四传感器二通道/前轮独立控制方式　该控制方式多用于X形制动管路汽车的简易控制系统，如图2-12所示。前轮独立控制，制动液通过比例阀（PV）按一定比例减压后传至对角后轮。此种控制方式的汽车在不对称的路面上制动时（图2-13），高附着系数（φ）路面一侧前轮产生高制动压力，通过管路传至低附着系数路面一侧的后轮，使低附着系数侧后轮抱死。而低附着系数路面一侧的前轮制动压力较低，经管路传至高附着系数路面一侧的后轮，高附着系数侧后轮不抱死。这样能提高汽车制动时的方向稳定性。但与三通道、四通

道的控制方式相比,其后轮制动力稍有降低,制动效能稍有下降,但后轮侧滑较小。

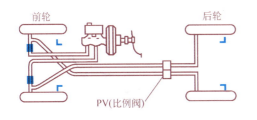

图2-12 四传感器二通道/前轮
独立控制方式
■—控制通道 └—转速传感器

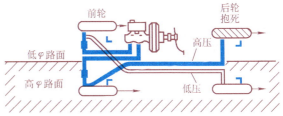

图2-13 四传感器二通道/前轮
独立控制方式的制动情况
■—控制通道 └—转速传感器

(6) 四传感器二通道/前轮独立-后轮低选择控制方式 该控制方式在通往后轮的两通道上增设一个低选择阀(SLV),如图2-14所示。当汽车在不对称路面制动时,高附着系数侧前轮的高压不直接传至低附着系数侧对角后轮,而是通过低选择阀升至与低附着系数侧前轮相同的压力,这样就可以避免低附着系数侧后轮抱死,如图2-15所示。此种控制方式更接近三通道或四通道的控制效果。

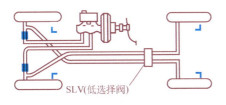

图2-14 四传感器二通道/前轮
独立-后轮低选择控制方式
■—控制通道 └—转速传感器

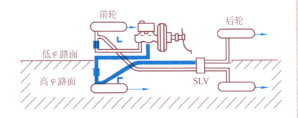

图2-15 四传感器二通道/前轮独立-后轮
低选择控制方式制动情况
■—控制通道 └—转速传感器

(7) 一传感器一通道/后轮近似低选择控制方式 该控制方式用于制动管路前后布置的汽车,只对后轮进行控制,如图2-16所示。一个传感器装于后桥差速器上,对后轮采用近似低选择的控制方式。由于前轮无控制,故易抱死,转向操纵性差,制动距离较长。

目前,汽车上应用较多的为四传感器三通道(前轮独立控制、后轮低选择控制)式、三传感器三通道式和四传感器四通道式。

三、轮速传感器

轮速传感器的功用是检测车轮的旋转速度,并将速度信号输入电控单元。目前,常用的轮速传感器主要有电磁式和霍尔式两种。

1. 电磁式轮速传感器

电磁式轮速传感器主要由传感器头和齿圈两部分组成,如图2-17所示。

齿圈一般安装在轮毂或轴座上,如图2-18所示。对于后轮驱动且后轮采用一同控制的汽车,齿圈也可以安装在差速器或传动轴上,如图2-19所示。

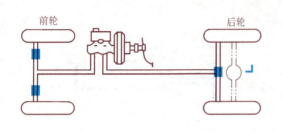
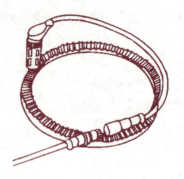

图 2-16 一传感器—通道/后轮近似低选择控制方式
　　■—控制通道　　┗—转速传感器

图 2-17 电磁式轮速传感器

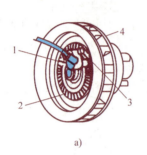
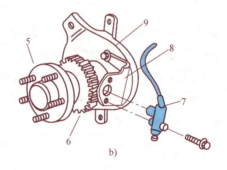

图 2-18 轮速传感器在车轮处的安装位置
a）齿圈安装在轮毂上　b）齿圈安装在轴座上
1、7—传感器头　2、6—齿圈　3—定位螺钉　4—轮毂和组件
5—半轴　8—传感器支架　9—后制动器连接装置

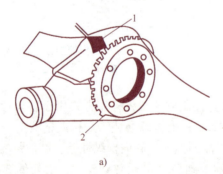
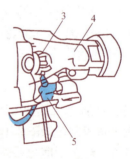

图 2-19 轮速传感器在传动系统中的安装位置
a）齿圈安装在差速器上　b）齿圈安装在传动轴上
1、5—传感器头　2—主减速器从动齿轮　3—齿圈　4—变速器输出部位

　　齿圈随车轮或传动轴一起转动，通常用磁阻很小的铁磁材料制成。传感器头通常由永磁铁、电磁线圈和磁极等组成，如图 2-20 所示。它对应安装在靠近齿圈而不随齿圈转动的部件上，如转向节、制动底板、驱动轴套管或差速器、变速器壳体等固定件上。传感器头与齿圈的端面有一个空气间隙，此间隙一般为 1mm，通常可通过移动传感器头的位置来调整此间隙。

电磁式轮速传感器的工作原理如图 2-21 所示。传感器齿圈随车轮旋转的同时，即与传感器头极轴做相对运动。当传感器头的极轴与齿圈的齿隙相对时，极轴距齿圈之间的空气间隙最大，即磁阻最大。传感器头的磁极磁力线只有少量通过齿圈而构成回路，在电磁线圈周围的磁场较弱，如图 2-21a 所示；当传感器头的极轴与齿圈的齿顶相对时，两者之间的空气间隙最小，即磁阻最小。传感器头的磁极磁力线通过齿圈的数量增多，在电磁线圈周围的磁场较强，如图 2-21b 所示。齿圈随车轮不停地旋转，就使传感器头电磁线圈周围的磁场以强—弱—强—弱周期性地变化，因此电磁线圈就感应出交变电压信号，即车轮转速信号，如图 2-22 所示。

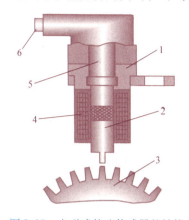

图 2-20 电磁式轮速传感器的结构
1—传感器外壳　2—极轴　3—齿圈
4—电磁线圈　5—永磁铁　6—导线

交变电压信号的频率与齿圈的齿数和转速成正比，因齿圈的齿数一定，所以轮速传感器输出的交流电压信号频率只与相应的车轮转速成正比。

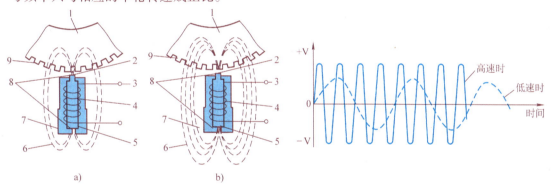

图 2-21 电磁式轮速传感器的工作原理
a）齿隙与磁心端部相对时　b）齿顶与磁心端部相对时
1—齿圈　2—极轴　3—电磁线圈引线　4—电磁线圈
5—永磁体　6—磁力线　7—电磁式传感器
8—磁极　9—齿圈齿顶

图 2-22 电磁式轮速传感器输出电压信号

轮速传感器由电磁线圈引出两根导线，将其速度变化产生的交变电压信号送至 ABS 的电控单元。为防止外部电磁波对速度信号的干扰，传感器的引出线采用屏蔽线，以保证反映车轮速度变化的交变电压信号准确地送至 ABS 的电控单元。

2. 霍尔式轮速传感器

霍尔式轮速传感器由传感器头和齿圈组成。其齿圈的结构及安装方式与电磁式轮速传感器的齿圈相同，传感器头由永磁体、霍尔元件和电子电路等组成。

霍尔式轮速传感器的工作原理如图 2-23 所示。永磁体的磁力线穿过霍尔元件通向齿圈，齿圈相当于一个集磁器。当齿圈位于图 2-23a 所示位置时，穿过霍尔元件的磁力线分散，磁场相对较弱；而当齿圈位于图 2-23b 所示位置时，穿过霍尔元件的磁力线集中，磁场相对较强。齿圈转动时，穿过霍尔元件的磁力线密度发生变化，引起霍尔元件电压的变化，霍尔元件将输出一个毫伏级的准正弦波电压。此信号由电子电路转化成标准的脉冲电压。

霍尔式轮速传感器克服了电磁式轮速传感器的缺点，其输出信号电压幅值不受转速的影响，频率响应高，抗电磁波干扰能力强。因此，霍尔式轮速传感器在 ABS 中的应用越来越广泛。

四、电控单元

电控单元（ECU）是 ABS 的控制中枢，其功用是接收轮速传感器及其他传感器输入的信号，并对这些输入信号进行测量、比较、分析、放大和判别处理，通过精确计算后得出制动时车轮的滑移率、车轮的加速度和减速度，以判断车轮是否有抱死趋势；再由其输出级发出控制指令，控制制动压力调节器执行压力调节任务。

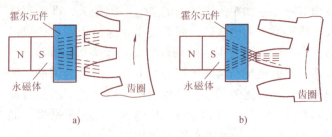

图 2-23 霍尔式轮速传感器的工作原理
a) 霍尔元件磁场较弱　b) 霍尔元件磁场较强

电控单元还具有监控和保护功能，当 ABS 出现故障时，能及时转换成常规制动，并以故障灯发亮的形式警告驾驶人。

电控单元内部电路通常包括：输入级电路、运算电路、电磁阀控制电路和安全保护电路。常见的四传感器四通道式 ABS 的 ECU 电路连接方式如图 2-24 所示。

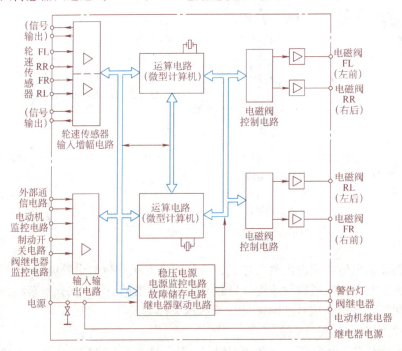

图 2-24　常见的四传感器四通道式 ABS 的 ECU 电路连接方式

（1）输入级电路　输入级电路的功用是将轮速传感器输入的正弦波信号转换成脉冲方波信号，经整形放大后输入运算电路。不同的 ABS 中轮速传感器的数量不同，输入级放大电路的个数也不同。

（2）运算电路　运算电路的功用主要是进行车轮线速度、初始速度、滑移率、加速度和减速度的运算，调节电磁阀控制参数的运算和监控运算。

经转换放大后的轮速传感器信号输入车轮线速度运算电路，由电路计算出车轮的瞬时速度。初始速度、滑移率及加减速度运算电路根据车轮瞬时线速度加以积分，计算出初速度，再把初速度和车轮瞬时线速度进行比较运算，最后得到滑移率和加速度、减速度。电磁阀控制参数运算电路根据计算出的滑移率和加速度、减速度信号，计算出电磁阀控制参数并输入到输出级。

电控单元中一般设有两套运算电路，同时进行运算和传递数据，利用各自的运算结果相互比较、相互监视，确保可靠性。

（3）电磁阀控制电路　电磁阀控制电路的功用是接收运算电路输入的电磁阀控制参数信号，控制大功率晶体管向电磁阀提供控制电流。

（4）安全保护电路　安全保护电路的功用如下。

1）将汽车电源（蓄电池、发动机）提供的12V或14V的电压变为ECU内部所需的5V标准稳定电压，同时对电源电路的电压是否稳定在规定的范围进行监控。

2）对轮速传感器输入放大电路、运算电路和输出级电路的故障信号进行监视。当出现故障信号时，关闭继动阀门，停止ABS的工作，转入常规制动状态。同时使仪表板上的ABS警告灯亮，提示驾驶人ABS出现故障，并将故障信息以故障码的形式储存在存储器中，以供诊断时调取。

五、制动压力调节器

制动压力调节器的功用是在制动时根据ABS电控单元的控制指令，自动调节制动轮缸制动压力的大小，防止车轮抱死，并处于理想滑移率的状态。

根据压力调节器动力源的不同，制动压力调节器可分为液压式和气压式两种。液压式制动压力调节器主要用在轿车和一些轻型载货汽车上；气压式制动压力调节器主要用在大型客车和载货车汽车上。

根据压力调节器与制动主缸的结构关系的不同，制动压力调节器可分为整体式和分离式两种。整体式制动压力调节器与制动主缸制成一体；分离式制动压力调节器自成一体，通过制动管路与制动主缸相连。

根据压力调节器调压方式的不同，制动压力调节器可分为循环式和可变容积式两种。循环式制动压力调节器通过电磁阀直接控制制动轮缸的制动压力；而可变容积式制动压力调节器通过电磁阀间接改变制动轮缸的制动压力。

1. 电磁阀

电磁阀是制动压力调节器的重要部件，主要有两大类型：二位二通电磁阀和三位三通电磁阀。

（1）二位二通电磁阀　二位是指增压位置和减压位置，二通是指进液口（通制动总泵）和出液口（通制动分泵）两个通路。

二位二通电磁阀有两种类型，即常开电磁阀和常闭电磁阀。在电磁阀的电磁线圈未通电时，球阀处于开启状态，即为二位二通常开电磁阀。在电磁阀的电磁线圈未通电时，球阀处于关闭状态，即为二位二通常闭电磁阀。

二位二通电磁阀主要由电磁铁机构、球阀、复位弹簧、顶杆、限压阀和阀体组成，如

图2-25所示。

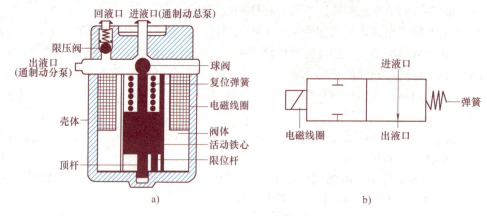

图2-25 二位二通电磁阀的结构及符号
a) 结构 b) 符号

在常开电磁阀中设有一根顶杆，顶杆和限位杆与活动铁心固定在一起，复位弹簧一端压在活动铁心上，另一端压在与阀体相连的弹簧座上。限压阀的功用是限制电磁阀的最高压力。当制动液压力过高时，限压阀打开泄压，以免压力过高损坏电磁阀。在二位二通常闭电磁阀中，一般不设置限压阀。

下面以常开电磁阀为例介绍其工作过程。

当电磁阀线圈未通电时，在复位弹簧弹力作用下，活动铁心带动顶杆和限位杆下移回位，直到限位杆与缓冲垫圈相抵为止。顶杆下移时，球阀也随之下移，使电磁阀阀门处于开启状态，制动液从进液口经球阀阀门和出液口流出。

电磁线圈通电时，电流流过电磁线圈，活动铁心产生电磁吸力，压缩复位弹簧并带动顶杆一起上移，顶杆将球阀压在阀座上，电磁阀阀门处于关闭状态，进液口与出液口之间的制动液通道关闭。

（2）三位三通电磁阀 三位是指常规制动或增压位置、保压位置和减压位置，三通是指进液口（通制动总泵）、出液口（通制动分泵）和回液口（通储液器）三个通路。

常用的三位三通电磁阀的结构及符号如图2-26所示。电磁阀线圈受ECU控制，通过改变电磁线圈通电电流的大小来改变磁场力，从而控制（改变）固定铁心与可动铁心（柱塞）之间的吸引力。

三位三通电磁阀的工作原理如图2-27所示。当电磁线圈中无电流通过时，柱塞在弹簧力的作用下处于最低位置，制动主缸与制动轮缸油路相通，电磁阀使制动压力调节器处于常规制动（增压）状态。当向电磁线圈通入较小电流时（保持电流），电磁力使柱塞向上移动一定距离。此时，电磁力不足以克服弹簧的弹力，柱塞便保持在中间位置，所有通道均被截断，制动轮缸压力保持一定值，电磁阀使制动压力调节器处于保压状态。当电控单元向电磁线圈通入较大工作电流时，电磁力足以克服弹簧的弹力使柱塞继续上移到最高位置，此时制动主缸和制动轮缸的通道被截断，而制动轮缸与储液器之间的通道接通，轮缸内的制动液流回储液器，制动压力降低，电磁阀使制动压力调节器处于减压状态。

项目二 汽车防滑控制系统检修

向 ABS ECU 发出警告信号，ECU 使警告灯亮并使 ABS 停止工作。

压力开关安装在蓄能器上（图 2-30），其工作原理是：当蓄能器中制动液压力升高到一定值时，波登管变形带动感应杆，使微动开关断开，液压泵停止工作；当压力低于一定值时，微动开关闭合，液压泵工作。

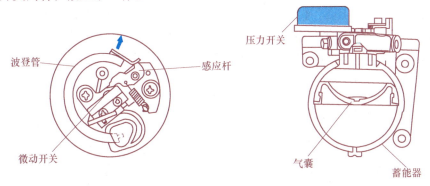

图 2-30 压力开关与蓄能器

4. 制动压力调节器的工作过程

（1）循环式制动压力调节器 循环式制动压力调节器如图 2-31 所示，它主要由制动踏板机构、制动主缸、回油泵、储液器、电磁阀、制动轮缸组成，在制动主缸与制动轮缸之间串联一个电磁阀，直接控制制动轮缸的制动压力。

循环式制动压力调节器的工作原理如下。

1）常规制动过程。在常规制动过程中，ABS 不工作，电磁线圈中无电流通过，电磁阀柱塞在回位弹簧的作用下处于"下端"位置，如图 2-32 所示。此时制动主缸与制动轮缸相通，由制动主缸来的制动液直接进入轮缸，轮缸压力随主缸压力的升高而升高。

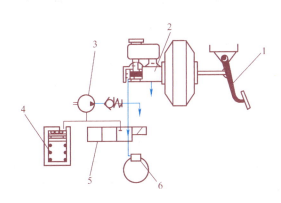

图 2-31 循环式制动压力调节器
1—制动踏板机构 2—制动主缸 3—回油泵
4—储液器 5—电磁阀 6—制动轮缸

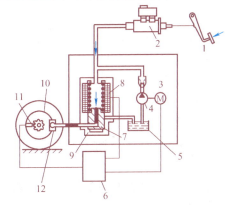

图 2-32 循环式制动压力调节器常规制动过程
1—制动踏板 2—制动主缸 3—电动机
4—液压泵 5—储液器 6—电控单元
7—柱塞 8—电磁线圈 9—电磁阀
10—车轮 11—轮速传感器
12—制动轮缸

125

2) 保压制动过程。当电控单元向电磁线圈输入一个较小的电流时（约为最大电流的1/2），电磁线圈产生较小的电磁力，使柱塞处于"中间"位置，如图2-33所示。此时制动主缸、制动轮缸和回油孔相互隔离，轮缸中的制动压力保持一定。

3) 减压制动过程。当电控单元向电磁线圈输入一个最大电流时，电磁线圈产生更大的电磁力，使柱塞处于"上端"位置，如图2-34所示。此时电磁阀柱塞将制动轮缸与回油通道或储液器接通，轮缸中的制动液经电磁阀流入储液器，轮缸压力下降。与此同时，电动机起动，带动液压泵工作，将流回储液器的制动液输送回制动主缸，为下一个制动周期做好准备。

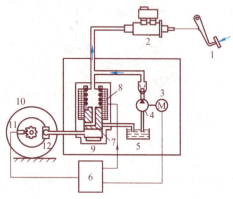

图2-33　循环式制动压力调节器保压制动过程（图注同图2-32）

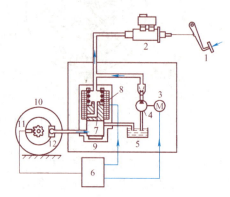

图2-34　循环式制动压力调节器减压制动过程（图注同图2-32）

4) 增压制动过程。当制动压力下降后，车轮的转速增加，当电控单元检测到车轮转速增加太快时，便切断通往电磁阀的电流，使制动主缸与制动轮缸再次相通，制动主缸的高压制动液再次进入制动轮缸，制动力增加。

(2) 可变容积式制动压力调节器　可变容积式制动压力调节器是指在汽车原有制动管路上增加一套液压控制装置，用来控制制动管路中制动液容积的增减，从而控制制动压力的变化。可变容积式制动压力调节器主要由电磁阀、控制活塞、液压泵、蓄能器等组成，如图2-35所示。

可变容积式制动压力调节器工作原理如下。

1) 常规制动过程（图2-35）。电磁线圈中无电流通过，电磁阀的柱塞在回位弹簧作用下处于"左端"位置，使控制活塞的工作腔与回油管路接通，控制活塞在弹簧的作用下被推至最左端，活塞顶端推杆将单向阀打开，使制动主缸与制动轮缸的制动管路接通，制动主缸的制动液直接进入制动轮缸，制动轮缸内制动液的压力随制动主缸的压力升高而升高。

2) 减压制动过程（图2-36）。当电控单元向电磁线圈输入一个大电流时，电磁阀的柱塞在电磁力作用下克服弹簧弹力移到右边，将蓄能器与控制活塞的工作腔管路接通，制动液进入控制活塞工作腔推动活塞右移，单向阀关闭，制动主缸与制动轮缸之间的通路被切断。同时，由于控制活塞右移使制动轮缸侧容积增大，制动压力减小。

项目二 汽车防滑控制系统检修

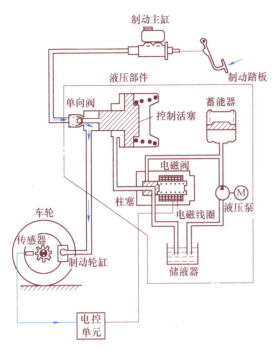

图 2-35 可变容积式制动压力调节器的常规制动过程

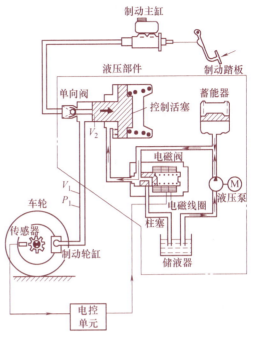

图 2-36 可变容积式制动压力调节器的减压制动过程

3) 保压制动过程（图 2-37）。当电控单元向电磁线圈输入一个小电流时，由于电磁线圈的电磁力减小，柱塞在弹簧力的作用下左移，将蓄能器、回油管路及控制活塞工作腔管路相互关闭。此时，控制活塞左侧的油压保持一定，控制活塞在油压和弹簧的共同作用下保持在一定的位置，而此时单向阀仍处于关闭状态，制动轮缸的容积也不发生变化，制动压力保持一定。

4) 增压制动过程（图 2-38）。需要增压时，电控单元切断电磁线圈中的电流，电磁阀的柱塞回到左端的初始位置，控制活塞工作腔与回油管路接通，控制活塞左侧控制油压解除，控制活塞移至最左端时单向阀打开，制动轮缸内的制动液压力将随制动主缸的压力增大而增大。

六、典型 ABS

1. 桑塔纳 2000 轿车的 ABS

桑塔纳 2000 轿车采用的是 MK20-Ⅰ型 ABS，是三通道的 ABS 调节回路，前轮单独调节，后轮则以两轮中地面附着系数低的一侧为依据统一调节。MK20-Ⅰ型 ABS 主要由 ABS 控制器（包括电控单元、液压单元、液压泵等）、4 个轮速传感器、ABS 警告灯、制动警告灯等组成，如图 2-39 所示。

(1) 结构组成及工作原理　桑塔纳 2000 轿车的 ABS 采用电磁感应式轮速传感器。共有 4 个轮速传感器，前轮的齿圈（43 齿）安装在传动轴上，轮速传感器安装在万向节上，如图 2-40 所示；后轮的齿圈（43 齿）安装在后轮毂上，轮速传感器则安装在固定支架上，如图 2-41 所示。

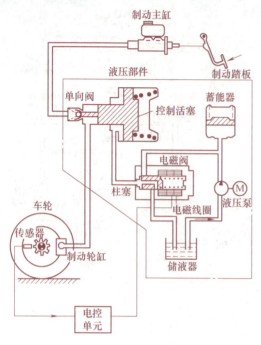

图 2-37　可变容积式制动压力
　　　　　调节器的保压制动过程

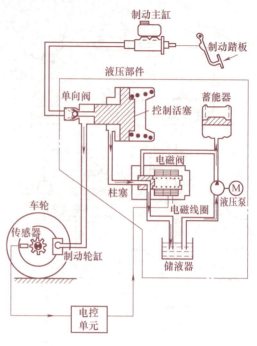

图 2-38　可变容积式制动压力
　　　　　调节器的增压制动过程

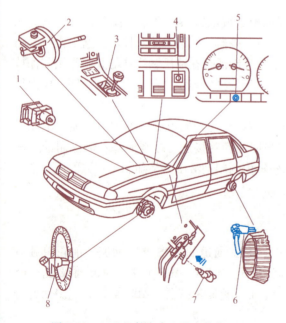

图 2-39　ABS 组件在车上的安装位置
1—ABS 控制器　2—制动主缸和真空助力器　3—自诊
断插口　4—ABS 警告灯（K47）　5—制动警告灯（K118）
6—后轮转速传感器（G44/G46）　7—制动灯开关（F）
8—前轮转速传感器（G45/G47）

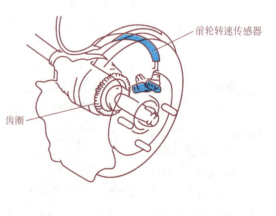

图 2-40　前轮转速传感器
（G45/G47）安装位置

项目二 汽车防滑控制系统检修

桑塔纳 2000 轿车的 ABS 制动压力调节器采用整体式结构、循环式调压。它与 ABS 的电控单元（ECU）组合为一体后安装于制动主缸与制动轮缸之间，其外形如图 2-42 所示。制动压力调节器的基本组成包括电磁阀、液压泵及低压蓄能器。低压蓄能器与回油泵组合为一体装在液控单元上，液控单元内包括 8 个电磁阀，每个回路一对，其中一个是常开进油阀，一个是常闭出油阀。

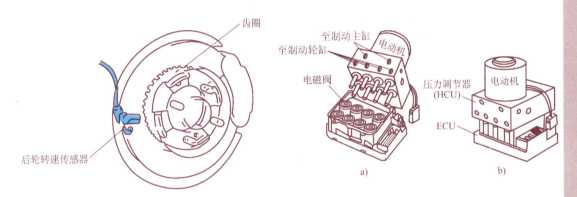

图 2-41　后轮转速传感器（G44/G46）安装位置　　图 2-42　桑塔纳 2000 轿车的 ABS 制动压力调节器
　　　　　　　　　　　　　　　　　　　　　　　　　　　a）组合前　b）组合后

1）常规制动过程（图 2-43）。当踩下制动踏板、ABS 尚未工作时，两电磁阀均不通电，进油阀处于开启状态，出油阀处于关闭状态，制动轮缸与低压蓄能器隔离，与制动主缸相通。制动主缸里的制动液被推入制动轮缸产生制动。

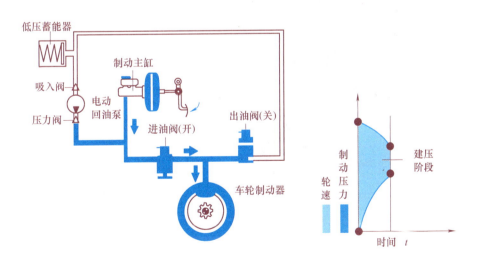

图 2-43　常规制动过程

2）保压制动过程（图 2-44）。当 ABS 的电控单元通过轮速传感器检测到车轮的减速度达到设定值时，使进油阀通电关闭，出油阀仍处于断电关闭状态，制动轮缸里的制动液处于不流通状态，制动压力保持。

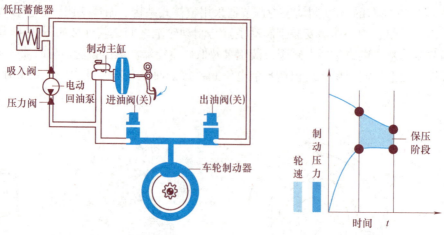

图 2-44 保压制动过程

3)减压制动过程(图 2-45)。当 ABS 的电控单元通过轮速传感器检测到车轮趋于抱死时,进油阀、出油阀均通电,制动轮缸与低压蓄能器相通,轮缸里的制动液在制动蹄回位弹簧作用下流到低压蓄能器,制动压力减小。同时,回油泵通电运转及时将制动液泵回制动主缸,制动踏板有回弹感。当制动压力减小到车轮的滑移率在设定范围内时,进油阀通电,出油阀断电,压力保持不变。

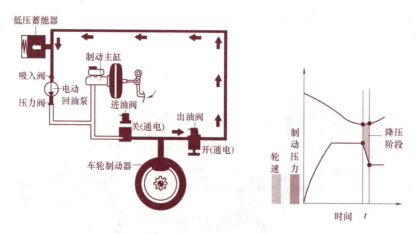

图 2-45 减压制动过程

4)增压制动过程(图 2-46)。当 ABS 的电控单元通过轮速传感器检测到车轮的加速度达到设定值时,进油阀、出油阀均断电,进油阀开启,出油阀关闭。同时,回油泵通电,将低压蓄能器里的制动液泵到制动轮缸,制动压力增高。

ABS 制动压力调节器以 5~6 次/s 的频率按上述"增压制动—保压制动—减压制动—保压制动—增压制动"的循环对制动压力进行调节,直到停车。

(2) ABS 电路 桑塔纳 2000 轿车的 ABS 电路如图 2-47 所示。

项目二 汽车防滑控制系统检修

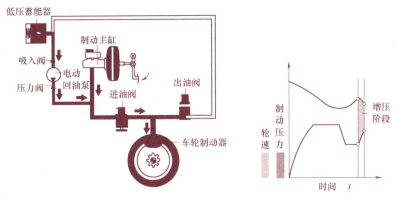

图 2-46 增压制动过程

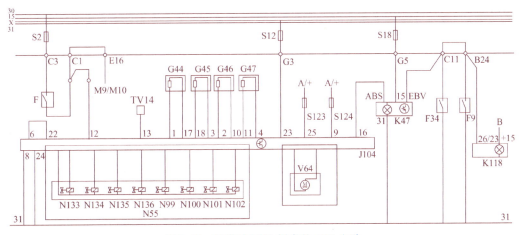

图 2-47 桑塔纳 2000 轿车的 ABS 电路

A—蓄电池　B—在仪表内 +15　F—制动灯开关　F9—驻车制动开关　F34—制动液液面开关
G44—右后轮速传感器　G45—右前轮速传感器　G46—左后轮速传感器　G47—左前轮速传感器
J104—ABS ECU　K47—ABS 警告灯　K118—制动装置警告灯　M9—左制动灯　M10—右制动灯　N55—液压控制单元(HCU)　N99—右前轮 ABS 进油阀　N100—右前轮 ABS 出油阀
N101—左前轮 ABS 进油阀　N102—左前轮 ABS 出油阀　N133—右后轮 ABS 进油阀
N134—右后轮 ABS 出油阀　N135—左后轮 ABS 进油阀　N136—左后轮 ABS 出油阀
S12—熔断器(15A)　S18—熔断器(10A)　S123—液压泵熔断器(30A)
S124—电磁阀熔断器(30A)　TV14—诊断插口　V64—ABS 液压泵

桑塔纳 2000 轿车所用 MK20- Ⅰ 型 ABS 的 ECU 端子插头如图 2-48 所示。ABS 电控单元 25 脚插头各端子功能见表 2-1。

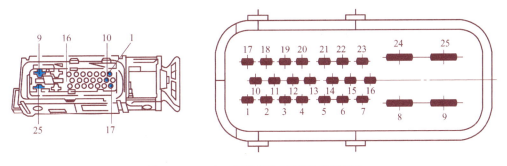

图 2-48 MK20- Ⅰ 型 ABS 的 ECU 端子插头

表 2-1　ABS 电控单元 25 脚插头各端子的功能

端子	功　能	端子	功　能
1	右后轮速传感器 G44	12	制动灯开关 F
2	左后轮速传感器 G46	13	自诊断 K 线
3	右前轮速传感器 G45	14、15	空
4	左前轮速传感器 G47	16	ABS 警告灯 K47
5	空	17	右后轮速传感器 G44
6	电控单元端子 22	18	右前轮速传感器 G45
7	空	19~21	空
8	蓄电池负极	22	电控单元端子 6
9	蓄电池正极	23	中央电路板插头 G3
10	左后轮速传感器 G46	24	蓄电池负极
11	左前轮速传感器 G47	25	蓄电池正极

2. 雷克萨斯 LS400 轿车的 ABS

雷克萨斯 LS400 轿车的 ABS 采用四传感器三通道/前轮独立控制-后轮选择控制方式，其布置形式如图 2-49 所示。

图 2-50 所示为雷克萨斯 LS400 轿车无牵引力控制装置（TRC）的 ABS 部件位置图。

前轮和后轮的转速传感器均为磁电式，前轮速传感器安装在转向节上，后轮速传感器安装在后桥壳上。

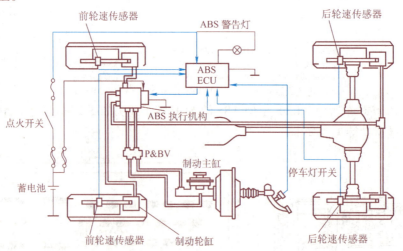

图 2-49　雷克萨斯 LS400 轿车的 ABS 布置形式

图 2-51 所示为雷克萨斯 LS400 轿车 ABS 制动压力调节器的外形。电磁阀阀体上有三个管插头，管路 A 来自制动主缸，管路 B 通往制动轮缸，管路 C 通往蓄能器。电磁线圈受

ECU 控制，通以不同大小的电流，使三位三通电磁阀处于升压、保压和减压三种位置，以控制三条通道的连通状态。

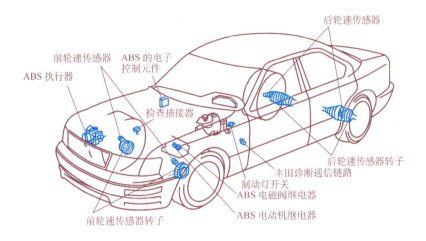

图 2-50 雷克萨斯 LS400 轿车的 ABS（无 TRC）部件位置图

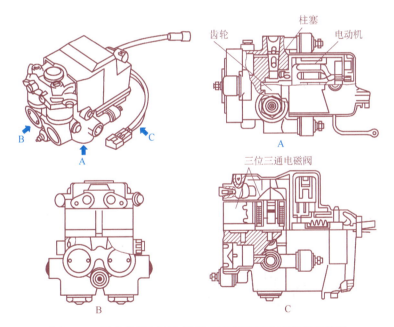

图 2-51 雷克萨斯 LS400 轿车 ABS 制动压力调节器的外形

1）常规制动过程（图 2-52）。在正常制动中，ABS 不工作，ABS ECU 没有电流送至电磁线圈。此时，回位弹簧将三位三通电磁阀推下，"A"孔打开，"C"孔关闭。当踩下制动踏板时，制动主缸液压上升，制动液从三位三通电磁阀内的"A"孔流至"B"孔，送至制动分泵。位于泵油路中的 1 号单向阀阻止制动液流进泵内。当松开制动踏板时，制动液从制动分泵经三位三通电磁阀内的"B"孔流至"A"孔和 3 号单向阀，流回制动主缸。

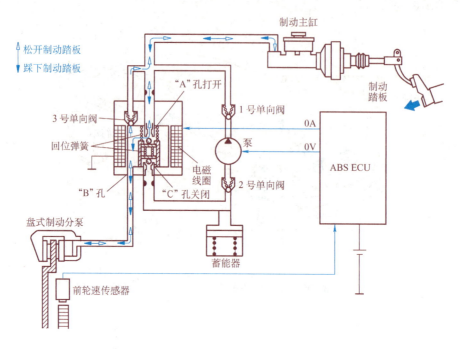

图 2-52 常规制动过程

2)减压过程(图2-53)。当车轮将要抱死时,ABS ECU 将5A电流送至电磁线圈,产生一个强磁力。三位三通电磁阀向上移动,"A"孔随"C"孔的打开而关闭。制动液从制动分泵经三位三通电磁阀内的"B"孔流至"C"孔,从而流入蓄能器。同时,执行器泵的电动机由来自 ECU 的信号接通,制动液从蓄能器送回至制动主缸。由于"A"孔(关闭)

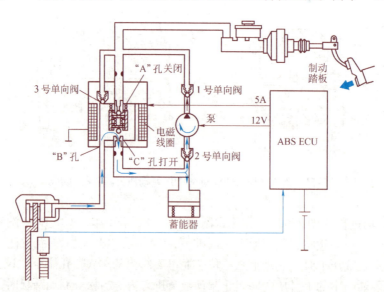

图 2-53 减压过程

以及1号和3号单向阀阻止来自制动主缸的制动液流入三位三通电磁阀。结果，制动分泵内的液压降低，阻止车轮被抱死。

3）保压过程。随着制动分泵内压力的降低或提高，轮速传感器传送一个信号，表示转速达到目标值，则ECU供应2A电流至电磁线圈，将制动分泵内的压力保持在该值。如图2-54所示，当提供给电磁线圈的电流从5A降至2A时，电磁线圈产生的磁力减小，于是回位弹簧的弹力将三位三通电磁阀向下推至中间位置，将"C"孔关闭。

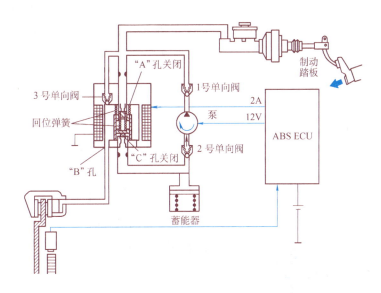

图2-54 保压过程

4）增压过程。当制动分泵内的压力需要提高，以施加更大的制动力时，ABS ECU停止传送电流至电磁线圈，如图2-55所示。三位三通电磁阀的"A"孔打开，"C"孔关闭，从而使制动主缸内的制动液经三位三通电磁阀内的"B"孔流至盘式制动分泵。

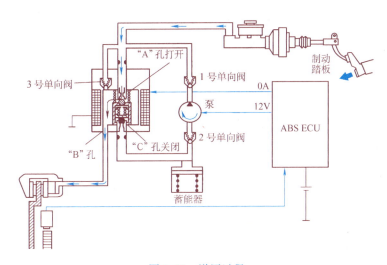

图2-55 增压过程

3. 本田车系 ABS

本田车系的 ABS 采用四传感器三通道/前轮独立-后轮选择控制方式，装用的可变容积式制动压力调节器主要由电磁阀、控制活塞组件、电动泵、蓄能器、压力开关等组成。其工作过程如下。

1）常规制动过程（制动压力上升）（图2-56）。ECU 关断输入阀和输出阀电磁线圈的电路，此时输出阀打开，输入阀关闭，调节器下端 C 腔与油箱连通，控制活塞在上端主弹簧弹力的作用下下移。当控制活塞下移至将开关阀顶开位置时，将 B 腔与 A 腔连通，来自制动主缸的制动液由 A 腔经开关阀到 B 腔而进入制动轮缸，轮缸的压力将随主缸的压力变化而变化，即常规制动和升压状态。

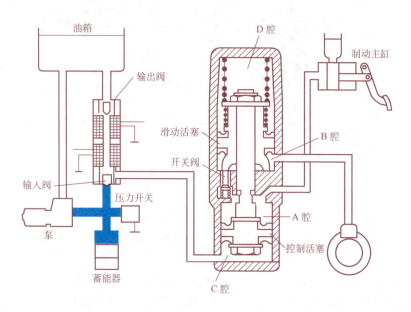

图 2-56 本田车系 ABS 的常规制动过程

2）减压过程（图2-57）。减压时，ECU 分别向输出阀和输入阀通入电流，此时输出阀关闭而输入阀打开，从电动泵和蓄能器来的控制液压油由输入阀流入调节器下端的 C 腔，推动控制活塞上移，使开关阀关闭，将 A 腔与 B 腔隔离，从而使制动主缸来的制动液不再进入 B 腔。由于控制活塞的上移使 B 腔的容积增大，与 B 腔相连的制动轮缸的制动压力下降。

3）保压过程。需要保持制动轮缸的制动压力时，ECU 将输入阀电磁线圈的电流切断，而输出阀电磁线圈仍保持通电。此时输入阀关闭，输出阀仍保持关闭，控制液压油既不流入 C 腔，也不流出 C 腔，控制活塞保持在一定位置上，B 腔容积不再发生变化，轮缸制动压力保持一定。

4）踏板反应。在 ABS 工作时的减压过程中，由于控制活塞上移使 A 腔容积变小，A 腔中的制动液被压回制动主缸。制动踏板有一个回弹过程，即踏板反应，使驾驶人能感觉到 ABS 工作，如图 2-58 所示。

项目二　汽车防滑控制系统检修

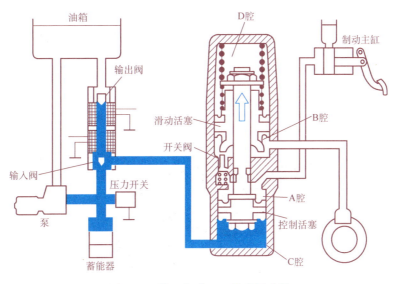

图2-57　本田车系ABS的减压过程

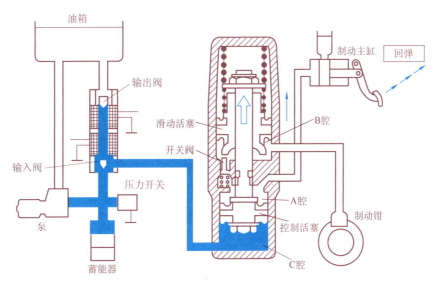

图2-58　本田车系ABS的踏板反应

任务实施

一、任务实施的环境

1）拆装及检修前车辆可靠驻停。
2）正确选用拆装与检修工具。
3）相关车型维修手册。
4）发动机技术状况良好。
5）仪器操作手册。
6）注意环保及安全操作。

二、任务实施的步骤

以桑塔纳2000轿车的ABS为例，介绍ABS轮速传感器的检修及故障诊断方法。

1. 轮速传感器的检修

（1）前轮转速传感器的检修　图2-59所示为桑塔纳2000轿车前轮转速传感器和前轮轴承的安装位置。

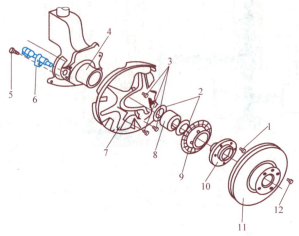

图2-59　桑塔纳2000轿车前轮转速传感器和前轮轴承的安装位置
1—固定齿圈螺钉套　2—前轮轴承弹性挡圈　3—防尘板紧固螺栓（拧紧力矩为10N·m）
4—前轮轴承壳　5—转速传感器紧固螺栓（拧紧力矩为10N·m）　6—前轮转速传感器
（右前G45/左前G47）　7—防尘板　8—前轮轴承　9—齿圈
10—轮毂　11—制动盘　12—十字槽螺栓

注意：左、右两个前轮转速传感器不能互换，零件也不同。

1）前轮齿圈的检查。

① 前轮轴承损坏或轴承轴向间隙过大时，会影响前轮传感器的间隙。升起前轮，使之离地，用双手转动前轮检查前轮摆动是否异常。若轴承轴向间隙过大，则要检查齿圈轴向摆差（图2-60）。轴向摆差应不大于0.3mm。

② 若前轮轴承损坏或轴向间隙过大时，则应更换轴承。

③ 若出现齿圈轴向摆差过大而引起传感器与齿圈擦碰，造成齿圈变形或齿数残缺不全，则应更换前轮齿圈。

④ 若前轮齿圈完好无损，但被泥泞或污物堵塞，应清除齿圈空隙中的污物。

图2-60　检查齿圈轴向摆差

2）前轮转速传感器输出电压的检查。

① 检查前轮转速传感器与齿圈之间的间隙是否符合规定，标准值为1.10～1.97mm。

② 顶起前轮，松开驻车制动器手柄。

③ 拆下ABS线束，在线束插接器处进行测量。

④ 以30r/min的转速转动前轮，用万用表或示波器测量输出电压。左前轮接线柱为4和11，右前轮接线柱为3和18。用万用表测量时，前轮转速传感器输出电压应为70～310mV；用示波器测量时，输出电压应为3.4～14.8mV。

项目二 汽车防滑控制系统检修

⑤若输出电压不符合规定,应检查传感器是否有故障。检查传感器电阻值(1.0~1.3kΩ),在齿圈上取4点检查齿圈与车轮转速传感器之间的间隙是否过大,检查线束安装是否有误差。

(2)后轮转速传感器的检修 图2-61所示为桑塔纳2000轿车后轮转速传感器和后轮轴承结构。

注意:左、右两个后轮转速传感器可以互换,零件号也相同。

1)后轮齿圈的检查。后轮轴承损坏或轴承径向圆跳动过大时,会影响后轮传感器的间隙。

①升起后轮,使之离地,用双手转动后轮检查后轮摆动是否异常。若后轮摆动过大,则要检查后轮轴承的径向圆跳动(图2-62),径向圆跳动标准值为≤0.05mm。

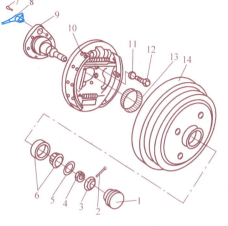

图2-61 后轮转速传感器和后轮轴承的结构

1—轮毂盖 2—开口销 3—螺母防松罩 4—六角螺母 5—止动垫圈 6—车轮锥轴承 7—固定转速传感器用内六角螺栓(拧紧力矩10N·m) 8—后轮转速传感器(右后G44/左后G46) 9—车轮支承短轴 10—后轮制动器总成 11—弹簧垫圈 12—六角头螺栓(拧紧力矩60N·m) 13—转速传感器齿圈 14—制动鼓

②若后轮轴承径向圆跳动过大,则需要调整螺母以调节后轴承的间隙,或者更换后轴承。

③若齿圈变形、有严重磨损痕迹或齿数残缺不全,则应更换后轮齿圈。

④若后轮齿圈完好无损,但被污物堵塞,应清除齿圈空隙中的污物。

2)后轮转速传感器输出电压的检查。

①检查后轮转速传感器与齿圈之间的间隙是否符合规定,标准值为0.42~0.80mm。

②顶起前轮,松开驻车制动器手柄。

③拆下ABS线束,在线束插接器处进行测量。

④以30r/min的转速转动后轮,用万用表或示波器测量输出电压。左后轮接线柱为2和10,右后轮接线柱为1和17。用万用表测量时,后轮转速传感器输出电压应大于260mV;用示波器测量时,输出电压应大于12.2mV。

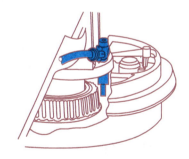

图2-62 检查后轮齿圈

⑤若输出电压不符合规定,应检查传感器是否有故障。检查传感器电阻值(1.0~1.3kΩ),在齿圈上取4点检查齿圈与车轮转速传感器之间的间隙是否过大,检查线束安装是否有误差。

2. ABS的故障诊断

ABS具有故障自诊断功能,它以ABS ECU中标准的正常运行状况为准,不断地对输入信号及部件的工作情况进行监控,将故障记录在存储器中,以便维修时查找故障部位。偶然发生的故障称为偶发性故障。存储器中的故障可用故障诊断仪V.A.G1552来读取。

(1)故障诊断的条件 在对ABS进行故障诊断时,应保证以下条件:

1)所有车轮必须安装规定的并且尺寸相同的轮胎,轮胎气压符合要求。

2）常规制动系统正常（包括制动灯开关和制动灯）。

3）液压管和管接头不能有泄漏（目视检查液压控制单元、制动主缸、制动轮缸）。

4）车轮轴承和轴承间隙应正常。

5）ABS ECU 的线束插头应正常插入。

6）ABS 元件触点无损坏以及安装位置正确。

7）所有熔丝完好。

8）蓄电池的电压正常（最低为 11V）。

9）发动机搭铁良好。

（2）ABS 故障诊断的一般程序　不同车型，甚至同一系列不同年代生产的汽车，由于装用的 ABS 型号不一样，其具体诊断方法与步骤均不尽相同。ABS 故障诊断的一般程序如图 2-63 所示。

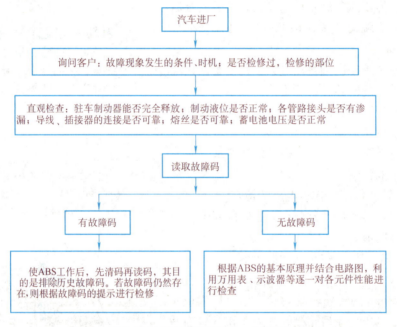

图 2-63　ABS 故障诊断的一般程序

（3）警告灯诊断　装有 ABS 的汽车在仪表板上设有制动警告灯（红色）和 ABS 警告灯（黄色）。正常情况下，点火开关打开，ABS 警告灯和制动警告灯应闪亮约 2s，当发动机起动、驻车制动器手柄在释放位置时，两个警告灯应熄灭，否则说明 ABS 有故障。可利用两灯的闪亮规律，粗略地判断出系统发生故障的部位。警告灯诊断表见表 2-2。

表 2-2　警告灯诊断表

警告灯	故障现象	可能原因
ABS 警告灯亮	ABS 不起作用	1. 轮速传感器不起作用 2. 液压控制单元工作不良 3. ABS 电控单元不良

(续)

警告灯	故障现象	可能原因
ABS警告灯不亮	踩制动踏板时，踏板振动强烈	1. 制动开关失效或调整不当 2. 制动开关电路或插接件脱落 3. 制动鼓（盘）变形 4. 轮速传感器信号不良 5. 液压控制单元工作不良
ABS警告灯偶尔或间歇亮	ABS作用正常，只要将点火开关关闭后再打开，ABS警告灯即会熄灭	1. ABS电控单元插接器松动 2. 轮速传感器导线受干扰 3. 轮速传感器内部工作不良 4. 车轮轮毂轴承松旷 5. 制动管路中有空气 6. 制动轮缸工作不良 7. 制动蹄衬片不良
制动警告灯亮	制动液缺乏或驻车制动拖滞	1. 驻车制动器调整不当 2. 制动油管或制动轮缸漏油 3. 制动警告灯搭铁
ABS警告灯和制动警告灯亮	ABS不起作用	1. 两个以上轮速传感器出现故障 2. ABS电控单元故障 3. 液压控制单元工作不良

(4) 连接故障诊断仪V.A.G1552并选择功能

1) 关闭点火开关，打开诊断接口盖板（位于变速杆前端的防尘罩下），将故障诊断仪V.A.G1552用诊断连接线连接在诊断接口上，如图2-64所示。

图2-64　V.A.G1552与诊断接口的连接

2) 打开点火开关，按"1"键选择"快速数据传递"，显示屏显示（左英文或右中文）：

Rapid data transfer	HELP	快速数据传递	帮助
Enter Address words ××		输入地址码：××	

若显示屏上无显示，则应检查自诊断的接口。

3) 输入地址码"03"选择"制动电子系统"，显示屏显示：

| Rapid data transfer | Q | 快速数据传递 | 确定 |
| 03 Brake electronics | | 03 制动电子系统 | |

4）按"Q"键确认输入，显示屏显示 ABS 电控单元识别码：

| 3A0 907 379 ABS ITT AE 20 GI VOD | → | 3A0 907 379 ABS ITT AE 20 GI VOD | → |
| Coding 04505　　WCS××××× | | 编码　04505　　WCS××××× | |

显示屏上显示的内容含义：3A0 907 379 为电控单元零件号；ABS ITT AE 20 GI 为 ITT 公司 ABS 产品型号；VOD 为软件版本；Coding 04505 为电控单元编码号；WCS××××× 为维修站代号。

5）按"→"键，此时显示屏显示：

| Rapid data transfer | HELP | 快速数据传递 | 帮助 |
| Select　function　×× | | 功能选择　×× | |

6）键入所需的功能代码，即可进入所需的功能。可选择的功能代码如下：
01—查询电控单元版本信息；02—查询故障存储器；03—执行元件诊断；04—基本设定；05—清除故障存储器；06—结束退出；07—电控单元编码；08—读取测量数据块。

（5）根据故障码诊断故障　故障码能够显示故障的性质和范围，维修人员可根据故障码的提示迅速、准确地确定故障的性质和部位，有针对性地检查有关部位、元件和电路，将故障排除。表 2-3 为桑塔纳 2000 轿车 ABS 故障码表。

表 2-3　桑塔纳 2000 轿车 ABS 故障码表

V.A.G1552 显示屏显示	可能的故障原因	故障排除方法
未发现故障	如果在维修完毕后，用 V.A.G1552 查询故障后未发现故障，自诊断结束。如果显示屏显示出"未发现故障"，但 ABS 不能正常工作，则应按以下步骤操作： 1）以大于 20km/h 的车速进行紧急制动试车 2）重新用 V.A.G1552 查询故障，仍无故障显示 3）在无自诊断的情况下着手寻找故障，全面进行电、气检查	
00668 汽车 30 号线终端电压信号超差	电压供应电路、连接插头、熔丝故障	检查电控单元供电电路、连接插头和熔丝
01276 ABS 液压泵（V64）信号超差	电动机与电控单元连接电路对正极或对地短路、断路；液压泵电动机故障	检查电路、进行执行元件诊断
65535 电控单元	电控单元故障	更换电控单元
01044 电控单元编码不正确	电控单元 25 针插头端子 6 和 22 之间断路或短路	检查电路、线束的插头
01130 ABS 工作信号超差	与外界干涉信号源发生电气干涉（高频发射），例如：非绝缘的点火电缆线	1）检查所有电路连接对正极或对地是否短路 2）清除故障码 3）在车速大于 20km/h 时，进行紧急制动试车 4）再次查询故障码

项目二 汽车防滑控制系统检修

(续)

V.A.G1552 显示屏显示	可能的故障原因	故障排除方法
00283 左前轮速传感器（G47）	轮速传感器导线、传感器线圈、传感器的电路短路或断路；连接插头松动；传感器和齿圈的间隙超差	1）检查轮速传感器与电控单元的电路和连接插头 2）检查传感器和齿圈的安装间隙 3）读取数据流
00285 右前轮速传感器（G45）		
00287 右后轮速传感器（G44）		
00290 左后轮速传感器（G46）		

根据故障码进行故障的诊断与排除时，在调出故障码后应对照维修手册查看故障码的含义，并结合该车电路和有关元件的检测方法，按相应步骤进行故障的诊断和排除。

(6) 无故障码时的故障诊断　电控单元的故障诊断系统检测它的输入、输出信号是否在规定的范围内变化，若信号超出了规定的范围，则判定为故障。但有时输入、输出信号虽然在规定范围内，却不能正确地反映系统的工况，造成 ABS 工作不良。此时应借助测试仪读取系统各传感器的数据并与标准数据进行比较，进一步检查各传感器或开关的信号是否正常，以确认故障原因和部位。而且，系统中的机械故障不能通过电子回路反映出来。因此，应根据其表现出来的现象进行分析，以确认故障原因和部位。

1) ABS 工作异常。ABS 工作异常的可能原因有：传感器安装不当；传感器线束有问题；传感器损坏；传感器黏附异物；车轮轴承损坏；液压控制单元损坏；ABS 电控单元损坏等。

ABS 工作异常的故障诊断如图 2-65 所示。

2) 制动踏板行程过长。制动踏板行程过长的可能原因有：制动液渗漏；出油阀泄漏；系统中有空气；制动盘严重磨损；驻车制动器调整不当。

制动踏板行程过长的诊断如图 2-66 所示。

(7) 偶发性故障　在电子控制系统中，在有电气电路和输入、输出信号的地方，可能出现瞬时接触不良的问题，从而导致偶发性故障或在 ABS 电控单元自检时留下故障码。如果故障原因持续存在，则只要按照故障码诊断步骤就可以发现不正常的部位，但有时故障发生的原因会自行消失，所以不容易找出问题的原因。在这种情况下，可按下列方式模拟故障，检查故障是否再现。

1) 当振动可能是主要原因时：
① 将插头轻轻地上下左右摇动。
② 将线束轻轻地上下左右摇动。
③ 将传感器轻轻地上下左右摇动。

传感器在车辆上运动时，因悬架系统的上下移动可能造成短暂的开/短路，所以检查传感器信号时必须进行实车行驶试验。

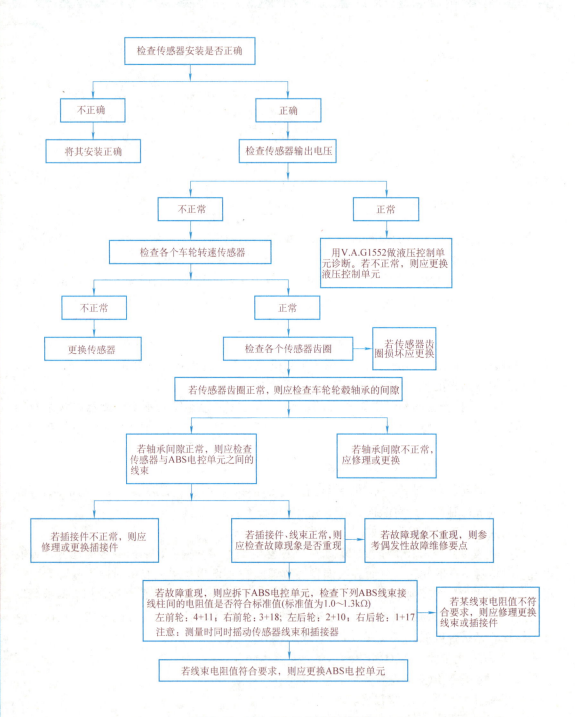

图 2-65 ABS 工作异常的故障诊断

项目二 汽车防滑控制系统检修

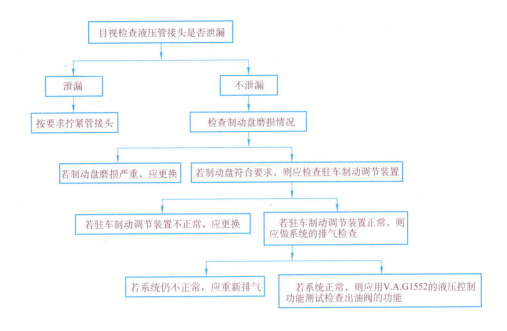

图 2-66 制动踏板行程过长的诊断

2)当过热或过冷可能是主要原因时：
① 用吹风机加热怀疑有故障的部件。
② 用冷喷雾剂检查是否有冷焊现象。
3)当电源回路接触电阻过大可能是主要原因时：打开所有电器开关，包括前照灯和后窗除霜开关。
如果此时故障没有出现，则应等到故障再次出现时才能诊断故障。

(8) 电气检测 如果汽车上自诊断系统没有给出故障来源，则应进行全部电气检测；如果自诊断直接给出故障来源，则只进行相应的电气检测。

电气检测条件如下：
1)熔断器完好。
2)关闭用电量大的设备，如前照灯、风扇、空调等。
3)拔下 ABS 电控单元线束插头，使其与检测箱 V.A.G1598/21 的插座相连接，如图 2-67 所示。

ABS 电气检测见表 2-4。当测得的数值稍微偏离额定值时，应清洁插头和插座端子，再重新测试。更换相应部件前，再次检查导线及连接，尤其是额定值小于 10Ω 的部件更应进行此项检查。如果测得的数值仍偏离额定值，应按电气检测表中的故障排除提示进行检测。如果测得的数值达到额定值，还应附带检查电路的正极或搭铁是否短路。

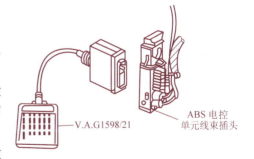

图 2-67 连接检测箱 V.A.G1598/21

表 2-4 ABS 电气检测

V.A.G 1598/21 插孔	测试内容	测试条件	规定值	故障排除
3 与 18	右前轮速传感器 G45 电阻	点火开关关闭	1.0~1.3kΩ	① 检查插头 ② 检查通向轮速传感器的导线（应拉动导线，可能端子有松动）
4 与 11	左前轮速传感器 G47 电阻	点火开关关闭	1.0~1.3kΩ	① 检查插头 ② 检查通向轮速传感器的导线（应拉动导线，可能端子有松动）
1 与 17	右后轮速传感器 G44 电阻	点火开关关闭	1.0~1.3kΩ	① 检查插头 ② 检查通向轮速传感器的导线（应拉动导线，可能端子有松动）
2 与 10	左后轮速传感器 G46 电阻	点火开关关闭	1.0~1.3kΩ	① 检查插头 ② 检查通向轮速传感器的导线（应拉动导线，可能端子有松动）
3 与 18	右前轮速传感器 G45 的电压信号	车已离地，点火开关关闭。以 1r/s 的速度转动右前轮	最低为 65mV 的交流电压	① 检查轮速传感器和齿圈的安装 ② 检查轮速传感器的互换性
4 与 11	左前轮速传感器 G47 的电压信号	车已离地，点火开关关闭。以 1r/s 的速度转动左前轮	最低为 65mV 的交流电压	① 检查轮速传感器和齿圈的安装 ② 检查轮速传感器的互换性
1 与 17	右后轮速传感器 G44 的电压信号	车已离地，点火开关关闭。以 1r/s 的速度转动右后轮	190~1140mV 的交流电压	① 检查轮速传感器和齿圈的安装 ② 检查轮速传感器的互换性
2 与 10	左后轮速传感器 G46 的电压信号	车已离地，点火开关关闭。以 1r/s 的速度转动左后轮	190~1140mV 的交流电压	① 检查轮速传感器和齿圈的安装 ② 检查轮速传感器的互换性
8 与 25	电控单元 J104 对液压泵的供电电压	点火开关关闭	10.0~14.5V	① 检查端子 8 至搭铁电路 ② 检查端子 25 经熔断器 S123 到蓄电池正极电路
9 与 24	电控单元 J104 对电磁阀的供电电压	点火开关关闭	10.0~14.5V	① 检查端子 24 至搭铁电路 ② 检查端子 9 经熔断器 S124 到蓄电池正极电路
8 与 23	电控单元 J104 的供电电压	点火开关打开	10.0~14.5V	① 检查端子 8 至搭铁电路 ② 检查端子 23 到中央电路板插头 G3 电路
8 与 12	制动灯开关 F 功能	点火开关关闭 （不踩制动踏板） （踩制动踏板）	0.0~0.5V 10.0~14.5V	① 检查熔断器 S2 和制动灯开关 F ② 检查端子 8 至搭铁电路 ③ 检查端子 12 到中央电路板插头 C1 的电路

项目二 汽车防滑控制系统检修

(续)

V.A.G 1598/21 插孔	测试内容	测试条件	规定值	故障排除
	ABS 警告灯 K47 功能	先关闭点火开关，然后再次打开	K47 亮	① 检查 K47 插座端子 31 至搭铁电路 ② 检查 K47 插座端子 15 到中央电路板插头 G5 的电路 ③ 检查 K47 插头端子到 ABS ECU 端子 16 的电路 ④ 检查 K47 插头端子 EBV 到中央电路板插头 C11 的电路
	制动装置警告灯 K118 功能	先关闭点火开关，然后再次打开	K118 亮	① 检查仪表板线束插头端子 23 到中央电路板插头 B24 的电路 ② 检查仪表板 +15V 相线
6 与 22	编码桥接（车型识别）	点火开关关闭	小于 1.0Ω	检查插头上端子之间的连接电路，如果偏离额定值，更换连接导线

ABS 在仪表板及仪表板附加部件上装有两个故障警告灯，一个是 ABS 警告灯（K47），另一个是制动装置警告灯（K118）。

两个故障警告灯正常亮的情况是：在点火开关打开，发动机起动至自检结束的过程中（大约 2s）；当拉紧驻车制动装置时。如果上述情况灯不亮，说明故障警告灯本身或电路有故障。

如果 ABS 警告灯常亮，说明 ABS 出现故障；如果制动装置警告灯常亮，说明制动液缺乏。

三、技能训练及相关实践知识

防抱死制动系统（ABS）检修技能训练

【训练任务】客户所驾驶的轿车在雨后出现 ABS 警告灯闪亮的现象。维修人员需对防抱死制动系统（ABS）进行检修，并向客户解释故障产生的原因。

【训练建议】以小组形式完成。制订故障诊断与排除的基本流程，并按要求逐项填写技能训练评价表。

【评价建议】可用如下技能训练评价表对学生的操作技能进行评价。

技能训练评价表

学生姓名				学　号			
测评日期				测评地点			
测评内容			防抱死制动系统（ABS）检修				
考评标准	内　容			分值/分	自评	互评	师评
	轮速传感器的检修			40			
	ABS 的故障诊断			60			
	合　计			100			
最终得分（自评30% + 互评30% + 师评40%）							

说明：测评满分为 100 分，60 ~ 74 分为及格，75 ~ 84 分为良好，85 分及以上为优秀。不足 60 分的学生，需重新进行知识学习、任务训练，直到任务完成达到合格为止。

归纳总结

汽车防抱死制动系统（Anti-lock Braking System，ABS）是一种安全控制制动系统。滑移率是指车轮在制动过程中滑移成分在车轮纵向运动中所占的比例，用"S_b"表示。ABS通常由轮速传感器、制动压力调节器、电控单元（ECU）和ABS警示装置等组成。轮速传感器的功用是检测车轮的旋转速度，并将速度信号输入电控单元。目前，常用的轮速传感器主要有电磁式和霍尔式两种。制动压力调节器的功用是在制动时根据ABS电控单元的控制指令，自动调节制动轮缸制动压力的大小，防止车轮抱死，并使其处于理想滑移率的状态。根据压力调节器的调压方式不同，制动压力调节器可分为循环式和可变容积式两种。循环式制动压力调节器通过电磁阀直接控制制动轮缸的制动压力；而可变容积式制动压力调节器通过电磁阀间接改变制动轮缸的制动压力。

思考题

1. 试解释滑移率的概念，并说明滑移率与路面附着系数的关系。
2. 分析比较不同控制方式ABS的性能特点。
3. 简述电磁式轮速传感器的结构、工作原理及检测方法。
4. 简述循环式制动压力调节器的工作原理。
5. 简述可变容积式制动压力调节器的组成及工作原理。
6. 按图说明桑塔纳2000轿车循环式ABS的工作过程。
7. 按图说明雷克萨斯LS400轿车循环式ABS的工作过程。
8. 按图说明本田车系可变容积式ABS的工作过程。

拓展提高

电子制动力分配系统（Electric Brakeforce Distribution，EBD）是ABS功能的一个扩展。车辆制动时，如果4个车轮附着地面的条件不同（例如左侧车轮附着在湿滑路面上，而右侧车轮附着在干燥路面上），则4个车轮与地面的附着力会不同。这样在制动过程中，将容易产生打滑、倾斜和侧翻等现象。为避免这种情况的发生，EBD会自动检测各个车轮的附着力状况，将制动系统所产生的制动力适当地分配至4个车轮。在EBD的辅助下，制动力可以得到最佳的分配，使制动距离明显缩短，并在制动的同时保持车辆的平稳，提高行车安全。此外，在车辆转弯时，如果进行制动操作，EBD同样具有维持车辆稳定性的功能，以增加弯道行驶的安全性。

1. EBD的理论基础

汽车制动稳定性与制动时车轮是否抱死以及前、后车轮的抱死顺序密切相关，直接影响到汽车安全。车辆前轮抱死将会失去转向能力，后轮抱死则会发生侧滑甚至甩尾，后果更为严重。理想的前、后桥制动力分配曲线（简称 I 线）如图 2-68 所示，它只与汽车的总重及质心位置有关，因此空载和满载时的 I 线是不同的。实际上前、后桥上的制动力分配是由前、后制动器的大小决定的，因此它只能是一条直线，即 β 线。

传统的汽车制动系统通常是通过在前、后轴制动管路间增加一比例阀来限制后轴车轮的制动力，以避免制动时后轮先发生抱死侧滑，从而获得如图 2-69 所示的制动力分配曲线，但后桥的附着利用率仍然不是最好，其附着损失见图 2-69 中阴影部分。

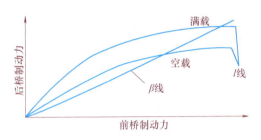

图 2-68　汽车前、后桥制动力分配曲线

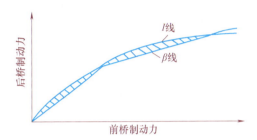

图 2-69　带比例阀的前、后桥制动力分配曲线

与传统的制动力分配方式（如比例阀）相比，EBD 采用电子技术来控制汽车液压制动系统的前、后桥制动力分配，其基本思想是尽可能增大后轮制动器制动力，由传感器监测车轮的运动情况，一旦发现后轮有抱死趋势，电子控制器控制液压制动器降低制动压力。由于 EBD 调节频率高、调节幅度小、控制精确，可使 β 线始终位于 I 线下方且无限接近于 I 线（图 2-70）。因此 EBD 在保证制动稳定性的同时，可使后轮获得最大制动力，从而提高整车的制动效能。

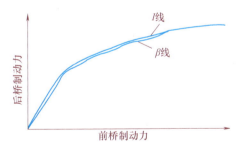

图 2-70　带 EBD 的前、后桥制动力分配曲线

2. EBD 的基本组成及工作原理

EBD 由转速传感器、电子控制器和液压执行器三部分组成，如图 2-71 所示。在车轮部分制动时，EBD 功能就起作用，尤其是在汽车转弯时，EBD 工作区域如图 2-72 所示。速度传感器发出 4 个车轮的转速信号，电控单元根据这些信号计算车轮的转速及滑移率。如果后轮滑移率大于某个设定值，则由液压控制单元调节后轮制动压力，使后轮制动力降低，以保证后轮不会先于前轮抱死。当 ABS 起作用时，EBD 即停止工作。

EBD 压力调节过程分为升压、保压和减压三个阶段。制动时通过助力器/制动主缸建立制动压力，此时常开阀打开、常闭阀关闭，制动压力进入车轮制动器，车轮转速迅速降低，

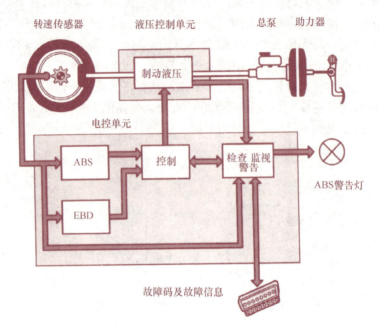

图 2-71　ABS/EBD 系统组成及工作原理

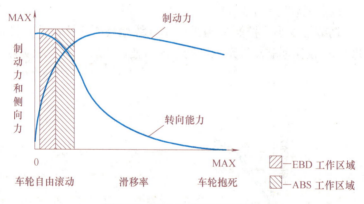

图 2-72　EBD 工作区域示意图

直到电子控制器识别出车轮有抱死趋势为止。EBD 的升压及保压与 ABS 工作过程完全一样，但减压控制则有所不同。

当后轮有抱死倾向时，后轮的常开阀关闭、常闭阀打开，车轮压力降低，如图 2-73 所示。与 ABS 不同的是，此时 EBD 的液压泵不工作，降压所排出的制动液暂时存放在低压蓄能器中。

当制动结束后，制动踏板松开，总泵内的制动压力为零，此时再次打开常开阀，低压蓄能器中的制动液经常闭阀、常开阀返回总泵，低压蓄能器排空，为下一次 ABS 或 EDB 工作做好准备，如图 2-74 所示。

项目二 汽车防滑控制系统检修

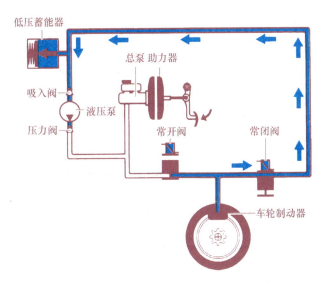

图 2-73 减压过程

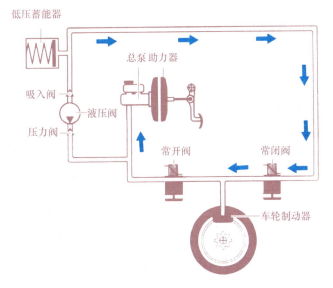

图 2-74 低压蓄能器工作过程

任务二 驱动防滑控制系统（ASR）检修

知识点：ASR 的功用及控制方法；ASR 的结构与工作原理；雷克萨斯 LS400 轿车 ABS/TRC 的结构及工作原理。

能力点：雷克萨斯 LS400 轿车 ABS/TRC 的检修。

任务情境

驱动防滑控制系统（ASR）检修

客户反映，他所驾驶的轿车驱动防滑控制系统工作不正常，加速过程中车轮打滑严重，警告灯一直亮。师傅让维修工小王对车辆进行检查，查找并排除故障。小王很快动手并完成这项任务。

任务分析

该任务是检修驱动防滑控制系统（ASR）。完成此任务需要了解 ASR 的结构与工作原理；掌握雷克萨斯 LS400 轿车 ABS/TRC 的结构及工作原理；掌握雷克萨斯 LS400 轿车 ABS/TRC 的检修方法。

任务实施的相关专业知识

一、驱动防滑控制系统概述

1. 驱动防滑控制系统的功用

驱动防滑控制系统（Acceleration Slip Regulation，ASR），有的车辆称为牵引力控制系统（Traction Control System，TCS）或 TRC。

驱动防滑控制系统的功用是防止汽车在加速过程中打滑，特别是防止汽车在非对称路面或在转向时驱动轮滑转，以保持汽车行驶方向的稳定性、操纵性和维持汽车的最佳驱动力以及提高汽车的平顺性。

从控制车轮和路面的滑移率来看，ASR 和 ABS 采用了相同的技术，但两者所控制的车轮滑移率是相反的。

2. 滑转率及其与附着系数的关系

汽车在驱动过程中，驱动车轮可能相对于路面发生滑转。滑转成分在车轮纵向运动中所占的比例称为驱动车轮的滑转率，通常用"S_d"表示。

$$S_d = (\omega r - v)/\omega r \times 100\%$$

式中　r——车轮的滚动半径（m）；

ω——车轮的转动角速度（rad/s）；

v——车轮中心的纵向速度（m/s）。

当车轮在路面上纯滚动时，车轮中心的纵向速度完全是由车轮滚动产生的。此时 $v = \omega r$，其滑转率 $S_d = 0$；当车轮在路面上完全滑转（即汽车原地不动，而驱动轮的圆周速度不为 0）时，车轮中心的纵向速度 $v = 0$，其滑转率 $S_d = 100\%$；当车轮在路面上边滚动边滑转时，$0 < S_d < 100\%$。

图 2-75 所示为滑转率和滑移率与附着系数之间的关系曲线。与汽车在制动过程中的滑移率相同，在汽车的驱动过程中，车轮与路面间的附着系数的大小随着滑转率的变化而变

化。在干路面或湿路面上,当滑转率为 15% ~ 30% 时,车轮具有最大的纵向附着系数,此时可产生的地面驱动力最大。在雪路或冰路面上时,最佳滑移率为 20% ~ 50%。当滑转率为零,即车轮处于纯滚动状态时,其侧向附着系数也最大,此时汽车保持转向和防止侧滑的能力最强。随着滑转率的增加,侧向附着系数下降,当滑转率为 100% 时,侧向附着系数变得极小,轮胎与路面之间的侧向附着力接近零,车轮将完全丧失抵抗外界侧向力作用的能力。

3. 驱动防滑控制系统的控制方式

驱动防滑控制系统的控制参数是滑转率,控制器根据各车轮转速传感器信号计算 S_d,当 S_d 值超过某一限定值时,控制器就输出控制信号,抑制车轮的滑转,将车轮的滑转率控制在理想的范围内。

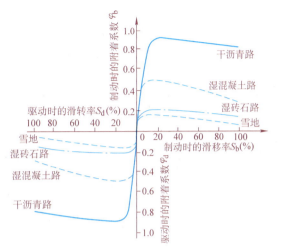

图 2-75 滑转率和滑移率与附着系数之间的关系曲线

汽车驱动防滑控制系统常用的控制方式有以下几种。

(1) 发动机输出功率/转矩控制 在汽车起步或加速时,若加速踏板踩得过猛,会因为驱动力过大而出现两边驱动车轮都滑转的情况,这时,ASR 控制器输出控制信号控制发动机的输出功率,以抑制驱动车轮的滑转,如图 2-76 所示。

发动机输出功率/转矩控制通常有以下几种方法:

1) 调整供油量:减少或中断供油。
2) 调整点火时间:减小点火提前角或停止点火。
3) 调整进气量:减小节气门的开度。

(2) 驱动轮制动控制 当汽车在附着系数不均匀的路面上行驶时,处于低附着系数路面的驱动车轮可能会滑转,此时 ASR 电控单元将使滑转车轮的制动压力上升,对该轮作用一定的制动力,使两驱动车轮向前运动速度趋于一致,如图 2-77 所示。

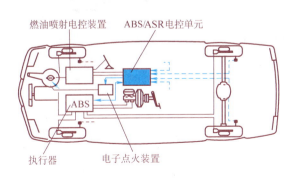

图 2-76 控制发动机输出功率/转矩的 ASR 系统

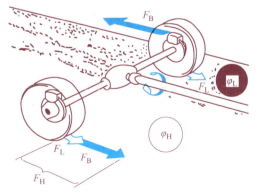

图 2-77 驱动轮制动控制

采用驱动轮制动控制方式的 ASR 的液压系统可分为两大类：一类是 ASR 与 ABS 的组合结构，即在 ABS 中增加电磁阀和调节器，从而增加驱动控制功能；另一类是在 ABS 的液压装置和制动轮缸之间增加一个单独的 ASR 液压装置。

（3）同时控制发动机输出功率和驱动车轮的制动力　该控制方式同时起动 ASR 制动压力调节器和辅助节气门调节器，在对驱动车轮施以制动力的同时，减小发动机的输出功率，以达到理想的控制效果。

（4）防滑差速锁控制　带防滑差速器的 ASR 如图 2-78 所示。防滑差速锁能对差速器锁止装置进行控制，使锁止范围为 0%～100%，并通过 ASR 有效控制驱动车轮的驱动力，从而提高汽车在滑溜路面起步和加速的能力及行驶方向稳定性。

（5）差速锁与发动机输出功率综合控制　汽车在行驶过程中，路面滑溜的情况千差万别，驱动力的状态也是不断变化，综合控制系统根据发动机的状况和车轮滑转率的实际情况采取相应的控制，如图 2-79 所示，使汽车在各种路面行驶和起步时具有更高的稳定性和可操纵性。

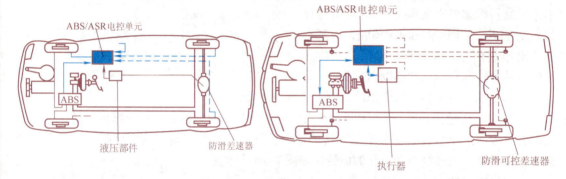

图 2-78　带防滑差速器的 ASR　　　　图 2-79　控制发动机输出功率和差速锁的 ASR

二、驱动防滑控制系统的结构和工作原理

1. ASR 的基本组成及工作原理

ASR 的基本组成如图 2-80 所示。

车轮转速传感器将行驶汽车的驱动车轮转速及非驱动车轮转速转变为电信号，输送给电控单元（ECU）。ECU 根据车轮转速传感器的信号计算驱动车轮滑转率，如果滑转率超出目标范围，控制器再综合参考节气门开度信号、发动机转速信号、转向信号等因素确定控制方式，输出控制信号，使相应的执行器动作，将驱动轮的滑转率控制在目标范围之内。

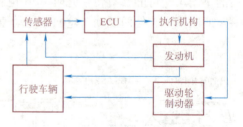

图 2-80　ASR 的基本组成

ASR 的传感器主要是车轮转速传感器和节气门位置传感器。车轮转速传感器与 ABS 共享，而节气门位置传感器则与发动机电控系统共享。ASR 专用的信号输入装置是 ASR 选择开关，将 ASR 选择开关关闭，ASR 就不再起作用。由于 ASR 和 ABS 的一些信号输入和处理都是相同的，因此 ASR 控制器与 ABS 电控单元通常组合在一起。

2. ASR 制动压力调节器

ASR 制动压力调节器执行 ASR ECU 的指令，对滑转车轮施加制动力和控制制动力的大小,以使滑转车轮的滑转率在目标范围内。ASR 制动压力源是蓄能器,通过电磁阀来调节驱动车轮制动压力的大小。ASR 制动压力调节器的结构形式有单独方式和组合方式两种。

(1) 单独方式 ASR 制动压力调节器　单独方式 ASR 制动压力调节器和 ABS 制动压力调节器在结构上各自分开,如图 2-81 所示。

在 ASR 不起作用、电磁阀不通电时,阀在左位,调压缸的右腔与储液室相通而压力低,调压缸的活塞被回位弹簧推至右边极限位置。这时,调压缸活塞左端中央的通液孔将 ABS 制动压力调节器与非驱动车轮制动分泵相通,因此,在 ASR 不起作用时,对 ABS 无影响。

当驱动车轮出现滑转而需要对其实施制动时,ASR 控制器输出控制信号,使电磁阀通电而移至右位。这时,调压缸右腔与储液室隔断而与蓄能器接通,蓄能器具有一定压力的制动液推动调压缸的活塞左移,ABS 制动压力调节器与非驱动车轮制动分泵的通道被封闭,调压缸左腔的压力随活塞的左移而增大,驱动车轮制动分泵的制动压力上升。

当需要保持驱动车轮的制动压力时,控制器使电磁阀半通电,阀处于中位,使调压缸与储液室和蓄能器都隔断,于是,调压缸活塞保持原位不动,使驱动车轮制动分泵的制动压力保持不变。

当需要减小驱动车轮的制动压力时,控制器使电磁阀断电,阀在其回位弹簧力的作用下回到左位,使调压缸右腔与蓄能器隔断而与储液室接通。于是,调压缸右腔压力下降,其活塞右移,使驱动车轮制动分泵的制动压力下降。在驱动车轮出现滑转时,ASR ECU 通过对电磁阀进行上述控制实现对驱动车轮制动压力的控制,将车轮的滑转率控制在目标范围内。

(2) 组合方式 ASR 制动压力调节器　组合方式 ASR 制动压力调节器如

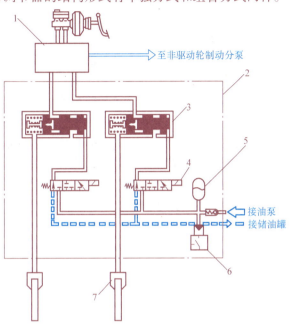

图 2-81　单独方式 ASR 制动压力调节器
1—ABS 制动压力调节器　2—ASR 制动压力调节器
3—调压缸　4—三位三通电磁阀　5—蓄能器
6—压力开关　7—驱动车轮制动器

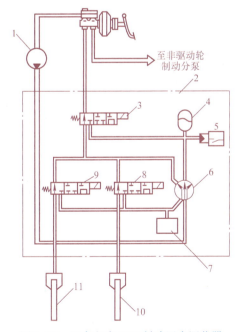

图 2-82　组合方式 ASR 制动压力调节器
1—输液泵　2—ABS/ASR 制动压力调节器　3—电磁阀Ⅰ
4—蓄能器　5—压力开关　6—循环泵　7—储液室
8—电磁阀Ⅱ　9—电磁阀Ⅲ　10、11—驱动车轮制动器

图2-82所示。

在ASR不起作用时,电磁阀Ⅰ不通电。汽车在制动过程中如果有车轮出现抱死,ABS起作用,通过控制电磁阀Ⅱ和电磁阀Ⅲ来调节制动压力。

当驱动车轮出现滑转时,ASR控制器使电磁阀Ⅰ通电,阀移至右位,电磁阀Ⅱ和电磁阀Ⅲ不通电,阀仍在左位,于是,蓄能器的液压油流入驱动车轮制动分泵,制动压力增大。

当需要保持驱动车轮的制动压力时,ASR控制器使电磁阀Ⅰ半通电,阀移至中位,隔断了蓄能器及制动主缸的通路,驱动车轮制动分泵的制动压力即保持不变。

当需要减小驱动车轮的制动压力时,ASR控制器使电磁阀Ⅱ和电磁阀Ⅲ通电,电磁阀Ⅱ和电磁阀Ⅲ移至右位,将驱动车轮制动分泵与储液器接通,于是,制动压力下降。

如果需要对左、右驱动车轮的制动压力实施不同的控制,ASR控制器则分别对电磁阀Ⅱ和电磁阀Ⅲ进行不同的控制。

三、雷克萨斯LS400轿车的ABS/TRC

雷克萨斯LS400轿车的ABS/TRC如图2-83所示,它主要由车速传感器、ABS/TRC ECU、制动压力调节器、TRC隔离电磁阀总成、TRC制动供能总成、主节气门开度传感器、副节气门开度传感器、副节气门控制步进电动机等组成,其中ABS/TRC与ABS共用车轮转速传感器和电控单元。

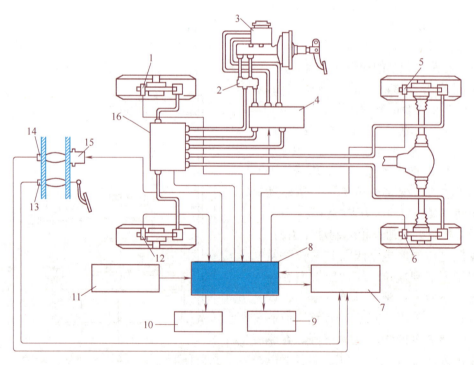

图2-83 雷克萨斯LS400轿车的ABS/TRC

1—右前车轮转速传感器 2—比例阀和差压阀 3—制动总泵 4—TRC制动压力调节器 5—右后车轮转速传感器 6—左后车轮转速传感器 7—发动机ECU 8—ABS/TRC ECU 9—TRC关闭指示灯 10—TRC工作指示灯 11—TRC选择开关 12—左前车轮转速传感器 13—主节气门开度传感器 14—副节气门开度传感器 15—副节气门驱动步进电动机 16—ABS制动压力调节器

1. 车速传感器

在4个车轮上各装一个电磁感应式车速传感器，向 ABS/TRC ECU 输入各车轮的轮速信号。

2. ABS/TRC ECU

ABS/TRC ECU 根据驱动车轮转速传感器输送的速度信号计算判断出车轮与路面间的滑转状态，并适时地向其执行机构发出指令，以降低发动机的输出转矩和车轮的转速，从而实现防止驱动轮滑转的目的。此外，ABS/TRC ECU 还具有初始检测功能、故障自诊断功能和失效保护功能。

(1) 车轮防滑控制 ABS/TRC ECU 不断地监测由驱动轮转速传感器传来的速度信号，并不断地计算出每个车轮的速度，同时也计算出汽车的行驶速度和车轮滑转率。当汽车在起步或突然加速过程中，若驱动轮滑转，ECU 立即使驱动防滑控制系统工作。

例如，当踩下加速踏板后，主节气门迅速开启，驱动轮加速。若驱动轮速度超过设定控制速度后，ECU 即发出指令，关闭副节气门，减少发动机进气量，从而使发动机转矩降低。同时，ECU 发出指令接通 TRC 制动压力调节器电磁阀，并将 ABS 压力调节器电磁阀置于"增压制动"状态，于是 TRC 蓄能器使制动轮缸的制动压力迅速升高，实现对滑转驱动轮的制动。

当制动作用后，驱动轮加速度立即减小，ECU 将 ABS 压力调节器的三位电磁阀置于"保压制动"状态；若驱动轮速度降低太多，电磁阀就处于"减压制动"状态，使制动轮缸的制动压力降低，驱动轮转速又恢复升高。

(2) 初始检测功能 当汽车处在停止状态，自动变速器变速杆处在 P 位或 N 位而接通点火开关时，ABS/TRC ECU 即开始对副节气门驱动装置和 TRC 制动压力调节器电磁阀的工作状态进行检测。

(3) 故障自诊断功能 当 ABS/TRC ECU 检测到防滑转系统出现故障时，即使仪表板上的警告灯亮起，以警告驾驶人 TRC 已出现故障，同时将故障以故障码的形式存入存储器，供诊断时重新显示出来。

(4) 失效保护功能 当 ABS/TRC ECU 检测到 TRC 有故障时，立即发出指令，断开 TRC 节气门继电器、TRC 液压泵电动机继电器和 TRC 制动主继电器，从而使 TRC 不起作用。而发动机和制动系统仍可以按照没有采用 TRC 时那样工作。

3. TRC 制动执行器

TRC 制动执行器主要由 TRC 隔离电磁阀总成和 TRC 制动供能总成组成，如图 2-84 所示。

(1) TRC 隔离电磁阀总成 TRC 隔离电磁阀通过管路与制动主缸、制动压力调节器和 TRC 制动供能总成相连，主要由制动主缸隔离电磁阀、蓄能器隔离电磁阀和储液器隔离电磁阀组成。

在未介入制动时，3个隔离电磁阀不通电，制动主缸电磁阀处于接通状态，将制动主缸至制动压力调节器中后调压电磁阀的制动液通路接通；蓄能器隔离电磁阀处于截止状态，将 TRC 制动供能总成至制动压力调节器中后调压电磁阀的制动液通路封闭；储液器隔离电磁阀处于截止状态，将制动压力调节器中后调压电磁阀至储液器的制动液通路封闭。

在 TRC 工作过程中，3个隔离电磁阀在 ABS/TRC ECU 的控制下全部通电，此时制动主缸隔离电磁阀处于截止状态,以防止制动液流回制动主缸;蓄能器隔离电磁阀处于接通状态,将蓄能器升压后的制动液通过电磁阀送到后轮制动轮缸;储液器隔离电磁阀也处于接通状态,以便能将储液器及制动轮缸的制动液送回制动主缸。

(2) TRC 制动供能总成 该装置通过管路与制动主缸储液室和 TRC 隔离电磁阀总成相连,主要由电动供液泵和蓄能器组成,如图 2-85 所示。电动供液泵将制动液自储液器以一定压力泵入蓄能器,作为驱动防滑转制动介入的制动能源。

4. 副节气门执行器

副节气门执行器的功用是根据电控单元传送的指令来控制副节气门的开启角度,从而控制进入发动机气缸的空气量,达到控制发动机输出转矩的目的。

副节气门执行器安装在节气门壳体上,如图 2-86 所示。它是一个由电控单元控制转动的步进电动机,由

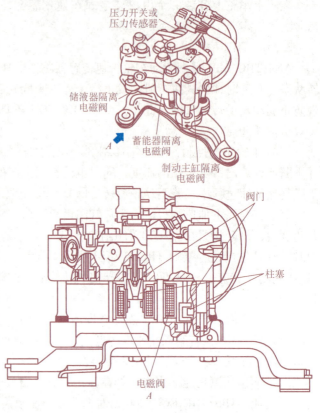

图 2-84 TRC 制动执行器总成

永磁体、传感线圈和旋转轴等组成。在旋转轴的末端安装一个小齿轮(主动齿轮),由它带动安装在副节气门轴末端的凸轮轴齿轮转动,以此控制副节气门的开启角度。

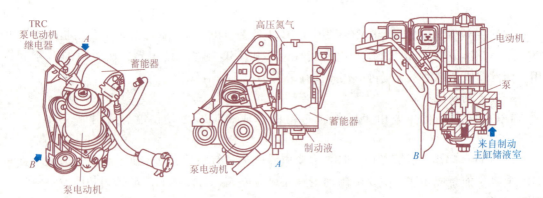

图 2-85 TRC 制动供能总成

当驱动防滑控制系统不工作时,副节气门在弹簧力的作用下保持全开状态,进入发动机的空气量由驾驶人控制主节气门的开度决定。当前、后车轮转速传感器检测到车轮滑转需进行防滑控制时,电子控制单元驱动步进电动机使凸轮轴齿轮转动,从而控制副节气门的开度,如图 2-87 所示。

5. 雷克萨斯 LS400 轿车的 ABS/TRC 控制原理及电路

雷克萨斯 LS400 轿车同时具有 TRC 和 ABS，且共用一个 ECU，其 TRC 和 ABS 的控制原理简图如图 2-88 所示。

（1）正常制动过程（TRC 不起作用） 正常制动时，TRC 制动执行器的所有电磁阀都断开。在这种情况下，当踩下制动踏板时，制动总泵产生的制动液压通过制动总泵切断电磁阀以及 ABS 执行器中的 3 位电磁阀，对车轮制动分泵起作用。当放松制动踏板时，制动液从车轮制动分泵中流回制动总泵。

（2）汽车加速过程（TRC 起作用） 如果汽车后轮在加速过程中滑转，ABS/TRC ECU 会控制发动机输出功率以及对后轮进行制动，以避免发生滑转的情况。TRC 制动执行器中所有电磁阀都在从 ECU 传来的信号的控制下全部接通。

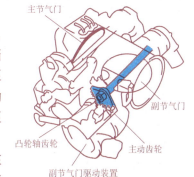

图 2-86 节气门总成

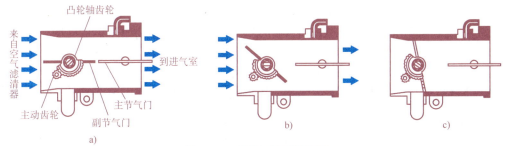

图 2-87 副节气门运转状况

a）不运转，副节气门全开 b）半运转，副节气门打开 50% c）全运转，副节气门全闭

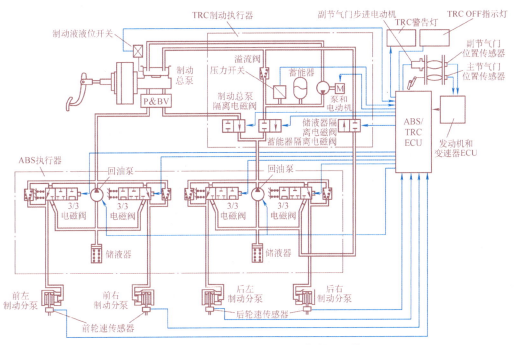

图 2-88 LS400 的 TRC 和 ABS 控制原理简图

左、右后轮制动器中的液压被分别控制为三种状态：压力升高、压力保持和压力降低。

1）压力升高。当踩下加速踏板而后轮滑转时，TRC 制动执行器中所有电磁阀都在从 ECU 传来的信号的控制下全部接通。同时，ABS 执行器的 3 位电磁阀的开关也被置于"压力升高"状态。在这种情况下，制动总泵切断电磁阀被接通（关闭状态），蓄能器切断电磁阀也被接通（开启状态）。这就使蓄能器中被加压的制动液通过蓄能器切断电磁阀和 ABS 执行器的 3 位电磁阀，对车轮制动分泵产生作用。当压力开关检测到蓄能器中压力下降（不管 TRC 运转与否）时，ECU 就控制并打开 TRC 泵来升高压力。

2）压力保持。当后轮制动分泵中的液压升高或降低到规定值时，系统就进入"压力保持"状态。这种状态的变换是由 ABS 执行器的 3 位电磁阀开关来完成的。这样就可以防止蓄能器中的压力逸出，保持车轮制动分泵中的液压。

3）压力降低。当需要降低后轮制动分泵中的液压时，ABS/TRC ECU 将 ABS 执行器的 3 位电磁阀开关置于"压力降低"状态，使车轮制动分泵中的制动液通过 ABS 执行器的 3 位电磁阀和储液器隔离电磁阀流回到制动总泵的储液罐中。其结果是制动压力降低，同时 ABS 执行器的泵电动机处于不运转状态。

雷克萨斯 LS400 轿车的 ABS/TRC 控制电路和 ECU 插接器分别如图 2-89、图 2-90 所示，ABS/TRC ECU 端子排列及名称见表 2-5。

表 2-5　雷克萨斯 LS400 轿车的 ABS/TRC ECU 端子排列及名称

端子编号	符号	端子名称	端子编号	符号	端子名称
A18-1	SMC	制动主缸切断电磁阀	7	TR_2	发动机通信
2	SRC	储液器切断电磁阀	8	WT	TRC OFF 指示器
3	R −	继电器搭铁线	9	TR_5	发动机检查警告灯
4	TSR	TRC 线圈继电器	10		
5	MR	ABS 电动机继电器	11	LBL_1	制动液位警告灯
6	SR	ABS 电磁继电器	12	CSW	TRC 关断开关
7	TMR	TRC 电动机继电器	13	VSH	副节气门位置传感器
8	TTR	TRC 节气门继电器	14	D/C	诊断
9	A	步进电动机	15		
10	$\overline{A}$	步进电动机	16	IND	TRC 指示灯
11	BM	步进电动机	A20-1	SFR	前右线圈
12	ACM	步进电动机	2	GND	搭铁
13	SFL	前左线圈	3	RL +	后左车速传感器
14	SVC	ACC 关断线圈	4	FR −	前右车速传感器
15	VC	ACC 压力开关（传感器）	5	RR +	后右车速传感器
16	AST	ABS 电磁继电器监控器	6	FL −	前左车速传感器
17	NL	空档开关	7	E_1	搭铁
18	IDL_1	主节气门怠速开关	8	MT	ABS 电动机继电器
19	PL	空档开关	9	ML −	TRC 电动机闭锁继电器
20	IDL_2	副节气门怠速开关	10	PR	ACC 压力开关（传感器）
21	MTT	TRC 泵电动机继电器监控器	11	IG	电源
22	B	步进电动机	12	SRL	后左线圈
23	$\overline{B}$	步进电动机	13	GND	搭铁
24	BCM	步进电动机	14	RL −	后左车速传感器
25	GND	搭铁	15	FR +	前右车速传感器
26	SRR	后右线圈	16	RR −	后右车速传感器
A19-1	BAT	备用电源	17	FL +	前左车速传感器
2	PKB	驻车制动器开关	18	E_2	搭铁
3	TC	诊断	19	E_1	搭铁
4	NEO	Ne 信号	20	TS	传感器检查用
5	VTH	主节气门位置传感器	21	ML +	TRC 电动机闭锁传感器
6	WA	ABS 警告灯	22	STP	停车灯开关

项目二 汽车防滑控制系统检修

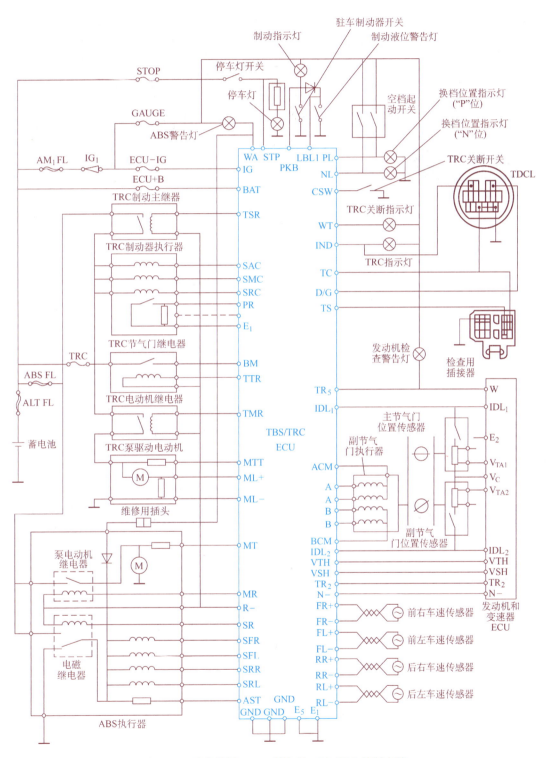

图 2-89 雷克萨斯 LS400 轿车的 ABS/TRC 控制电路

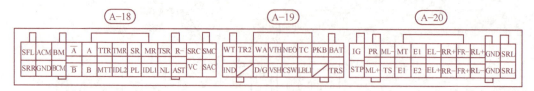

图 2-90 雷克萨斯 LS400 轿车的 ABS/TRC ECU 插接器

任务实施

一、任务实施的环境

1）拆装及检修前车辆可靠驻停。
2）正确选用拆装与检修工具。
3）相关车型维修手册。
4）发动机技术状况良好。
5）仪器操作手册。
6）注意环保及安全操作。

二、任务实施的步骤

以雷克萨斯 LS400 轿车的 ABS/TRC 为例，介绍其检修方法。

1. 系统的自检

当点火开关接通时，仪表板上的 TRC 警告灯会亮起，3s 后 TRC 警告灯熄灭。如果点火开关接通时，TRC 警告灯不亮或 3s 后不熄灭，应为不正常，需进行检查。

2. 系统故障码

TRC 故障码的内容及故障原因见表 2-6。

表 2-6 TRC 故障码的内容及故障原因

故障码	故障内容	故障原因
11	TRC 制动主继电器电路断路	主继电器触点不能闭合或接触不良；主继电器与 ECU、主继电器与制动压力调节器间、主继电器与蓄电池间的电路或接线端子接触不良或松脱；ECU 故障
12	TRC 制动主继电器电路短路	主继电器触点不能张开或线圈与电源短路；主继电器与制动压力调节器间的电路或接线端子与电源短路；ECU 故障
13	TRC 节气门继电器电路断路	节气门继电器触点不能闭合或接触不良；节气门继电器与 ECU、节气门继电器与蓄电池间的电路或接线端子接触不良或松脱；ECU 故障
14	TRC 节气门继电器电路短路	节气门继电器触点不能张开或线圈与电源短路；节气门继电器与控制电路或接线端子与电源短路；ECU 故障
15	因漏油 TRC 电动机工作时间过长	压力开关或压力传感器故障；制动压力调节器与 ECU 间电路或接线端子故障；ECU 故障
16	压力开关断路或压力传感器短路	
17	压力开关（传感器）一直关断	
19	TRC 电动机开关动作过于频繁	

项目二 汽车防滑控制系统检修

（续）

故障码	故障内容	故障原因
21	主缸关断电磁阀电路断路或短路	制动压力调节器故障；制动压力调节器与ECU间的电路或接线端子故障；制动压力调节器与主继电器间的电路或接线端子故障；ECU故障
22	蓄能器关断电磁阀电路和断路或短路	
23	储液器关断电磁阀断路或短路	
24	副节气门执行器电路断路或短路	副节气门驱动器故障；节气门体卡住；副节气门传感器故障；ECU故障
25	步进电动机达不到ECU预定的位置	
26	ECU指令副节气门全开，但是副节气门不动	
27	步机电动机断电时，副节气门仍未达到全开的位置	
44	TRC工作时，滑转信号未送入电控单元	发动机ECU故障；ECU与发动机ECU间的电路或接线端子故障；ECU故障
45	当急速开关断开时，主节气门位置传感器信号≥1.5V	主节气门位置传感器故障；ECU与发动机ECU间的电路或接线端子故障；ECU故障
46	当急速开关接通时，主节气门位置传感器信号≥4.3V或≤0.2V	
47	当急速开关断开时，副节气门位置传感器信号≥1.45V	副节气门位置传感器故障；ECU与发动机ECU间的电路或接线端子故障；ECU故障
48	当急速开关接通时，副节气门位置传感器信号≥4.3V或≤0.2V	
49	与发动机ECU信息交换电路断路或短路	ECU与发动机ECU间的电路或接线端子故障；ECU或发动机ECU故障
51	发动机控制系统有故障	
52	制动液液面过低报警开关接通	制动液泄漏；制动液面过低报警开关故障；制动液液面过低报警开关与ECU间电路接线端子故障；ECU故障
54	TRC电动机继电器电路断路	电动液压泵继电器故障；电动液压泵及继电器与ECU间的电路或接线端子故障；ECU故障
55	TRC电动机继电器短路	
56	TRC电动液压泵不能转动	电动液压泵电动机故障；液压泵电动机与搭铁或ECU间的电路或接线端子故障；ECU故障
57	TRC灯常亮	ECU故障

3. 系统的检测

（1）电源电压　在点火开关关断和接通时，BAT端子上的电压均应为10～14V；在点火开关断开时，IG端子上的电压应为0V，点火开关接通时，该端子上的电压应为10～14V。

（2）空档起动开关两端子PL、NL上的电压　PL、NL两端子上的电压在点火开关关断时，均应为0V；当点火开关接通、变速操纵杆在P位或N时均应为10～14V，其他位置时为0V。

（3）制动开关STP端子上的电压　在制动灯开关接通时，STP端子上的电压应为10～

14V；制动灯开关断开时，应为0V。

（4）制动液液面高度警告开关LBL1端子上的电压　在点火开关接通和制动液液面高度开关断开时，LBL1端子上的电压应为10~14V；液位开关接通时，应小于1V。

（5）TRC切断开关CSW端子上的电压　在点火开关接通时，按下TRC切断开关，CSW端子电压应为0V；放开TRC切断开关后，则应约为5V。

（6）TRC制动主继电器TSR端子上的电压　点火开关接通时，TSR端子上的电压应为10~14V。

（7）TRC节气门继电器BTH和TTR两端子上的电压　在点火开关接通时，BTH、TTR两端子上的电压均应为10~14V；点火开关断开时，均应为0V。

（8）TRC制动压力调节器各端子上的电压　在点火开关接通时，SMC、SAC、SRC三端子上的电压均应为10~14V；PR、VC两端子上的电压均应约为5V。

（9）与发动机和自动变速器ECU相关的端子电压

1）IDL1和IDL2两端子上的电压。在点火开关接通时，节气门关闭，IDL1和IDL2两端子上的电压应为0V；节气门开启，两端子上的电压应为5V。

2）VTH和VSH两端子上的电压。在点火开关接通、节气门关闭，VTH和VSH两端子的电压约为0.6V；节气门开启，两端子上的电压约为3.8V。

3）TR2端子上的电压。在点火开关接通时，TR2端子上的电压约为5V。

4）TR5端子上的电压。在点火开关接通和发动机检查灯打开时，TR5端子上的电压约为1.2V；若发动机运转且发动机检查灯关闭时，TR5端子上的电压约为10~14V。

5）NEO端子上的电压。在点火开关接通且发动机熄火时，NEO端子上的电压约为5V；怠速时约为2.5V。

（10）TRC关闭指示灯WT端子上的电压　在点火开关接通时，若指示灯断开，WT端子上的电压应为10~14V；若指示接通，WT端子上的电压应为0V。

（11）故障诊断插座TC、TS和D/G端子上的电压

1）TC端子上的电压。在点火开关接通时，其电压应为10~14V。

2）TS端子上的电压。在点火开关接通时，其电压应为10~14V。

3）D/G端子上的电压。在点火开关接通时，其电压应为10~14V。

三、技能训练及相关实践知识

驱动防滑控制系统（ASR）检修技能训练

【训练任务】客户所驾驶的轿车仪表板上的ASR故障灯常亮。通过了解，故障刚出现时，在行驶一段时间后ASR故障灯才会亮；使轿车熄火后再重新起动，仪表板上的ASR故障灯又会熄灭；但再行驶一段路程，ASR故障灯又会重新亮。维修人员需对驱动防滑控制系统（ASR）进行检修，并向客户解释故障产生的原因。

【训练建议】以小组形式完成。制订故障诊断与排除的基本流程，并按要求逐项填写技能训练评价表。

【评价建议】可用如下技能训练评价表对学生的操作技能进行评价。

项目二　汽车防滑控制系统检修

技能训练评价表

学生姓名				学　号			
测评日期				测评地点			
测评内容				驱动防滑控制系统（ASR）检修			
考评标准	内　容			分值/分	自　评	互　评	师　评
	系统自检方法			20			
	系统故障码含义			20			
	系统检测			60			
	合　计			100			
最终得分（自评30% + 互评30% + 师评40%）							

说明：测评满分为100分，60~74分为及格，75~84分为良好，85分及以上为优秀。不足60分的学生，需重新进行知识学习、任务训练，直到任务完成达到合格为止。

驱动防滑控制系统（ASR）的功用是防止汽车在加速过程中打滑。ASR制动压力调节器执行ASR ECU的指令，对滑转车轮施加制动力和控制制动力的大小，以使滑转车轮的滑转率在目标范围内。ASR制动压力源是蓄能器，通过电磁阀来调节驱动车轮制动压力的大小。ASR制动压力调节器的结构形式有单独方式和组合方式两种。雷克萨斯LS400轿车的ABS/TRC系统主要由车速传感器、ABS/TRC ECU、制动压力调节器、TRC隔离电磁阀总成、TRC制动供能总成、主节气门开度传感器、副节气门开度传感器、副节气门控制步进电动机等组成，其中ABS/TRC与ABS共用车轮转速传感器和ECU。

思考题

1. 试分析比较驱动防滑控制系统不同控制方式的性能特点。
2. 简述单独方式ASR制动压力调节器的工作原理。
3. 试说明副节气门执行器的结构及工作原理。
4. 简述雷克萨斯LS400轿车ABS/TRC的工作原理。

拓展提高

电子差速锁（Electronic Differential System，EDS；Electronic Differential Locking Traction Control，EDL）。它也是 ABS 的一种扩展功能，用于汽车的加速打滑控制。在汽车加速过程中，当电控单元根据轮速信号判断出某一侧驱动轮打滑时，EDS 功能就会自动开始作用，通过液压控制单元对该车轮进行适当强度的制动，从而提高另一侧驱动轮的附着利用率，以提高车辆的通过能力。当车辆的行驶状况恢复正常后，EDS 即停止作用。

同普通车辆相比，带有 EDS 的车辆可以更好地利用地面附着力，从而提高了车辆的通过性。

（1）常规制动　在常规的 ABS 基础上，EDS 需要增加两个电磁隔离阀和两个液压阀，如图 2-91 所示。在制动过程中，由制动总泵产生压力，液压阀在压力的作用下关闭，电磁隔离阀常开，制动压力通过电磁隔离阀及常开阀进入制动分泵，实施常规制动。

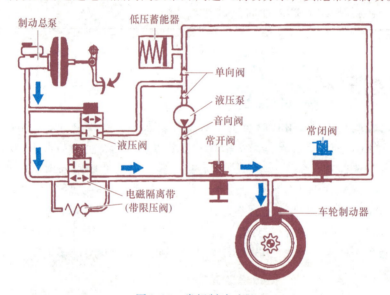

图 2-91　常规制动过程

（2）加压过程　在汽车的加速过程中，如果电控单元从轮速信号中发现某一个车轮打滑，那么它就会自动启动 EDS 功能，如图 2-92 所示。首先，给电磁隔离阀通电，轮缸与制动总泵间的液流通道被切断，液压泵开始运转，从制动总泵来的制动液经液压阀被液压泵加压后送往正在空转的车轮的制动器，对此车轮实施制动。与此同时，非驱动轮的常开阀被关闭，以避免被施加制动。

（3）保压过程　在加压过程中，如果电控单元发现打滑车轮的速度已经下降，为了防止制动压力进一步升高，液压泵被切断，同时该车轮的常开阀和常闭阀均被关闭，空转的车轮继续被制动，如图 2-93 所示。

项目二 汽车防滑控制系统检修

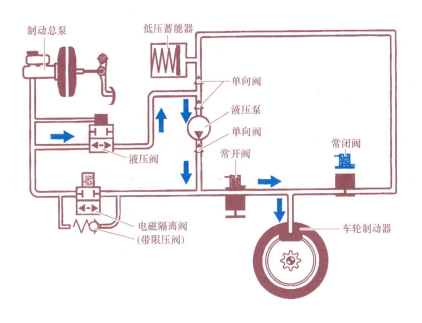

图 2-92 加压过程

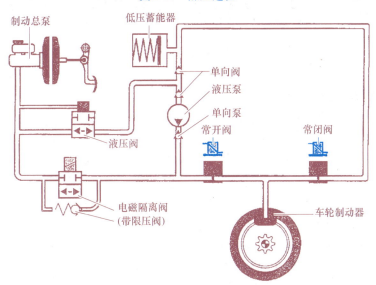

图 2-93 保压过程

(4) 减压过程 如果电控单元从轮速信号中发现车轮已不再处于空转打滑状态,则常开阀和电磁隔离阀均打开,制动液从车轮制动器回到制动总泵,制动压力被解除,EDS 功能中止,如图 2-94 所示。

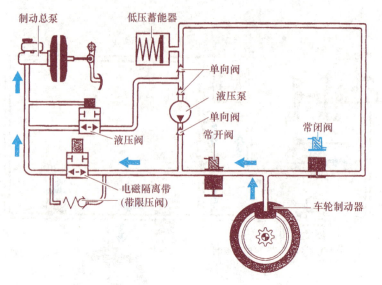

图 2-94 减压过程

任务三 电子稳定程序控制系统(ESP)检修

知识点：ESP 的理论基础；ESP 的基本原理；ITT MK60 ESP 的结构及工作原理。
能力点：ESP 检修。

任务情境

电子稳定程序控制系统（ESP）检修

客户反映，他所驾驶的轿车在行驶过程中仪表板的 ESP 警告灯间歇发亮。师傅让维修工小王对车辆进行检查，查找并排除故障。小王很快动手并完成这项任务。

任务分析

该任务是检修电子稳定程序控制系统（ESP）。完成此任务需要了解 ESP 的结构与工作原理；掌握 ITT MK60 ESP 的结构及工作原理；掌握 ESP 的检修方法。

任务实施的相关专业知识

汽车电子稳定程序控制系统（Electronic Stability Program，ESP）是改善汽车行驶性能的一种控制系统，是 ABS 和 ASR 两种系统在功能上的延伸。ESP 利用与 ABS 一起的综合控制可防止汽车在制动时车轮抱死，利用 ASR 可阻止汽车在起步时驱动轮滑转（空转）。ESP 可以选择性地控制各车轮上的制动力，防止车辆滑移，因此，ESP 是一个主动安全系统。

ESP 在不同的车型中有不同的名称，如奔驰、奥迪汽车中称其为 ESP，宝马汽车中称其为动态稳定性控制（Dynamic Stability Control，DSC），丰田、雷克萨斯汽车中称其为汽车稳定性控制系统（Vehicle Stability Control，VSC），三菱汽车中称其为主动稳定控制/主动横摆控制系统（Active Stability Control/Active Yaw Control，ASC/AYC），本田汽车中称其为车身稳定性辅助系统（Vehicle Stability Assist，VSA），而沃尔沃汽车中称其为动态循迹防滑控制系统（Dynamic Stability and Traction Control，DSTC）。

一、ESP 的理论基础

转向时汽车的操纵稳定性至关重要，汽车的侧向运动（用浮角表示）和绕汽车垂直轴的转动（即横摆速度）如图 2-95 所示。图 2-96 所示为汽车转向角一定时的汽车横向运动学（即圆周行驶）模型。图 2-96 中位置 1 是汽车突然转向，即转向盘偏转时刻。曲线 2 是汽车在坚

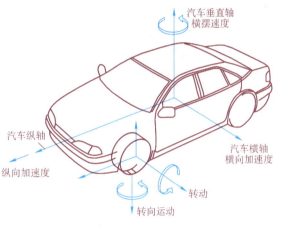

图 2-95 汽车主要运动形式

实的硬路面上行驶的车道，该车道与转向角是一致的。因为当车轮与路面间的附着系数足够大时，横向加速度力能传递到路面；而当车轮与路面间的附着系数较小（如在光滑路面）时，则浮角相当大，如曲线 3 所示。控制横摆速度将使汽车进一步绕其垂直轴转动，如曲线 2 所示，但由于浮角过大而威胁到汽车的稳定性。为此非常有必要控制汽车横摆速度并限制浮角 β 以保证车辆的行驶稳定，如图 2-96 中曲线 4 所示。

二、ESP 的基本原理

ESP 工作的基本原理是利用汽车上的制动系统使汽车能"转向"。车轮制动器原本的任务是使汽车减速或停车。在允许的物理极限范围内，ESP 通过控制车轮制动器的工作，使汽车在各种行驶状况下都能在车道内保持稳定行驶。

ESP 通过横摆角速度传感器识别车辆绕垂直于地面轴线方向的旋转角度，通过侧向加速度传感器识别车辆实际运动方向。例如：当 ESP 判定为出现不足转向时，将制动内侧后轮，使车辆进一步沿驾驶人转弯方向偏转，从而稳定车辆（图 2-97）；当 ESP 判定为出现过度转向时，将制动外侧前轮，防止出现甩尾，并减弱过度转向趋势，稳定车辆（图 2-98）。

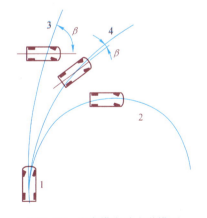

图 2-96 汽车横向动力学模型
1—转向角一定时的突然转向 2—在坚实硬路面上的行驶车道 3—在光滑路面上控制横摆速度时的行驶车道 4—在光滑路面上控制横摆速度和浮角 β 时的行驶车道

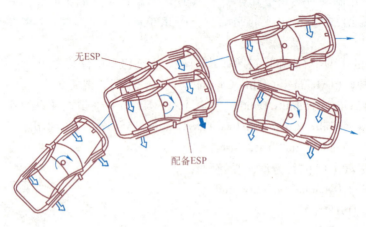

图 2-97　不足转向

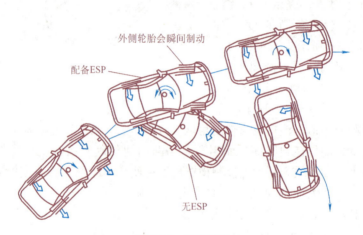

图 2-98　过度转向

三、MK60 ESP

1. MK60 ESP 的组成及工作原理

(1) MK60 ESP 的基本组成　MK60 ESP 主要由传感器信号部件、电控单元和执行部件三部分组成，如图 2-99 所示。

(2) MK60 ESP 的工作原理　ESP 的工作原理如图 2-100 所示。轮速传感器不断提供每个车轮的转速数据。转向盘转角传感器将它得到的数据直接通过 CAN 总线传给电控单元。电控单元根据这两种信息计算出车辆所需的转向和行驶状态。

横向加速度传感器向电控单元传送侧向的偏转信息，横摆率传感器则传送车辆的离心趋势，电控单元根据上述两种信息计算出车辆实际状态。若计算得出的所需值和实际有偏差，控制系统进行调节。

ESP 先行判断：哪个轮子应制动或加速；发动机转矩是否该减小；在备配自动变速器的车辆上是否需要使用变速器 ECU，并做出相应控制。然后根据传感器传输的数据检查调节器作用是否有成效。如果有成效，则ESP停止工作，并继续观察车辆的运行状态；如果没有成效，则调节系统重新工作。调节系统工作时，ESP指示灯亮，提示驾驶人注意。

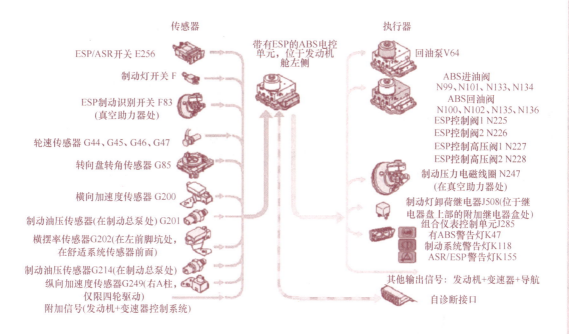

图2-99　MK60 ESP的组成

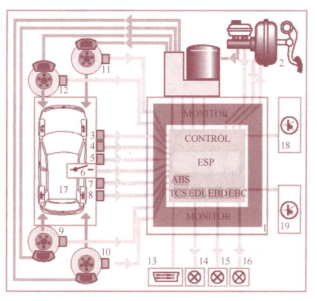

1：ABS电控单元(带有EDL/ASR/ESP)
2：主动式真空助力器(带有制动压力传感器以及压力释放开关)
3：纵向加速传感器(仅限于四驱)
4：横向加速度传感器
5：横摆率传感器
6：ESP/ASR开关
7：转向盘转角传感器
8：制动灯开关
9~12：轮速传感器
13：自诊断接口
14：制动系统警告灯
15：ABS警告灯
16：ASR/ESP警告灯
17：驾驶人意图与车辆的行驶状态
18：进行发动机控制系统干预
19：进行变速器控制系统干预(仅限于自动变速器)

图2-100　MK60 ESP的工作原理

2. 主要部件的构造及工作原理

（1）电控单元 J104 带 EBD/ASR/ESP 的 ABS 电控单元 J104 和液压调节单元合并成一个标准组件，如图 2-101 所示。

电控单元具有如下功能：进行 ABS/EBD/ASR/ESP 的功能控制；连续监控所有的电器部件；进行故障自诊断。

打开点火开关后，电控单元将执行自诊断，所有的电器连接都将被连续监控，并周期性检查电磁阀功能。

（2）轮速传感器 G44、G45、G46、G47 MK60 ESP 采用的是霍尔主动式轮速传感器，其测量元件是带有 3 个霍尔元件的霍尔传感器，如图 2-102 所示。

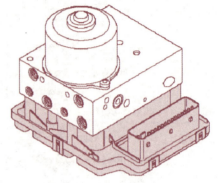

图 2-101　电控单元 J104

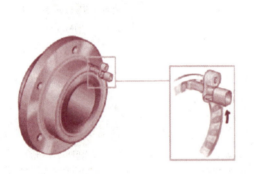 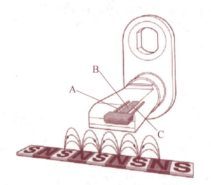

图 2-102　霍尔主动式轮速传感器
A、B、C—霍尔元件

霍尔主动式轮速传感器原理如图 2-103 所示。三组霍尔元件装配位置符合一定的关系，A 和 C 的间距只差一个磁极，B 的位置位于 A 与 C 的正中间。A 与 C 的霍尔电压的波形相位差为 180°，B 的相位与 A、C 相差 90°。图 2-103a 所示为采集所得的 A 和 C 的信号，以及它们的差分信号。图 2-103b 所示为信号 B 与 A 和 C 的差分信号，用来确定车轮的旋转方向，当 A 和 C 的差分信号通过零点时，如果信号 B 此时位于负位的最大值，就表明车轮沿逆时针方向旋转。反之，车轮沿顺时针方向旋转。

（3）转向盘转角传感器 G85 转向盘转角传感器 G85 安装在转向柱上，位于转向开关与转向盘之间，与安全气囊弹簧线圈集成为一体，如图 2-104 所示。

转向盘转角传感器的功能是将驾驶人转动转向盘的转角（顺时针/逆时针方向）向带有 EBD/ASR/ESP 的 ABS 电控单元传递。测量范围为 ±720°，共计 4 圈；测量精度为 1.5°；分辨速度为（1°~2000°）/s。

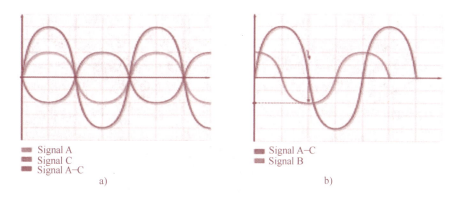

图 2-103 霍尔主动式轮速传感器原理

a) A 和 C 的信号以及 A 和 C 的差分信号　b) 信号 B 与 A 和 C 的差分信号

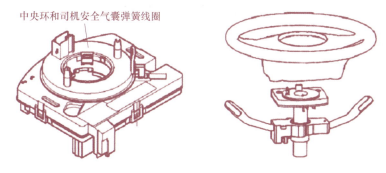

图 2-104 转向盘转角传感器

转向盘转角传感器 G85 是 ESP 中唯一一个直接连接 CAN 总线并向电控单元传递信号的传感器。打开点火开关后，转向盘被转动 4.5°（相当于 1.5cm），传感器进行初始化。

转向盘转角传感器失效后，系统将不能识别车辆的预期行驶方向（驾驶人意愿），导致 ESP 不起作用。

转向盘转角传感器的基本组成包括发光元件 a、编码盘 b、光学传感器 c、光学传感器 d 和整圈计数器 e（图 2-105a）。其中编码盘 b 由内侧的等距孔环和外侧的非等距孔环组成。为便于解释，对图 2-105a 进行简化得到图 2-105b。编码盘中的等距孔环由等距孔板 1 代替，非等距孔环由非等距孔板 2 代替，中间发光元件由光源 3 代替，4 和 5 为光学传感器。

转向盘转角传感器的工作原理如图 2-106 所示。当光线照射到光学传感器上时，产生电压信号；而光线被模板遮挡无法照射到光学传感器上时，不会产生电压信号。由于等距孔板 1 是等距的，所以光学传感器 4 上产生的电压信号是规则的；而非等距孔板 2 是非等距的，所以光学传感器 5 上产生的信号不是规则的，通过比较这两个信号，系统可以得知孔板移动的距离，从而获得转向盘转动的角度。

（4）横向加速度传感器 G200　横向加速度传感器的外形如图 2-107 所示。

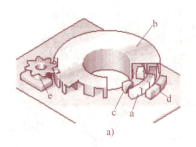
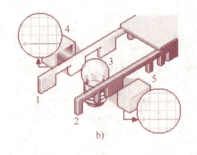

图2-105　转向盘转角传感器的基本组成
1—等距孔板　2—非等距孔板　3—光源　4、5—光学传感器
a—发光元件　b—编码盘　c、d—光学传感器　e—整圈计数器

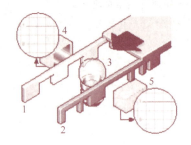
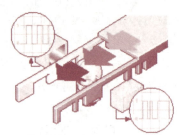

图2-106　转向盘转角传感器的工作原理（图注参照图2-105）

横向加速度传感器用来确定车辆偏离预定方向的侧向力及其大小，帮助ESP估算出在实际道路情况下，车辆应做何种运动才能保持稳定。

横向加速度传感器的工作原理如图2-108所示。横向加速度传感器是根据电容的工作原理来设计的，故可将此传感器看作是两个电容的串联，中间的极板在外力的作用下可以移动。两个电容都有各自的容量，都能够存储一定量的电荷。如果没有侧向力作用在中间极板上，则两电容间隙保持恒定，电容相等。如果中间的极板在侧向力的作用下发生移动时，两侧极板的间距会产生变化，则两侧的电容量值也随之发生变化（其中一个电容间隙增加，另一个减小），根据电容量值的变化可以计算侧向加速度的大小和方向。

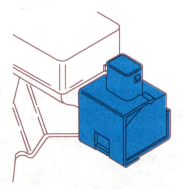

图2-107　横向加速度传感器的外形

（5）横摆率传感器G202　横摆率传感器的外形如图2-109所示。横摆率传感器用来确定车辆是否受到旋转力矩的作用。根据横摆率传感器的安装位置可以检测物体绕空间某个轴的旋转。在ESP中，它用来确定车辆是否绕着垂直轴旋转，即横摆率。

横摆率传感器的工作原理如图2-110所示。将一个震荡交流电施加到谐振叉上，上、下谐振叉的谐振频率已预先设好，上谐振叉（激励叉）的谐振频率为11kHz，下谐振叉（测

项目二 汽车防滑控制系统检修

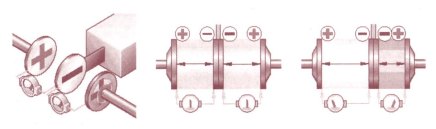

图2-108 横向加速度传感器的工作原理

量叉）的谐振频率为11.33kHz，调节交流振荡频率为11kHz，使上叉产生共振，而下谐振叉不发生共振。在施加外力的情况下，共振的上谐振叉对外力的反应要远比不共振的下谐振叉的反应慢得多。这样，角加速度（惯性转矩）会使下谐振叉随汽车的转动而发生扭转，而产生共振的上谐振叉将迟滞于这种运动。这种扭转改变了电量的分布，通过电极可以测得相应的变化量，并经过传感器转化，以信号的形式送给电控单元。

（6）纵向加速度传感器G249 纵向加速度传感器（图2-111）位于右侧A柱处，并且仅应用于四轮驱动的汽车上。

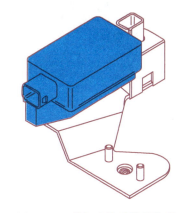

图2-109 横摆率传感器的外形

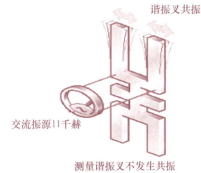

图2-110 横摆率传感器的工作原理

在单轴（前轴）驱动的汽车上，纵向加速度通过制动油压传感器值，车轮传感器信号以及发动机管理系统的信息来确定。在四轮驱动的车上，由于前、后轴是通过瀚德液压离合器来接合的，所以，单纯以各自的车轮转速来衡量车速会出现很不准确的现象，尤其是在摩擦因数低的路段，因而采用纵向加速度传感器来确定准确的车速。

（7）制动压力传感器G201/G214 制动压力传感器的外形如图2-112所示。两个压力传感器都与制动串联主缸相连。为确保最大的安全性，该传感器系

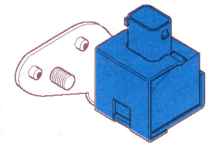

图2-111 纵向加速度传感器

175

采用了冗余设计，即一个传感器失效后，另外一个传感器可以取代其进行信号传递。

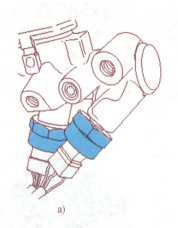
a)

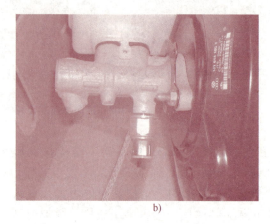
b)

图 2-112 制动压力传感器的外形

制动压力传感器用来实时监控制动压力，以计算施加到整车上的制动力和附加纵向力。当 ESP 进行工作时，通过纵向力计算出横向力。

制动压力传感器的工作原理如图 2-113 所示，两个传感器都是电容型传感器。为便于解释，用传感器 a 内部的一个平板电容器来进行说明，制动液的压力就作用在这个传感器上。由于两块板之间存在一定距离 s，电容器拥有一定电容 C，即它可容纳一定量的电荷。电容器一个电极被固定，另一个可在制动液压力作用下移动。当压力作用在可移动电极上时，两极间间隙 s 变小，电容增大。压力降低时，电极间隙增大，电容减小。因此，通过电容变化可以指示出压力的变化。

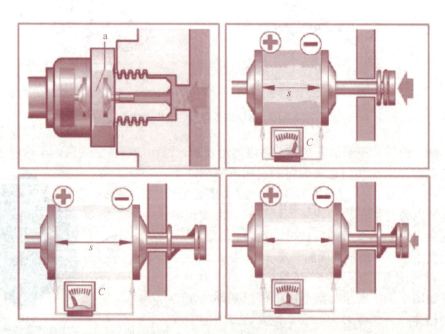

图 2-113 制动压力传感器的工作原理

（8）ESP/ASR 开关 E256　如果驾驶人想要关闭 ESP/ASR 开关（图 2-114），按动该按钮，同时 ESP 警告灯亮起。如果想激活 ESP/ASR 功能，再次按动该按钮。如果驾驶人在停车之前忘记激活 ESP/ASR 功能，那么在汽车再次起动后，ESP 电控单元将自动激活该功能。

在下列情况下，有必要关闭 ESP：

1）在积雪路面或松软路面上，让车轮自由转动，前后移动车辆。
2）安装了防滑链的车辆。
3）在测功机上检测车辆。

（9）串联主缸式制动助力装置　串联主缸式制动助力装置如图 2-115 所示。真空助力器由经过改进的制动串联主缸 a 和制动助力部分 b 组成。制动助力部分分为真空单元 c 和压力部分 d，这两部分通过一个膜片隔开，此外还有一个活塞阀和电磁单元 e。活塞阀和电磁单元包括 ESP 制动识别开关 F83、制动压力电磁线圈 N247 及多种气道阀。

ESP 制动识别开关是一种断开式开关，同时也是一种双向开关，如图 2-116 所示。如果制动踏板没有被踩下，中部活塞触点同信号触点 1 相连。如果制动踏板被踩下，则内部信号触点 2 被接通。由于开关是断开式开关，触点处于结合状态，因此，开关产生的信号可以被清楚地识别。基于这种特性，ESP 制动识别开关的可靠性也是很高的。

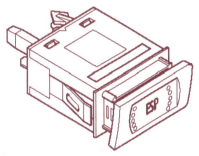

图 2-114　ESP/ASR 开关

活塞阀和电磁单元的结构及工作原理如图 2-117 所示。即使驾驶人没有踩下制动踏板，活塞阀和电磁单元也会产生 1MPa 的预压力以满足回油泵进油管的压力需要。如果系统识别出 ESP 要开始工作，而驾驶人还没有踩下制动踏板，则控制单元将会激活电磁单元以获取制动压力。

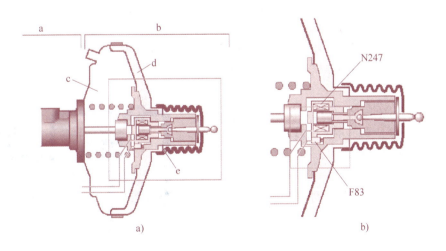

图 2-115　串联主缸式制动助力装置

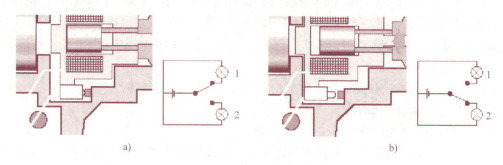

图 2-116　ESP 制动识别开关
a）信号触点 1 接通　b）信号触点 2 接通

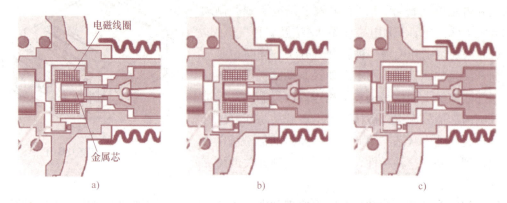

图 2-117　活塞阀和电磁单元的结构及工作原理

电磁线圈通电后产生磁场，在磁力的作用下，金属芯产生移动并开启活塞阀，这样 1MPa 的预压力由于有足够的空气流入而被建立起来，这些空气之后会流入到真空助力器中。如果超出了规定预压力的设定值，那么电磁线圈的电流将会被降低，金属芯被拉回，预压力降低。在 ESP 工作循环完成后，或者驾驶人踩下制动踏板后，控制单元将电磁单元切断。

（10）液压调节单元　液压调节单元有两条对角线分布的制动回路。与先前的 ABS 液压调节单元不同，现在的液压调节单元在每条回路中增加了高压阀和控制阀，回油泵也变为了自吸式的回油泵。

以制动回路中的一个车轮为例进行说明。如图 2-118 所示，液压调节单元的基本部件包括 ESP 控制阀 1 N225（a）、ESP 动态控制高压阀 1 N227（b）、进油阀（c）、回油阀（d）、车轮制动轮缸（e）、回油泵（f）、主动制动助力部分（g）、低压蓄能器（h）。

液压调节单元的工作过程如图 2-119 所示，具体工作过程如下：

1）增压过程。真空助力器建立起的预压力使回油泵带动油流，这时控制阀 1 N225 关闭，高压

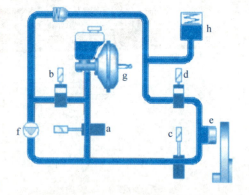

图 2-118　液压调节单元结构

阀 1 N227 打开。进油阀保持开启状态，直到制动压力达到一定的程度。

2）保压过程。所有的控制阀都将处于关闭状态。

3）减压过程。回油阀开启，控制阀 1 N225 的开启与关闭由油压确定，高压阀 1 N227 和进油阀关闭。制动液通过控制阀 1 N225 和制动主缸流回到制动液罐。

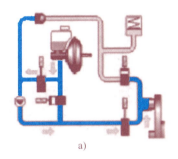
a)
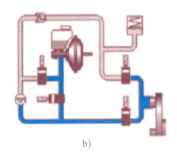
b)
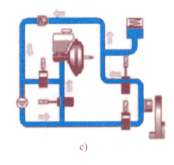
c)

图 2-119 液压调节单元的工作过程
a）增压过程　b）保压过程　c）减压过程

（11）系统电路图　MK60 ESP 电路如图 2-120 所示。

任务实施

一、任务实施的环境

1）拆装及检修前车辆可靠驻停。
2）正确选用拆装与检修工具。
3）相关车型维修手册。
4）发动机技术状况良好。
5）仪器操作手册。
6）注意环保及安全操作。

二、任务实施的步骤

ESP 中，可用的自诊断功能包括：00、01、02、03、04、05、06、08、11。

如果更换了转向盘转角传感器 G85、电控单元 J104 或者车辆的电压值不正常，传感器的标定值会丢失，即电控单元无法正常识别传感器的数据起始点和变化规律，所以需重新进行初始化标定（即传感器学习转向盘正前方位置）。若转向盘转角传感器 G85 底部检查孔内的黄点清晰可见，则表明传感器在零点位置。如果更换了制动压力传感器、横向/纵向加速度传感器，也需要做调整工作。偏航传感器自动校准。

04 功能"基本设定"中的通道号有：60—转向盘转角传感器零点调整、63—横向加速度传感器零点调整、66—制动压力传感器零点调整、69—纵向加速度传感器零点调整（四轮驱动）。

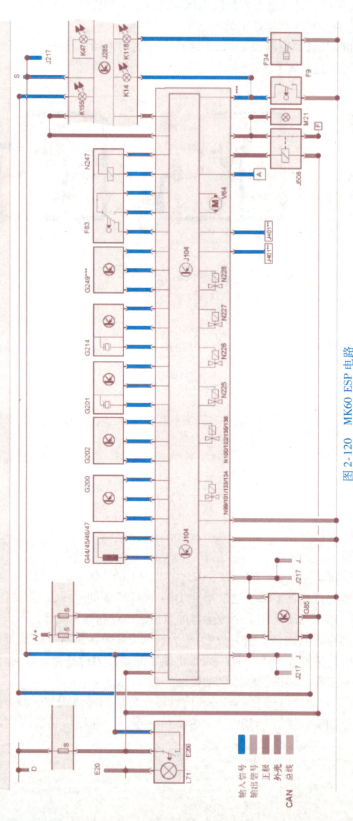

图 2-120 MK60 ESP 电路

项目二 汽车防滑控制系统检修

1. 转向盘转角传感器 G85 零点平衡

转向盘转角传感器 G85 初始化标定的方法有道路试验和利用诊断仪 VAS5051 两种。

进行道路试验时，通过短距离行驶，传感器 G85 会根据转速传感器信息重新初始化。

利用诊断仪 VAS5051 进行初始化标定的方法和步骤如下。

1）连接 VAG1551 或 VAS5051 进入 03 地址。

2）选择登录功能 11，按"Q"键确认，输入登录密码"40168"，按"Q"键确认（做多项调整时，只需登录 1 次）。

3）起动车辆，在平坦路面试车，以不超过 20km/h 的车速行驶。

4）如果转向盘在正中位置（若不在正中位置，需调整），停车即可，不要再调整转向盘，不要关闭点火开关。

5）选择读取数据流功能 08，输入"004"通道，观察第一显示区数值是否为 -4.5~5。

6）选择基本设定功能 04，按"Q"键确认，再输入组别号"001"，ABS 故障警告灯闪亮。

7）选择退出功能 06，按"Q"键确认，ABS 和 ASR/ESP 警告灯亮约 2s。

8）结束。

2. 横向加速度传感器 G200 零点平衡

1）将车辆停在水平路面上。

2）连接 VAG1551 或 VAS5051 进入 03 地址。

3）选择登录功能 11，按"Q"键确认，输入登录密码"40168"，按"Q"键确认。

4）选择基本设定功能 04，按"Q"键确认，输入组别号"063"，按"Q"键确认，ABS 故障警告灯闪亮。

5）选择退出功能 06，按"Q"键确认，ABS 和 ASR/ESP 警告灯亮约 2s。

6）结束。

若显示该功能不能执行，说明登录有误。若显示基本设定关闭，说明超出零点平衡允许公差。可读取 08 数据块（004 通道第二显示区静止时 ±1.5；转向盘至止点，以 20km/h 的车速左/右转弯，测量值应均匀上升）及故障记忆，然后重新进行。

3. 制动压力传感器 G201 零点平衡

1）不要踩制动踏板。连接 VAG1551 或 VAS5051 进入 03 地址。

2）选择读取数据流功能 08，输入"005"通道，检查第一显示区数值是否为 ±7bar（$1bar = 10^5 Pa$）。

3）选择登录功能 11，按"Q"键确认，输入登录密码"40168"，按"Q"键确认。

4）选择基本设定功能 04，按"Q"键确认，输入组别号"066"，按"Q"键确认，ABS 故障警告灯闪亮。

5）选择退出功能 06，按"Q"键确认，ABS 和 ESP 警告灯亮约 2s。

若显示该功能不能执行，说明登录有误。若显示基本设定关闭，说明超出零点平衡允许公差。可读取 08 数据块（005 通道）及故障记忆，然后重新进行设定。

4. ESP 启动检测

ESP 启动检测用于检查系统各传感器信号的可靠性（G200，G202，G201）。拆卸或更换 ESP 部件后，必须进行 ESP 检测。对 ESP 的检测一旦开始，就不能中止，必须全部进行完毕。测试过程如下。

1) 连接 VAG1551 或 VAS5051，打开点火开关，进入 03（ABS）地址。

2) 选择基本设定功能 04，选择 093 通道，按"Q"键确认，显示屏显示"on"，ABS 故障警告灯亮。

3) 拔下自诊断插头，起动发动机。

4) 用力踩下制动踏板（制动力应大于 35bar），直到 ASR/ESP 警告灯 K155 闪亮。

5) 以 15～30km/h 的速度试车，时间不超过 50s，转弯并保证转向盘转角大于 90°。行车时应保证 ABS、EDS、ASR、ESP 不起作用。

测试结束后，ABS 故障警告灯和 ASR/ESP 警告灯熄灭，则 ESP 检测顺利完成，系统正常。若 ABS 灯不灭，说明 ESP 检测未顺利完成；若 ABS 灯不灭且 ESP 灯亮起，则需查询故障存储器，然后进行测试。

三、技能训练及相关实践知识

电子稳定程序控制系统（ESP）检修技能训练

【训练任务】客户所驾驶的轿车为新车，客户刚接车不久，就出现 ESP 警告灯间歇亮的情况，而且车辆有时在运行中会突然熄火，但立即起动又会着车，故障发生没有规律性。维修人员需对电子稳定程序控制系统（ESP）进行检修，并向客户解释故障产生的原因。

【训练建议】以小组形式完成。制订故障诊断与排除的基本流程，并按要求逐项填写技能训练评价表。

【评价建议】可用如下技能训练评价表对学生的操作技能进行评价。

技能训练评价表

学生姓名			学　号			
测评日期			测评地点			
测评内容			电子稳定程序控制系统（ESP）检修			
考评标准	内　　容		分值/分	自　评	互　评	师　评
	系统自检方法		20			
	系统故障码含义		20			
	系统检测		60			
	合　　计		100			
最终得分（自评 30% + 互评 30% + 师评 40%）						

说明：测评满分为 100 分，60～74 分为及格，75～84 分为良好，85 分及以上为优秀。不足 60 分的学生，需重新进行知识学习、任务训练，直到任务完成达到合格为止。

项目二 汽车防滑控制系统检修

汽车电子稳定程序控制系统（Electronic Stability Program，ESP）是改善汽车行驶性能的一种控制系统，是 ABS 和 ASR 两种系统在功能上的延伸。ITT MK60 ESP 主要由传感器信号部件、电控单元和执行部件三部分组成。转向盘转角传感器 G85 安装在转向柱上，位于转向开关与转向盘之间，转向盘转角传感器 G85 是 ESP 中唯一一个直接连接 CAN 总线并向 ESP 电控单元传递信号的传感器。横向加速度传感器用来确定车辆偏离预定方向的侧向力及其大小。横摆率传感器用来确定车辆是否绕着垂直轴旋转，即横摆率。

思考题

1. 试说明 ESP 是如何防止不足转向和过度转向的。
2. ITT MK60 ESP 的传感器有哪些？各有什么功用？
3. 简述 ITT MK60 ESP 液压调节单元的工作过程。

集成动态稳定控制系统

集成动态稳定控制系统是在传统动态行驶稳定控制系统上的进一步发展，其技术特点是将驾驶人与车轮制动器的制动液压系统分开。具有这种特点的制动系统也被称为电动液压式线控制动器，其结构如图 2-121 所示。

线控制动指的是操纵装置和传动装置彼此分离的制动系统。这样驾驶人的制动操作与汽车的液压制动回路之间没有直接联系。这种技术的一个优点在于，可以在制动系统中的制动踏板上增加或减少适当的液压压力而不会产生明显的反作用。同时可以使制动系统组件明显减少，其与传统制动系统的对比如图 2-122 所示，这种结构将会是未来车辆制动系统的新趋势。

1. 集成动态稳定控制系统的组成

由于集成动态稳定控制系统是一种分离式制动系统，因此必须检测到制动请求，并根据驾驶人的要求，结合相应的行驶动力学参数，从外部动力源中生成出制动力。这需要传感器和执行机构方面的配合。

（1）制动液液位传感器　为了保障集成动态稳定控制系统的安全运行，需要保证补液罐中制动液的最小体积。因此，集成动态稳定控制系统通过制动液液位传感器持续监测制动液液位，确保其高于最低液位，制动液液位传感器的结构如图 2-123 所示。传感器使用一个

图 2-121 集成动态稳定控制系统

1—带有球头的制动连杆 2—补液罐 3—制动液液位传感器 4—供电插头插口 5—车载电网插头插口 6—集成动态稳定控制系统电控单元 7—集成动态稳定控制系统液压单元 8—制动踏板力模拟器 9—线性执行器电动机 10—集成动态稳定控制系统单元

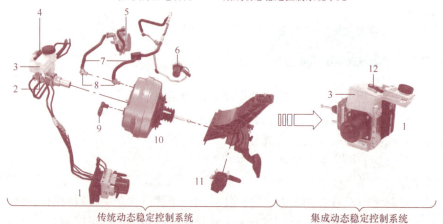

传统动态稳定控制系统　　　　集成动态稳定控制系统

图 2-122 传统制动器和集成制动器的对比

1—动态稳定控制单元 2—串联制动主缸 3—补液罐 4—制动液液位开关 5—机械式真空泵 6—电动真空泵 7—真空管路 8—单向阀 9—制动真空压力传感器 10—制动助力器 11—制动踏板行程传感器 12—制动液液位传感器

具有环形磁铁和 4 个霍尔传感器的浮标,可以检测并识别过低的制动液液位。如果制动液液位降低到霍尔元件 1 和 2 的水平,则激活警告等级 1,提示制动器故障,请小心停车,不要继续行驶。如果制动液液位降低到霍尔元件 3 和 4 的水平,则激活警告等级 2,将会启用后备制动模式。

如果补液罐中的制动液液位过低,则存在空气被吸入线性执行器压力缸的风险,则必须立即补充制动液。此外，如果出现异常，必须对整个制动液压系统的密封性进行检查。若不遵守要求可能导致制动系统失灵。

（2）制动踏板力模拟器 制动踏板力模拟器配有弹簧和弹性体，可模拟驾驶人施加的脚踏力的反作用力，其结构如图2-124所示。

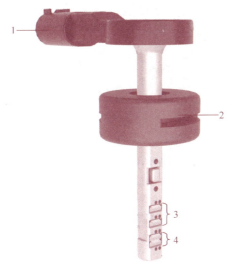

图2-123 制动液液位传感器的结构
1—插接器 2—带环形磁铁的浮标 3—警告等级1（霍尔元件1、2） 4—警告等级2（霍尔元件3、4）

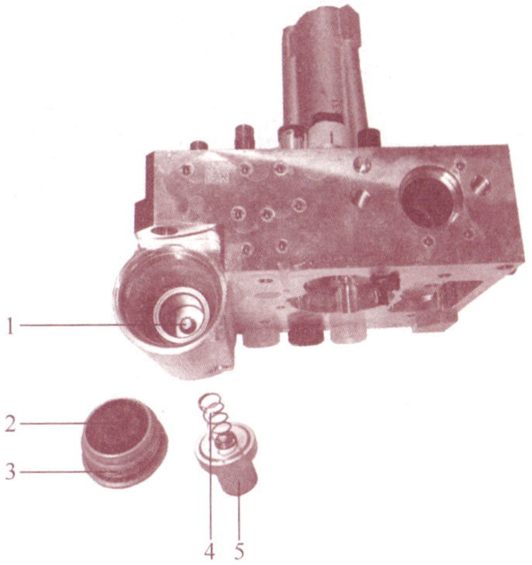

图2-124 集成动态稳定控制系统制动器的制动踏板力模拟器的结构
1—气缸体 2—弹性体 3—密封塞 4—弹簧 5—连接件

（3）液压单元 液压单元是集成动态稳定控制系统的执行机构，负责建立制动系统所需的制动压力，包括电动机、线性执行器、电磁阀等，其结构及液压线路图如图2-125～图2-127所示。

图2-125 带电动机的集成动态稳定控制系统液压单元的结构
1—线性执行器电动机 2、6—电动机位置传感器 3—线性执行器
4—液压管路的接口 5—制动踏板力模拟器 7—压力缸 8—三相电动机

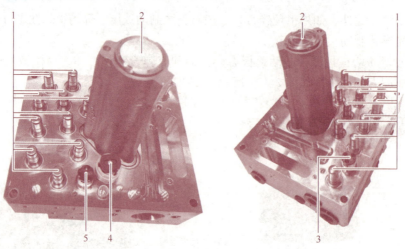

图 2-126 集成动态稳定控制系统液压单元的结构
1—电磁阀 2—线性执行器压力缸 3—制动压力传感器模拟器电路
4—电动机位置传感器 5—制动压力传感器工作电路

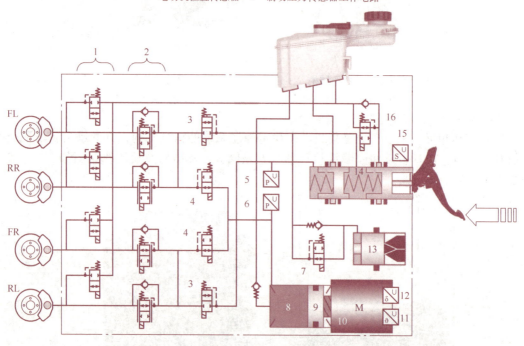

图 2-127 集成动态稳定控制系统液压单元液压线路图
RR—右后 RL—左后 FL—左前 FR—右前
1—减压阀 2—压力保持阀 3—驾驶人分离阀 4—线性执行器转换阀 5—制动压力传感器模拟器电路
6—制动压力传感器工作电路 7—模拟器阀 8—线性执行器压力缸 9—线性执行器 10—线性执行器电动机
11—电动机位置传感器 12—线性行程传感器 13—制动踏板力模拟器 14—串联制动主缸
15—制动踏板行程传感器 16—诊断阀

当电动机启动时,液压单元压力缸中的线性执行器移动,线性执行器具有相对较高的传动比,可以实现高达 20MPa 左右的液压制动压力。与 DSC 回流泵相比,这种过程是没有脉动的。因此,在集成动态稳定控制系统液压单元中不需要减振元件来抚平压力峰值。

为了控制电动机，可以通过位置传感器对转子的精确位置进行监测，并将信息传递给电控单元。集成动态稳定控制系统液压单元不能单独更换，如果某个部件出现损坏，必须更换完整的集成动态稳定控制系统单元。

（4）控制单元　集成动态稳定控制系统控制单元结构如图2-128所示，控制单元具有两个独立的插接器，一个插接器为集成动态稳定控制系统控制单元提供必要的工作电压并将其与车载网络相连接。另一个插接器为线性执行器提供电压。电动液压式线控制动模式中的线性执行器具有非常高的能量需求，需要高达80A的工作电流，集成动态稳定控制系统控制单元内部的逆变器控制线性执行器的电动机。集成动态稳定控制系统控制单元不能在维护中单独更换，如果出现损坏，必须更换完整的控制单元。

2. 集成动态稳定控制系统的工作过程

（1）行驶前检查工作过程　当车辆起动开关接通后，集成动态稳定控制系统进入行驶前检查过程，此时驾驶人分离阀保持开启，诊断阀关闭，以防制动液回流到补液罐中，如图2-129所示。线性执行器开

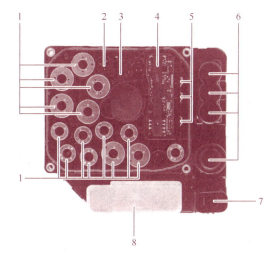

图2-128　集成动态稳定控制系统控制单元的结构

1—电磁阀的线圈　2—制动压力传感器插口
3—电动机位置传感器　4—线性行程传感器
5—电动机的插口　6—带电容器盒的逆变器
7—供电插接器　8—车载网络插接器

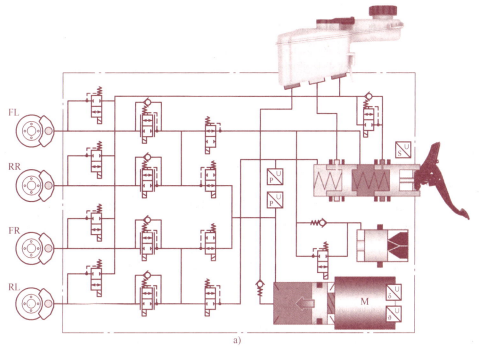

a)

图2-129　集成动态稳定控制系统行驶前检查工作过程

a）行驶前检查工作过程（一）

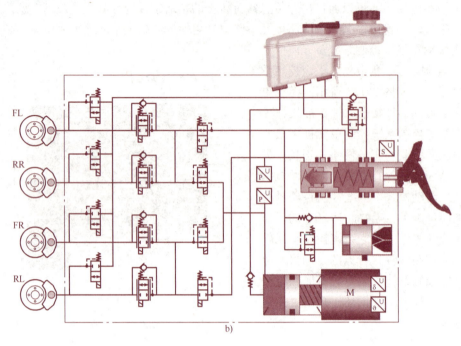

图 2-129 集成动态稳定控制系统行驶前检查工作过程（续）
b）行驶前检查工作过程（二）

始轻微的压力建立过程，由于压力增加，串联制动主缸中的中间活塞向左移动，同时检查制动压力传感器和线性行程传感器的可信度。之后模拟器阀开启，制动踏板力模拟器方向上的压力降低，此时，将检查不同传感器信号的可信度。在测试阶段，压力保持阀持续关闭，这样便没有液压制动压力作用于车轮制动器。

（2）线控制动模式工作过程　当驾驶人在线控制动模式中踩下制动踏板，则通过制动踏板行程传感器检测出制动请求。此时驾驶人分离阀关闭，模拟器阀和线性执行器转换阀打开，从而切换到线控制动模式，如图 2-130 所示。

驾驶人分离阀可以防止在此过程中产生的液压压力作用于车轮制动器的方向。相反，液压压力通过开启的模拟器阀到达制动踏板力模拟器。制动踏板力模拟器内部的弹性体产生常规的反作用力。

制动踏板行程传感器的信号由电控单元进行处理，并依据驾驶人的制动请求激活线性执行器。由此产生的制动压力通过已开启的线性执行器转换阀传递至车轮制动器的方向。

在压力控制阶段，位于压力室中的制动液液体通过压力保持阀和减压阀向补液罐方向移动。为了保持必要的制动压力，线性执行器将继续移动至压力室。如果压力控制阶段非常长，将导致线性执行器延伸至最大极限位置。为了在这些情况下继续提供足够的制动压力，线性执行器移回到缩回位置，并从补液罐中吸入新的制动液。由此获得的制动液液体将再次被用于建立压力。这个过程在几毫秒内完成，驾驶人是察觉不到的。

在集成动态稳定控制系统制动器中，由于驾驶人与制动器分离，压力控制阶段出现的制动踏板上的脉动不像传统制动系统中那么明显。

（3）后备模式工作过程　如果集成动态稳定控制系统监控到信号不可靠，将会激活后备模式。此时线性执行器转换阀关闭，驾驶人分离阀开启，如图 2-131 所示。此外，通过关闭模拟器

项目二 汽车防滑控制系统检修

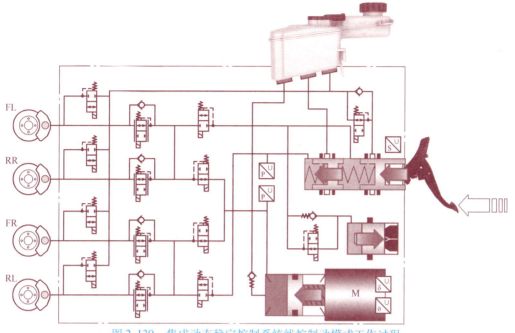

图 2-130 集成动态稳定控制系统线控制动模式工作过程

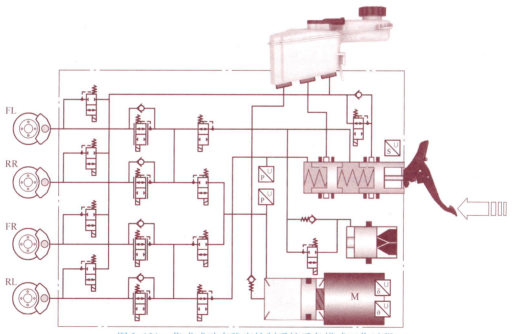

图 2-131 集成式动态稳定控制系统后备模式工作过程

阀还将停用制动踏板力模拟器的功能。模拟器电路此时主动用于制动，从而变成工作电路。

在后备模式中，由于缺少外部动力源，制动功率达不到线控制动模式下的制动水平。通过调整制动踏板轴承支座上杠杆行程的传动比，并主动激活后桥上电动机械式停车制动器的执行机构，将略微增强驾驶人的脚力。为了避免由于后轮制动过度而引起危险的行驶状况，在后备模式下的制动过程中，电动机械式停车制动器的执行机构将被持续地进行滑动控制。

(4)动态紧急制动 如果在行驶期间超过规定车速时操作停车制动按钮,集成动态稳定控制系统将启动动态紧急制动。通过激活线性执行器和各种电磁阀,所有4个车轮制动器上都会产生压力,如图2-132所示。借助4个车轮转速传感器来监控打滑限值,从而确保车辆稳定减速直至停止。一旦车辆停止,电动机械式停车制动器的两个执行机构就被激活。如果超过限值从而引发不稳定的行驶状况,则电动机械式停车制动器的执行机构将被松开,直至后桥上的车轮打滑再次处于稳定的行驶值以内。

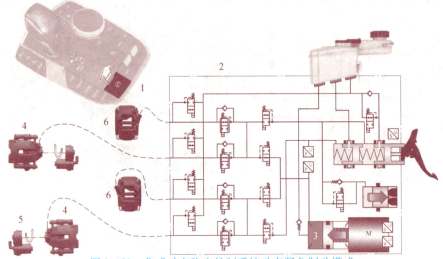

图2-132 集成动态稳定控制系统动态紧急制动模式

1—自动驻车按钮 2—集成式动态稳定控制系统单元 3—线性执行器 4—后侧制动钳
5—左后电动机械式停车制动器执行机构 6—右后电动机械式停车制动器执行机构

在车辆静止时操作停车制动按钮启用后侧制动钳上电动机械式停车制动器的同时还可以在4个车轮制动器上建立液压压力。这样可以达到更高的驻车制动力,并且降低电动机械式停车制动器组件的机械负载。

素养提升

紧跟科技创新趋势、做时代的技术先锋

如今的中国正在从大国向强国转变,要实现科技强国,提升科技创新能力非常重要。新一轮科技革命和产业变革正在重塑全球经济结构,科学技术从来没有像今天这样深刻影响着国家前途命运,从来没有像今天这样深刻影响着人民生活福祉。

党的二十大报告指出:"加快建设国家战略人才力量,努力培养造就更多大师、战略科学家、一流科技领军人才和创新团队、青年科技人才、卓越工程师、大国工匠、高技能人才。"

当下的时代就是科技创新的时代,通过学习制动控制系统,同学们能够体会到,从制动防抱死系统(ABS)到驱动防滑控制系统(ASR),再到电子稳定程序控制系统(ESP),应用在汽车上的制动控制技术在不断创新改变,使车辆的稳定控制不断提高。

除了底盘控制方面的技术创新外,汽车在动力系统、舒适娱乐系统方面的技术创新更是越来越多,更多的驾驶辅助技术、人工智能技术、互联网技术都应用在了汽车上,汽车上应用的技术可以说是日新月异。汽车上这些技术创新变化对于我们汽车技术从业人员来说既是机遇也是挑战,要求我们把握当下时代机遇,跟上科技创新趋势,掌握先进汽车技术,争做汽车行业的青年科技人才、高技能人才,为国家的科技强国战略做出应有的贡献。

项目三 汽车电控转向系统检修

 **学习目标**

通过本项目的学习,懂得汽车电控转向系统的结构及工作原理,并具备从事汽车电控转向系统维护及检修等工作的能力。

能够:
- 熟悉液压式电控动力转向系统的基本组成及工作原理。
- 熟练掌握液压式电控动力转向系统的检修方法。
- 熟悉电动式电控动力转向系统的结构和工作原理。
- 掌握电控机械式转向助力系统的结构、原理及检修方法。

素养目标

通过"用行动诠释'汽车人'的工匠精神"的学习,你将懂得一个简单的工作也可以成为一项伟大的事业。

能够:

具有精益求精的工匠精神。

树立正确的前进方向,不忘初心,沿着正确方向努力前行。

 工作任务

某客户抱怨其驾驶的轿车电控动力转向系统转向沉重、助力功能失效,要求排除故障、修复此轿车。

汽车电控转向系统检修主要包括液压式电控动力转向系统检修和电动式电控动力转向系统检修。

任务一 液压式电控动力转向系统检修

知识点：流量控制式 EPS；反力控制式 EPS；阀灵敏度控制式 EPS。
能力点：液压式电控动力转向系统检修。

任务情境

液压式电控动力转向系统检修

客户反映，他所驾驶的轿车在低速行驶或发动机怠速时转向沉重，而高速行驶时转向过度灵敏。师傅让维修工小王对车辆进行检查，查找并排除故障。小王很快动手并完成这项任务。

任务分析

该任务是检修液压式电控动力转向系统。完成此任务需要了解流量控制式 EPS 的结构及工作原理、反力控制式 EPS 的结构及工作原理、阀灵敏度控制式 EPS 的结构及工作原理；液压式电控动力转向系统的检查。

任务实施的相关专业知识

普通动力转向系统的助力特性是不变的，且与车速无关，这会导致转向盘在停车及低速时操纵沉重，中速时较轻快，当车速升高时更加轻快。如果考虑停车及低速时的操纵轻便性，则使高速时操纵力过小，路感下降，易出现转向过度。反之，会使停车及低速时的操纵力过大，转向沉重，效率下降。为了实现在各种行驶条件下转向盘上所需要的力都是最佳值，必须采用更先进的电控动力转向系统（Electronic Power Steering，EPS）。电控动力转向系统可分为液压式电控动力转向系统和电动式电控动力转向系统等多种形式。

液压式电控动力转向系统是在传统液压动力转向系统的基础上增设了电控装置而构成的。根据控制方式的不同，液压式电控动力转向系统可分为流量控制式、反力控制式和阀灵敏度控制式三种形式。

一、流量控制式 EPS

流量控制式 EPS 是一种根据车速传感器信号调节动力转向装置供应的液压油，改变液压油的输入、输出流量，以控制转向力的系统。

1. 雷克萨斯 LS400 轿车的流量控制式 EPS

雷克萨斯 LS400 轿车的流量控制式 EPS 主要由车速传感器、电磁阀、整体式动力转向控制阀、转向助力泵和电控单元（ECU）等组成，如图 3-1 所示。

项目三 汽车电控转向系统检修

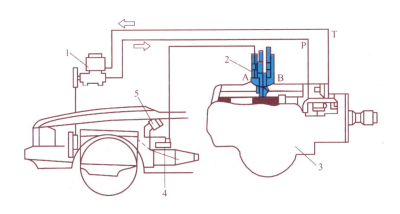

图 3-1 雷克萨斯 LS400 轿车的流量控制式 EPS
1—转向助力泵 2—电磁阀 3—整体式动力转向控制阀
4—ECU 5—车速传感器

电磁阀安装在通向转向动力缸活塞两侧油室的油道之间,当电磁阀的阀针完全开启时,两油道就被电磁阀旁路,使动力缸活塞两侧压力差减小,助力减小;相反则助力增大。流量控制式 EPS 就是根据车速传感器的信号,控制电磁阀阀针的开启程度,从而控制转向动力缸活塞两侧油室的旁路液压油流量,来改变转向盘上的转向力。车速越高,流过电磁阀电磁线圈的平均电流越大,电磁阀阀针的开启度越大,旁路液压油流量越大,液压助力作用越小,转动转向盘的力也随之增加;相反,在车速较低时,助力作用加大,使转向轻便。

图 3-2 所示为流量控制式 EPS 电磁阀的结构及其驱动信号。驱动电磁阀电磁线圈的脉冲电流信号频率基本不变,但随着车速增大,脉冲电流信号的占空比将逐渐增大,使流过电磁线圈的平均电流值随车速的升高而增大。

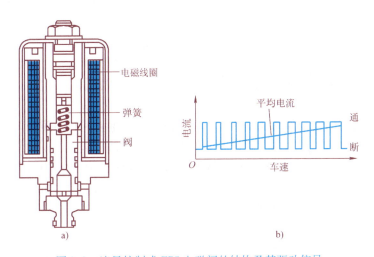

图 3-2 流量控制式 EPS 电磁阀的结构及其驱动信号

193

图 3-3 所示为雷克萨斯 LS400 轿车流量控制式 EPS 的电路。动力转向 ECU 是 EPS 的核心控制元件。它根据车速传感器提供的车速信号，通过改变旁通电磁阀驱动信号占空比的方式调节转向力。其电路受点火开关控制，由电源电路、车速传感器电路、电磁阀控制电路和搭铁电路组成。

2. 蓝鸟轿车的流量控制式 EPS

图 3-4 所示为蓝鸟轿车的流量控制式 EPS，它是在一般液压动力转向系统上增加旁通流量控制阀、车速传感器、转向角速度传感器、电控单元和控制开关等组成的。在转向助力泵与转向器之间设有旁通管路，在旁通管路中设有旁通流量控制阀。

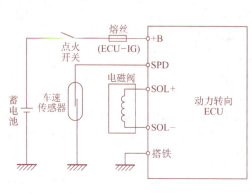

图 3-3 雷克萨斯 LS400 轿车流量控制式 EPS 的电路

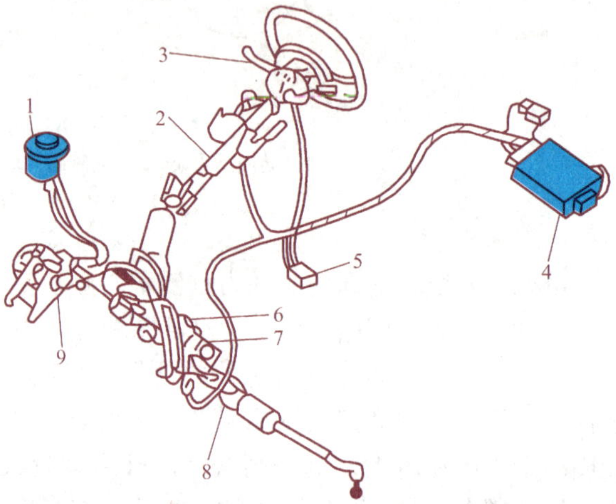

图 3-4 蓝鸟轿车的流量控制式 EPS
1—加油箱 2—转向柱 3—转向角速度传感器
4—EPS 控制器 5—转向角速度传感器插接器
6—旁通流量控制阀 7—EPS 控制线圈
8—转向传动机构 9—机油泵

图 3-5 所示为流量控制式 EPS 的构成。根据车速传感器、转向角速度传感器和控制开关的信号，电控单元向旁通流量控制阀发出控制信号，控制旁通流量，从而调整向转向器供油的流量。当向转向器供油的流量减少时，动力转向控制阀灵敏度下降，转向助力作用降低，转向力增加；相反则转向力减小。

旁通流量控制阀的结构如图 3-6 所示。在阀体内装有主滑阀和稳压滑阀，主滑阀的右端与电磁线圈柱塞连接，主滑阀与电磁线圈的推力成正比移动，从而改变主滑阀左端流量主孔的开口面积。调整调节螺钉可以调节旁通流量的大小。稳压滑阀的作用是保持流量主孔前后压差的稳定，以使旁通流量与流量主孔的开口面积成正比。当因转向负荷变化而使流量主孔前后压差偏离设定值时，稳压滑阀阀芯将在其左侧弹簧张力和右侧高压油压力的作用下发生位移。如果压差大于设定值，则阀芯左移，使节流孔开口面积减小，流入阀内的油量减少，前后压差减小；如果压差小于设定值，则阀芯右移，使节流孔开口面积增大，流入阀内的油量增多，前后压差增大。流量主孔前后压差的稳定保证了旁通流量的大小只与主滑阀控制的流量主孔的开口面积有关。

项目三 汽车电控转向系统检修

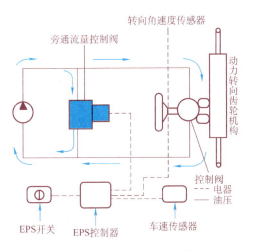

图3-5 流量控制式EPS的构成

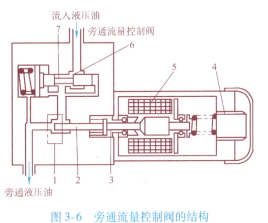

图3-6 旁通流量控制阀的结构
1—流量主孔　2—主滑阀　3—电磁线圈柱塞
4—调节螺钉　5—电磁线圈
6—节流孔　7—稳压滑阀

图3-7所示为蓝鸟轿车的流量控制式EPS电路。其中，电控单元的基本功能是接收车速传感器、转向角速度传感器及变换开关的信号，以控制旁通流量控制阀的电流，并具有故障自诊断功能。

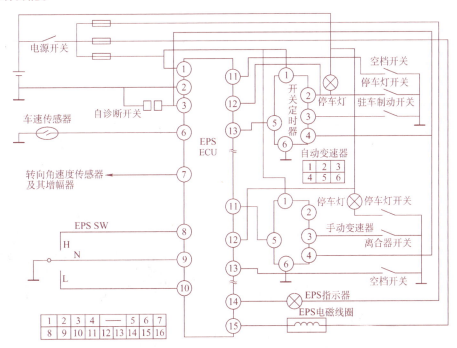

图3-7 蓝鸟轿车的流量控制式EPS电路

二、反力控制式EPS

1. 基本组成

图3-8所示为反力控制式EPS的组成，主要由转向控制阀、电磁阀、分流阀、转向动

195

力缸、转向助力泵、储油罐、车速传感器和电控单元（ECU）组成。

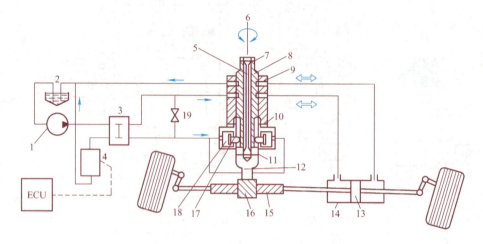

图3-8 反力控制式EPS的组成

1—转向助力泵 2—储油罐 3—分流阀 4—电磁阀 5—扭杆 6—转向盘
7、10、11—销 8—转阀阀杆 9—控制阀阀体 12—转向齿轮轴 13—活塞
14—转向动力缸 15—转向齿条 16—转向齿轮 17—柱塞
18—油压反力室 19—阻尼孔

反力控制式EPS是按照车速的变化，由ECU控制油压反力，调整动力转向器，从而使汽车在各种条件下转向盘上所需的转向操纵力都达到最佳状态。有时也把这种动力转向系统称为渐进型动力转向系统（Progressive Power Steering，PPS）。

电子控制渐进型动力转向系统结构如图3-9所示，系统中除了旧式动力转向装置中用来控制加力的主控制阀之外，增设了反力油压控制阀和油压反力室。

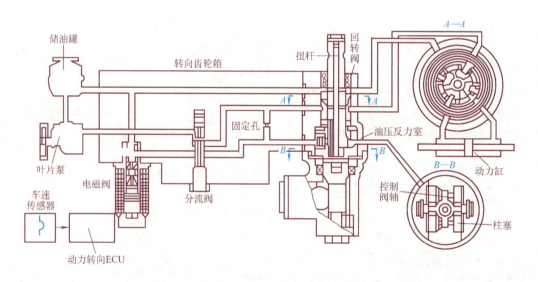

图3-9 电子控制渐进型动力转向系统结构

经反力油压控制阀调整后的油压加到油压反力室内,扭杆与转向轴相连,当电子控制PPS根据油压反力的大小改变扭杆的扭曲量时,就可以控制转向时所要加的力。动力转向ECU根据车速传感器的信号控制电磁阀的输入电流;电磁阀设在反力控制阀上。

(1) 车速传感器 车速传感器的主要功用是检测汽车行驶速度,通常安装在变速器输出轴上。电子控制PPS所用的车速传感器多为磁阻元件传感器,主要由磁阻元件和磁性转子等组成。

(2) 电磁阀 电磁阀一般安装在转向齿轮箱体上,主要由电磁线圈、铁心及电磁阀等组成。电磁阀的开度由ECU的输出电流控制,而该输出电流取决于车速的高低。电磁阀油路的阻尼面积可随电磁线圈通电电流占空比(通断比)变化。车速低时,通电电流大,滑阀被吸引,油路的阻尼面积增大,流向油箱的回流量增加。随着车速的升高,通电电流减小,油液回流量也减少。

(3) 分流阀 分流阀的基本结构如图3-10所示,它主要由阀门、弹簧及进油口、出油口等构成。分流阀的主要功用是将来自转向助力泵的液流送到转阀、油压反力室和电磁阀。送到电磁阀和油压反力室中的液流量是由转阀中的油压来调整的。转动转向盘时,转阀中的油压增大,此时,分配到电磁阀和油压反力室中

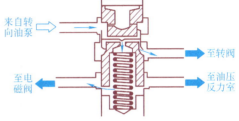

图3-10 分流阀的基本结构

的液流量随着转阀中的油压的增大而增加;当转阀中的油压达到一定值后便不再升高,而分配给电磁阀和油压反力室的液流量也将保持不变。

(4) 转向控制阀 转向控制阀的结构如图3-11和图3-12所示。其基本结构是在传统的

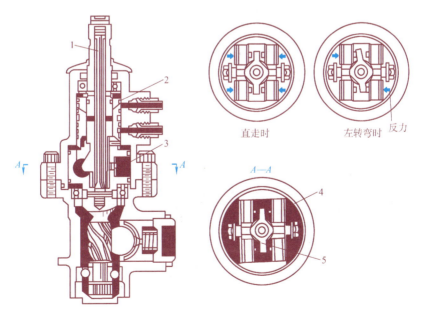

图3-11 转向控制阀的结构

1—扭杆 2—回转阀 3—油压反力室 4—柱塞 5—控制阀轴

整体式动力转向控制阀的基础上，在内部增加一个油压反力室和 4 个小柱塞，4 个小柱塞位于控制阀阀体下端的油压反力室内。输入轴部分有两个小凸起顶在柱塞上。当油压反力室受到高压作用时，柱塞将推动控制阀阀杆。此时，扭杆即使受到转矩作用，由于柱塞推力的影响，也会抑制控制阀阀杆与阀体的相对回转。

2. 工作原理

（1）汽车静止或低速行驶时 汽车低速行驶时，ECU 向电磁阀提供大电流，电磁阀开度增大，回油通道面积处于"大开"的状态，油液经分流阀通过电磁阀回流到储油罐，如图 3-13 所示。因此，只有较低的油液压力作用于油压反力室，柱塞推动控制阀轴的反力非常小。

流到旋转滑阀的油液被旋转滑阀切换和控制，助推转向力作用在动力转向活塞上，驾驶人只需要较小的转向力就可以扭转扭杆，小的转向操纵力就能产生大的液压助推力，使驾驶人在车辆停止或低速行驶时能轻松自如地转动转向盘。

（2）汽车中、高速行驶时的小转向 当车辆以中、高速直线行驶时，给转向盘一个小的转动量，扭杆扭动使控制阀轴转动，旋转滑阀开度减小，旋转阀内的油液压力升高，流经电磁阀和油压反力室的液流量增大，如图 3-14 所示。当车速增加时，来自 ECU 的电流减小，电磁阀的开度也减小，大的油液压力作用于油压反力室，使柱塞产生一个很大的反应力。此时，油液开始从量孔流向动力转向液压缸。因此，当转向盘的转向角增加时，便会有更大的转向阻力，使驾驶人可以获得良好的转向手感和转向特性。

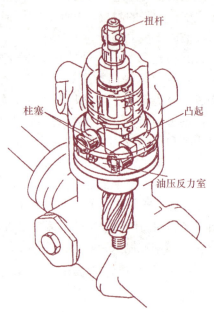

图 3-12 转向控制阀

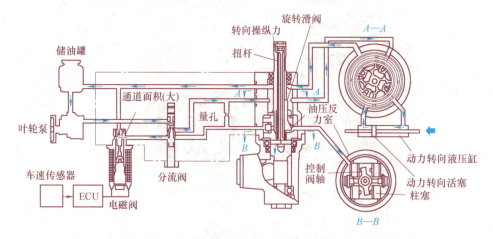

图 3-13 停车或低速行驶时的工作情况

（3）汽车中、高速行驶时的大转向　当汽车中、高速行驶时，如果转向转得更大，旋转滑阀压力会增加更多，经量孔流到油压反力室的油液增多，如图3-15所示。压力在旋转滑阀侧增加，一旦达到某一水平时，油液从分配阀流到油压反力室，并保持在设定水平。所以，油压反力室压力只是因流经量孔的油液流量增加而升高，这种升高是缓慢进行的，因而油压反力室中的反应力也只是逐渐升高，这就确保转向助力在转向很大时维持在适当水平。

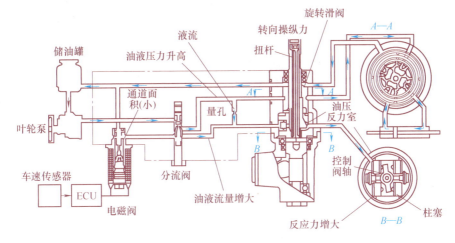

图3-14　中、高速行驶小转向时的工作情况

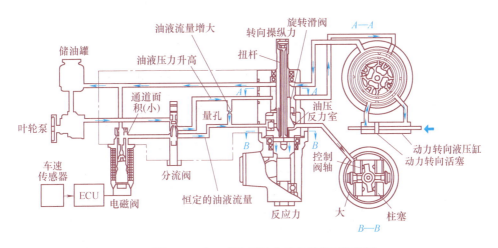

图3-15　中、高速行驶大转向时的工作情况

三、阀灵敏度控制式EPS

阀灵敏度控制式EPS根据车速控制电磁阀，直接改变动力转向控制阀的油压增益（阀灵敏度）来控制油压。这种转向系统结构简单、价格便宜，而且具有较大的选择转向力的自由度，可以获得较好的转向手感和转向特性。

阀灵敏度控制式EPS主要由转子阀、电磁阀、车速传感器及ECU等组成，如图3-16所示。

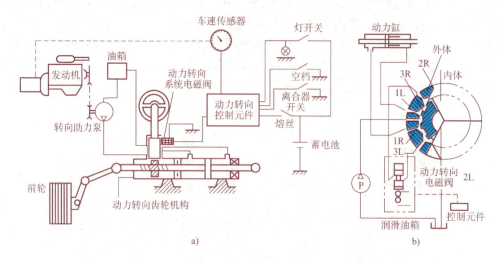

图 3-16 阀灵敏度控制式 EPS
a)系统示意图 b)转子阀

（1）转子阀 转子阀的结构如图 3-17 所示，其圆周上有 6 或 8 条沟槽，各沟槽利用阀外体与泵、动力缸、电磁阀及油箱连接。

图 3-18 所示为阀部的等效液压回路。转子阀的可变小孔分为低速专用小孔（1R、1L、2R、2L）和高速专用小孔（3L、3R）两种，在高速专用可变小孔的下方设有旁通电磁阀回路。当车辆静止时，电磁阀完全关闭，如果此时向右转动转向盘，则高灵敏度低速专用小孔 1R 和 2R 在较小的转向转矩作用下即可关闭，转向助力泵的高压油液经 1L 流回转向动力缸右腔室，其左腔室的油液经 3L、2L 流回油箱，此时具有轻便的转向特性。而且施加在转向盘上的转向力矩越大，可变小孔 1L、2L 的开口面积越大，节流作用越小，转向助力作用越明显。

随着车辆行驶速度的提高，在 ECU 的作用下，电磁阀的开度线性增加，如果向右转动

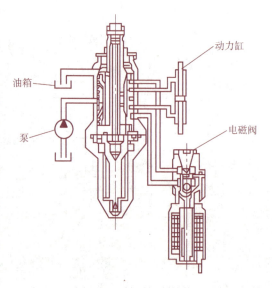

图 3-17 转子阀的结构

转向盘，则转向助力泵的高压油液经 1L、3R、旁通电磁阀流回油箱。此时，转向动力缸右腔室的转向助力油压取决于旁通电磁阀和灵敏度低的高速专用小孔 3R 的开度。车速越高，在 ECU 的控制下，电磁阀的开度越大，旁路流量越大，转向助力作用越小，高速专用小孔 3R 的开度逐渐减小，转向助力作用也随之变小。由此可见，阀灵敏度控制式 EPS 可使驾驶人获得非常自然的转向手感和良好的速度转向特性。

（2）电磁阀 参见图 3-17，电磁阀上设有控制上、下流量的旁通油道，是一种可变的

项目三 汽车电控转向系统检修

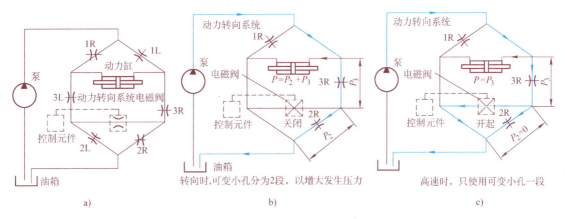

图 3-18 阀部的等效液压回路

节流阀。在低速时，向电磁线圈通以最大电流，使控制孔关闭，随着车速升高，逐渐减小通电电流，控制孔逐渐开启；在高速时，开启通道达到最大值。该阀在汽车左右转向时，油液流动的方向可以逆转。

（3）ECU　ECU接受车速传感器的信号，控制电磁阀电磁线圈电流的大小。控制系统电路如图3-19所示。

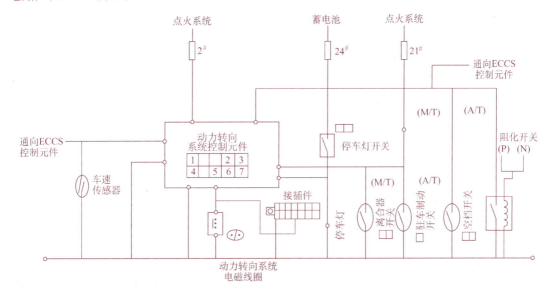

图 3-19 控制系统电路

任务实施

一、任务实施的环境

1）拆装及检修前车辆可靠驻停。
2）正确选用拆装与检修工具。
3）相关车型维修手册。
4）发动机技术状况良好。

5）仪器操作手册。

6）注意环保及安全操作。

二、任务实施的步骤

本部分以皇冠3.0轿车液压式EPS为例进行故障诊断，其电路及插接器如图3-20所示。

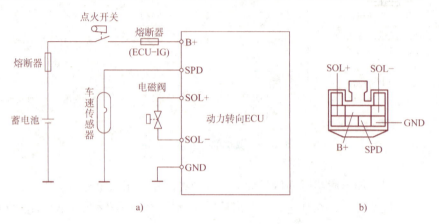

图3-20 皇冠3.0轿车的EPS电路及插接器

a）皇冠3.0轿车EPS系统电路图 b）ECU插接器（正面）

1. 电子控制系统的检查

皇冠3.0轿车的EPS电子控制系统常见故障有低速或发动机怠速时转向沉重和高速行驶时转向过度灵敏。在检查电子控制系统前，应先查看胎压、悬架和转向杆件及球形销的润滑情况；检查前轮定位、动力转向油泵油压是否正常；各导线插接器是否连接牢靠，转向柱是否弯曲等。然后，按下面方法检查电控系统。

1）接通点火开关，查看ECU-IG熔断器是否正常。如果烧毁，并且在重新更换后又烧毁，表明熔断器与ECU的端子B+间短路。若熔断器正常或重新更换后正常，则进行第2）步检查。

2）拔下ECU插接器，将电压表正表笔接插接器的端子B+（从背面插入，以下同）、负表笔搭铁，电压应为10~14V（蓄电池电压）。如果无电压，表明ECU-IG熔断器与ECU端子B+间有断路。如果电压值为蓄电池电压，则为正常。

3）将万用表（欧姆档）正表笔接插接器的端子GND、负表笔搭铁，此时电阻值应为零；否则，ECU的端子GND与车身搭铁之间有断路或接触不良。

4）支撑起一侧前轮，将电阻表的正表笔接插接器端子SPD、负表笔接插接器的端子GND。然后转动支撑起的车轮，电阻表阻值应在0~∞变化。否则，说明ECU的端子SPD与车速传感器之间有断路或短路，或车速传感器有故障。

5）将万用表的正表笔接插接器的端子SOL+、负表笔接端子GND，万用表所示的电阻值应为∞；否则，说明ECU的端子SOL+或SOL-与端子GND间短路，或电磁阀有故障。

6）将万用表的正表笔接插接器的端子SOL+、负表笔接端子SOL-，万用表所示的电阻值应为6.0~11Ω。否则说明这两个端子间断路或电磁阀有故障。如果电阻正常，则应检查ECU。如果ECU损坏，应更换。

2. 电控元件的检查

（1）电磁阀的检查 拔开插接器，用万用表测量电磁线圈的电阻，电阻值应为6.0~

项目三 汽车电控转向系统检修

11Ω。从转向机内拆下电磁阀,将蓄电池正极接电磁线圈的端子SOL+、负极接端子SOL-,如图3-21所示。此时针阀应缩回约2mm,否则,应更换电磁阀。

(2) EPS ECU 的检查 支撑起汽车,拆下 ECU 插接器,起动发动机,在不拔下 ECU 插接器、发动机怠速运转的情况下,用万用表测量 ECU 的端子 SOL- 和 GND 之间的电压,电表笔从背面插入,如图3-22所示。所测电压应比原来增加 0.07~0.22V。如果无电压,应更换 ECU。

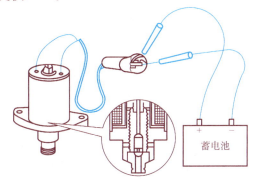

图3-21 电磁阀的检查　　　　　　　图3-22 ECU 的检查

三、技能训练及相关实践知识

液压式电控动力转向系统检修技能训练

【训练任务】客户所驾驶的轿车要较大幅度地转动转向盘,才能控制汽车的行驶方向,而且在汽车直线行驶时感觉行驶不稳定。维修人员需对液压式电控动力转向系统进行检修,并向客户解释故障产生的原因。

【训练建议】以小组形式完成。制订故障诊断与排除的基本流程,并按要求逐项填写技能训练评价表。

【评价建议】可用如下技能训练评价表对学生的操作技能进行评价。

技能训练评价表

学生姓名			学　号			
测评日期			测评地点			
测评内容	液压式电控动力转向系统检修					
考评标准	内　　容		分值/分	自　评	互　评	师　评
	电子控制系统的检查		60			
	电控元件的检查		40			
	合　　计		100			
最终得分(自评30%+互评30%+师评40%)						

说明:测评满分为100分,60~74分为及格,75~84分为良好,85分及以上为优秀。不足60分的学生,需重新进行知识学习、任务训练,直到任务完成达到合格为止。

归纳总结

液压式电控动力转向系统是在传统的液压动力转向系统的基础上增设电子控制装置而构成的,根据控制方式的不同,可分为流量控制式、反力控制式和阀灵敏度控制式三种。流量控制式 EPS 根据车速传感器信号调节动力转向装置供应的液压油,改变油液的输入、输出流量,以控制转向力。反力控制式 EPS 是按照车速的变化,由电控单元控制油压反力,调整动力转向器,从而使汽车在各种条件下转向盘上所需的转向操纵力都可以达到最佳状态,有时也把这种动力转向系统称为渐进型动力转向系统(Progressive Power Steering,PPS)。阀灵敏度控制式 EPS 根据车速控制电磁阀,直接改变动力转向控制阀的油压增益(阀灵敏度)来控制油压。

思考题

1. 简述雷克萨斯 LS400 轿车流量控制式 EPS 的工作原理。
2. 反力控制式 EPS 是如何提高高速行车时的转向路感的?
3. 按图 3-16 说明阀灵敏度控制式 EPS 的工作原理。

任务二 电动式电控动力转向系统检修

知识点:电动式电控动力转向系统的基本结构及工作原理;主要部件的结构及工作原理;电控机械式转向助力系统的结构及工作原理。

能力点:电控机械式转向助力系统的自诊断。

任务情境

电动式电控动力转向系统检修

客户反映,他所驾驶的轿车仪表板中的电动转向助力指示灯亮起,而且呈黄色,转向盘发沉。师傅让维修工小王对车辆进行检查,查找并排除故障。小王很快动手并完成这项任务。

任务分析

该任务是检修电动式电控动力转向系统。完成此任务需要了解电动式电控动力转向系统的基本结构及工作原理、主要部件的结构及工作原理、电动机械式转向助力系统的结构及工作原理;掌握电动机械式转向助力系统的自诊断方法。

项目三 汽车电控转向系统检修

任务实施的相关专业知识

一、基本结构和工作原理

电动式电控动力转向系统（EPS）的基本组成如图3-23所示，它主要由转矩传感器、转角传感器、车速传感器、电动机、电磁离合器、减速机构、电控单元（ECU）等组成。

电动式EPS的基本原理是根据汽车行驶速度（车速传感器输出信号）、转矩及转向角信号，由ECU控制电动机及减速机构产生助力转矩，使汽车在低、中和高速行驶时都能获得最佳转向效果。

电动机连同离合器和减速齿轮一起，通过一个橡胶底座安装在左车架上。电动机的输出转矩由减速齿轮增大，并通过万向节、转向器中的助力小齿轮送至转向齿条，为转向轮提供转矩。

ECU根据各传感器的信号确定助力转矩的幅值和方向，并且直接控制驱动电路驱动电动机。

转矩传感器、转角传感器和车速传感器为助力转矩的信号源。

根据电动机布置位置的不同，电动式EPS可以分为转向轴助力式、齿轮助力式和齿条助力式三种类型，如图3-24所示。

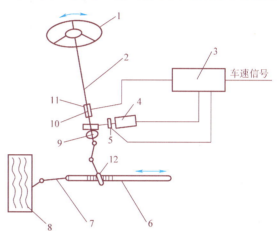

图3-23 电动式电控动力转向系统（EPS）的组成
1—转向盘 2—输入轴（转向轴） 3—电控单元
4—电动机 5—电磁离合器 6—转向齿条
7—转向横拉杆 8—轮胎 9—输出轴
10—扭力杆 11—转矩传感器
12—转向齿轮

二、主要部件的结构及工作原理

1. 转矩传感器

转矩传感器的作用是检测驾驶人作用在转向盘上的转向力矩、转向方向等参数，并将其转变为电信号输送给ECU，以作为电动助力的依据之一。

转矩传感器的结构、原理如图3-25所示。在输出轴的极靴上分别绕有A、B、C、D四个线圈，转向盘处于中间位置（直驶）时，扭力杆的纵向对称面正好处于图3-25所示输出轴极靴AC、BD的对称面上。当U、T两端加上连续的输入脉冲电压信号U_i时，由于通过每个极靴的磁通量均相等，所以在V、W两端检测到的输出电压信号$U_0 = 0V$。

当汽车右转时，由于扭力杆和输出轴极靴之间发生相对扭转变形，极靴A、D之间的磁阻增加，B、C之间的磁阻减少，各个极靴的磁通量均发生变化，于是在V、W之间就出现了电位差，电位差与扭力杆的扭转角和输入电压U_i成正比。所以，通过测量V、W两端的电位差就可以测量出转矩值。

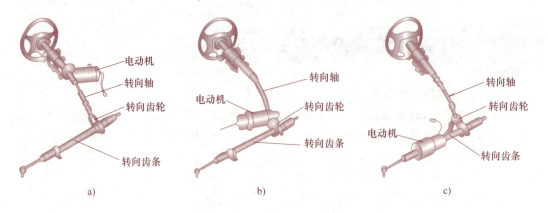

图 3-24 电动式 EPS 的类型
a) 转向轴助力式 b) 齿轮助力式 c) 齿条助力式

2. 电动机

转向助力电动机是一般的永磁电动机，电动机的输出转矩控制是通过控制其输入电流来实现的，而电动机的正转和反转则由电控单元输出的正、反转触发脉冲控制。图 3-26 所示为一种比较简单实用的正、反转控制电路。

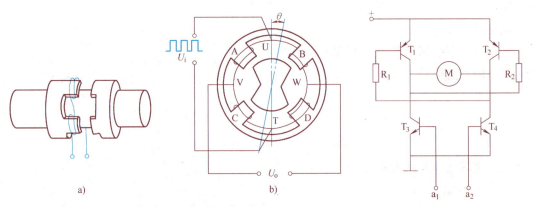

图 3-25 转矩传感器的结构、原理
a) 结构图 b) 原理图

图 3-26 电动机正、反转控制电路

a_1、a_2 为触发信号端。从电控单元得到的直流信号输入到 a_1、a_2 端，用以触发电动机产生正、反转。当 a_1 端得到输入信号时，晶体管 T_3 导通，晶体管 T_2 因得到基极电流而导通，电流经 T_2 管的发射极和集电极、电动机 M、T_3 管的集电极和发射极搭铁，电动机有正向电流通过而正转。当 a_2 端得到输入信号时，晶体管 T_4 导通，T_1 管因得到基极电流而导通，电流经过 T_1 管的发射极和集电极、电动机 M、T_4 管的集电极和发射极搭铁，电动机有反向电流通过而反转。控制触发信号端的电流大小就可以控制电动机通过电流的大小。

3. 电磁离合器

图 3-27 所示为干式单片电磁离合器的结构。当电流通过集电环进入离合器线圈时，主

动轮产生电磁吸力,带花键的压板被吸引而与主动轮压紧,电动机的动力经过轴、主动轮、压板、花键、从动轴传给执行机构。

由于转向助力的工作范围限定在一定速度区域内,所以离合器一般会设定一个速度范围,如当车速超过30km/h时,离合器便分离,电动机也停止工作,这时就没有转向助力的作用。当电动机停止工作时,为了不使电动机及离合器的惯性影响转向系统的工作,离合器也应及时分离,以切断辅助动力。当系统中电动机等发生故障时,离合器会自动分离,这时仍可恢复手动控制转向。

4. 减速机构

目前使用的减速机构有多种组合方式,一般采用蜗轮蜗杆与转向轴驱动组合式;也有的采用两级行星齿轮与传动齿轮组合式,如图3-28所示。为了抑制噪声和提高耐久性,减速机构中的齿轮有的采用特殊齿形,有的则采用树脂材料制成。

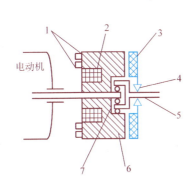

图3-27 干式单片电磁离合器的结构
1—集电环 2—线圈 3—压板 4—花键
5—从动轴 6—主动轮 7—滚珠轴承

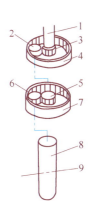

图3-28 两级行星齿轮与传动齿轮组合式减速机构
1—电动机传动齿轮 2,6,8—传动齿轮
3—太阳轮 4—齿圈 5—太阳轮 7—齿圈 9—齿条

5. 电控单元(ECU)

电动式EPS ECU的基本组成如图3-29所示。该系统的核心是一个有4KB ROM和256B RAM的8位微处理器。外围电路还有10位A-D(模-数)转换器、8位D-A(数-模)转换器、I/F(电流/频率)转换器、放大电路、动力监测电路、驱动电路等。

工作时,转向转矩和转向角信号经过A-D转换器输入到中央处理器(CPU),中央处理器根据这些信号和车速计算出最优的助力转矩。ECU把已计算出来的参数值作为电流命令信号送到D-A转换器并转换为模拟量,然后将其输入到电流控制电路。电流控制电路把来自微处理器的电流命令值与电动机的实际值进行比较,产生一个有效值信号。该信号被送到驱动电路,该电路可驱动动力装置并向电动机提供控制电流。即当转矩传感器和转角传感器的信号经A-D转换器处理后,微处理器就在其内存中寻找与该信号相匹配的电动机电流值,然后将此值输送给D-A转换器进行数字模拟转换,处理后的模拟信号送给限流器,由限流器决定电动机驱动电路电流值的大小。微处理器同时向电动机驱动电路输出另一个信号,即决定电动机(左转或右转)的转动方向。

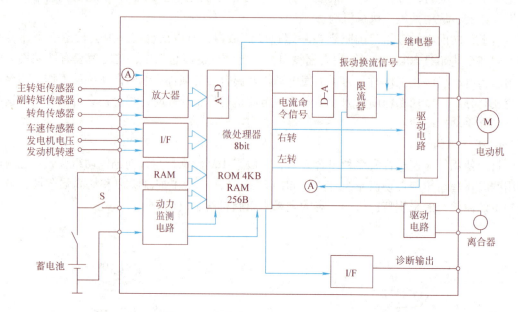

图 3-29 电动式 EPS ECU 的基本组成

三、三菱"米尼卡"汽车的电动式 EPS

三菱"米尼卡"汽车电动式 EPS 的结构如图 3-30 所示,其电子控制系统如图 3-31 所示。

由图 3-30 和图 3-31 可知:交流发电机的 L 端子可视为向电控单元输入信号的一个传感器,利用交流发电机的 L 端子电压可以判断发动机是否转动。当发动机还未起动时,该系统不能工作。

电动机和离合器接收电控单元输出的控制电流,产生助力转矩,经传动齿轮减速后,再经过小齿轮实现动力转向,电动机的动力是通过行星齿轮机构传递的。离合器是由电磁铁和弹簧等组成的电磁离合器。

当点火开关接通时,电源施加在电控单元上,电动式 EPS 才能进行工作。在发动机已起动时,交流发电机的 L 端子的电压施加到电控单元上。当检测到发动机处于起动状态时,EPS 转为工作状态。

行车时,电控单元按不同车速下的转向盘转矩控制电动机的电流,并完成动力转向和普通转向控制之间的转换。当车速高于 30km/h 时,转换成普通转向控制,电控单元没有离合器信号和电动机电流输出,离合器处于分离状态。当车速低于 27km/h 时,电控单元输出离合器信号和电动机电流,普通转向控制转换为动力转向。

电控单元还具有自我修正的控制功能。当电动式 EPS 出现故障时,可自动断开电动机的输出电流,恢复到普通的转向功能;同时速度表内的电动动力转向警告灯亮,以通知驾驶人动力转向系统发生故障。

项目三 汽车电控转向系统检修

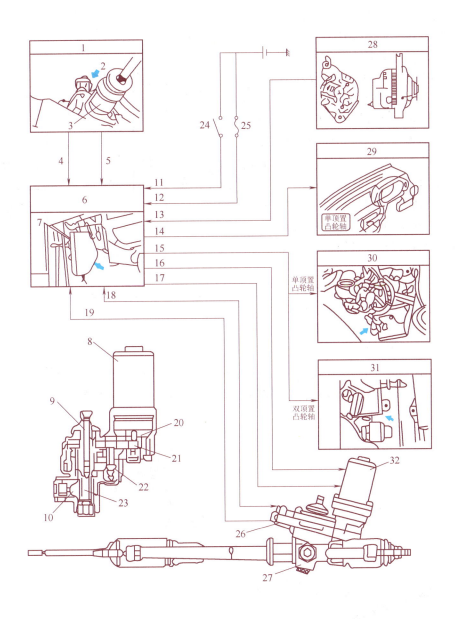

图3-30 三菱"米尼卡"汽车电动式EPS的结构

1—车速传感器 2—速度表引出电缆的部位 3—传动轴 4—车速信号(主) 5—车速信号(副) 6—电子控制器 7—前乘员脚下部位 8—电动机 9—扭杆 10—齿条 11—点火电源 12—蓄电池 13—发电信号 14—指示灯电流 15—提高怠速电流 16—电动机电流 17—离合器电流 18—转矩信号(主) 19—转矩信号(副) 20—离合器 21—电动机齿轮 22—传动齿轮 23—小齿轮 24—点火开关 25—熔丝 26—转矩传感器 27—转向器齿轮总成 28—交流发电机(L端子) 29—指示灯 30—怠速提高电磁阀 31—发动机电子控制器 32—电动机和离合器

四、电控机械式转向助力系统

大众公司的电动机械式转向助力器与传统的液压转向器相比具有许多优点,它可以协助驾驶人行车,并减轻身体和心理负担;同时,它仅在需要时进行工作,即只有当驾驶人需要转向助力时,它才会自动提供帮助。此外,转向助力与车速、转向力矩和转向角等有关。

1. 系统组成

带双小齿轮的电控机械式转向助力系统如图3-32所示。转向系统的部件主要包括转向盘、带转向角度传感器G85的组合开关、转向柱、转向力矩传感器G269、电动机械式转向助力器电动机V187、转向器、转向辅助控制单元J500等。转向器由一个转向力矩传感器G269、一根扭转

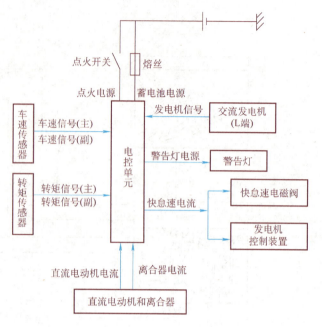

图3-31 三菱"米尼卡"汽车电动式EPS的电子控制系统

棒、一个转向小齿轮和一个驱动小齿轮、一个蜗轮传动装置及一个带控制单元的电动机组成。电控机械式转向助力系统的核心部件是一根齿条,它有两个花键啮合在转向器中。

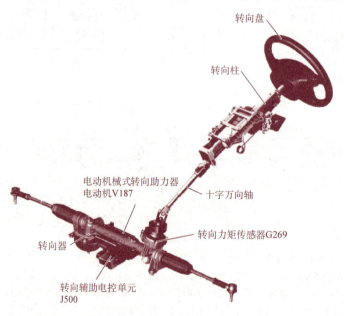

图3-32 带双小齿轮的电控机械式转向助力系统

在带双小齿轮的电动机械式转向助力器上,需要的转向力是通过转向小齿轮和驱动小齿轮传送到齿条上的,如图3-33所示。转向小齿轮负责传送驾驶人施加的转向力矩,驱动小

齿轮则是通过一个蜗杆传动装置，传送由电动机械式转向助力器电动机提供的助力力矩。该电动机具有用于转向助力的电控单元和传感装置，并安装在第二个小齿轮（即驱动小齿轮）上。这种结构可以使转向盘和齿条之间形成机械连接。所以，当电动机 V187 失灵时，可以确保车辆仍能够进行机械转向，但此时不具备转向助力的功能，转向时会感到很沉重。

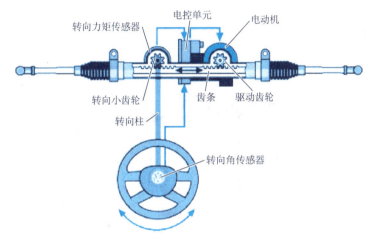

图 3-33　带双小齿轮的电动机械式转向助力器

2. 控制原理

转向助力是通过一个电控单元永久程序存储器中的特性曲线组来进行控制的。该存储器所能统计的不同的特性曲线组多达 16 种。例如高尔夫 2004 从提供的特性曲线组中选择了 8 种特性曲线组用于使用，并根据要求（例如车辆重量）在出厂前激活一种特性曲线组。另外，在售后服务特约维修站，通过 VAS505X 利用"匹配功能"和"通道 1"指令也可以激活特性曲线组。图 3-34 所示为高尔夫 2004 中 8 种特性曲线组中的一种，根据车辆载荷不同，分为轻、重两部分特性曲线。

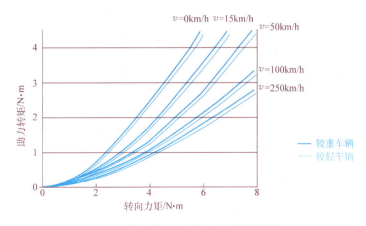

图 3-34　高尔夫 2004 转向助力特性曲线组

特性曲线组中含有 5 条不同的特性曲线，用于不同的车速，如 0km/h、15km/h、50km/h、100km/h 和 250km/h。每条特性曲线说明了在相应车速下不同转向力矩所对应的转向助力转矩。

电控机械式转向助力系统的控制原理如图 3-35 所示。其工作过程如下：

1）驾驶人转动转向盘。

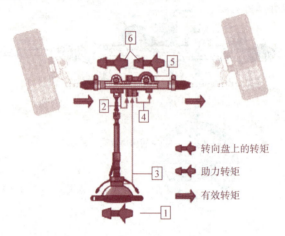

图 3-35　电控机械式转向助力系统的控制原理

2）转向盘上的转矩使转向器上的扭转棒转动，转向力矩传感器 G269 探测到转动，并将测得的转向力矩发送给转向辅助控制单元 J500。

3）转向角度传感器 G85 发送当前的转向角信号，转子转速传感器发送当前的转向速度信号。

4）转向辅助控制单元 J500 根据转向力矩、车速、发动机转速、转向角和转向速度，以及控制单元中已设置的特性曲线，确定需要的助力转矩，并控制电动机转动。

5）转向助力是通过驱动齿轮来完成的，驱动齿轮由电动机驱动，电动机通过蜗杆传动并驱动小齿轮作用到齿条上，从而传送转向助力。

6）转向盘转矩和助力转矩的总和是转向器上引起齿条运动的有效转矩，该转矩驱动齿条实现转向。

（1）停车时的转向过程（图 3-36）　其控制过程如下：

1）停车时，驾驶人用力转动转向盘使扭转棒转动。

2）转向力矩传感器 G269 探测到转动，并通知转向辅助控制单元 J500（此时在转向盘上已经施加了大的转向力矩）。

3）转向角度传感器 G85 发送大的转向角信号，转子转速传感器发送当前的转向速度信号。

4）转向辅助电控单元 J500 根据大的转向力矩、车速（0km/h）、发动机转速、大的转向角、转向速度和控制单元中已设定的车速为 0km/h 时的特性曲线，测定需要较大的助力转矩，并对电动机进行控制。

5）在停车时，通过驱动齿轮提供最大的转向助力。

6）转向盘转矩和最大助力转矩的总和是停车时转向器上引起齿条运动的有效转矩。

项目三 汽车电控转向系统检修

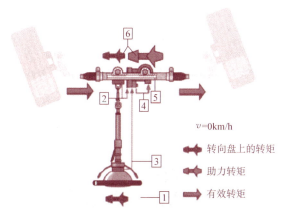

图3-36 停车时的转向控制过程

(2) 市区行驶时的转向过程（图3-37） 其控制过程如下：

1) 在市区中转弯行驶时，驾驶人转动转向盘使扭转棒转动。

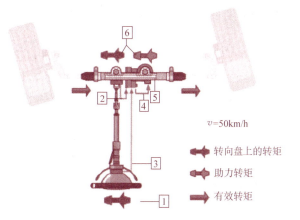

图3-37 市区行驶时的转向控制过程

2) 转向力矩传感器G269探测到转动，并通知转向辅助控制单元J500（此时在转向盘上已经施加了中等力度的转向力矩）。

3) 转向角度传感器G85发送中等转向角信号，转子转速传感器发送当前的转速信号。

4) 转向辅助电控单元J500根据中等力度的转向力矩、车速（50km/h）、发动机转速、中等的转向角、转向速度和控制单元中已设定的车速为50km/h时的特性曲线，测定需要中等程度的助力转矩，并对电动机进行控制。

5) 在转弯时，通过驱动齿轮提供中等力度的转向力矩。

6) 转向盘转矩和中等助力转矩的总和是市区内转弯行驶时转向器上引起齿条运动的有效转矩。

(3) 高速公路行驶时的转向过程（图3-38） 其控制过程如下：

1) 变换车道时，驾驶人轻微转动转向盘使扭转棒转动。

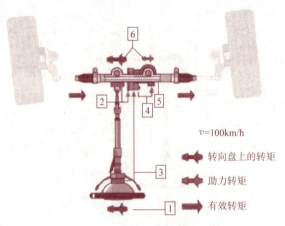

图 3-38 高速公路行驶时的转向控制过程

2)转向力矩传感器 G269 探测到转动,并通知转向辅助电控单元 J500(此时在转向盘上已经施加了小的转向力矩)。

3)转向角度传感器 G85 发送小的转向角信号,转子转速传感器发送当前转向速度信号。

4)转向辅助电控单元 J500 根据小的转向力矩、车速(100km/h)、发动机转速、小的转向角、转向速度和控制单元中已设定的车速为 100km/h 时的特性曲线,测定需要较小的助力转矩,或无须助力转矩,并对电动机进行控制。

5)在转弯时,通过驱动齿轮提供最小的转向助力,或不提供转向助力。

6)转向盘转矩和最小的助力转矩的总和是高速公路转变行驶时转向器上引起齿条运动的有效转矩。

(4)转向助力的主动回位(图 3-39) 其控制过程如下:

1)如果驾驶人在转弯行驶中降低了转向力矩,则扭转棒会自动松开。

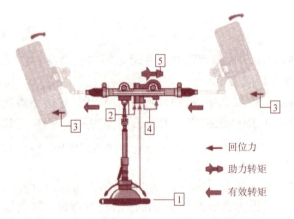

图 3-39 转向助力的主动回位控制过程

2)根据下降的转向力矩和转向角与转向速度之间的关系,转向辅助电控单元 J500 计算出额定的快退速度,并将此速度与转向角速度相比较,由此得出回位转矩。

项目三 汽车电控转向系统检修

3) 车桥的几何结构会在转向的车轮上产生回位力,但由于转向系统和车桥内的摩擦力,此回位力通常太小,不能使车轮回位至正前行驶位置。

4) 转向辅助电控单元 J500 通过分析转向力矩、车速、发动机转速、转向角、转向速度和电控单元中已设定的特性曲线,计算出回位所需要的电动机转矩。

5) 转向辅助电控单元 J500 控制电动机,并使车轮回位至正前行驶位置。

(5) 正前行驶修正 正前行驶修正是由主动回位形成的一种功能,该功能可以产生一个助力转矩,使车辆回到无转矩的正前行驶位置。正前行驶修正可以分为暂时算法和长时算法。

1) 长时算法的任务是补偿长期存在的正前行驶误差。例如:从夏季轮胎更换到新使用的(旧的)冬季轮胎时出现的误差。

2) 暂时算法可以用来修正短时的误差,从而减轻驾驶人的负担。例如:当遇到持续侧风而必须进行持续的"补偿转向"时可以采用暂时算法。

正前行驶修正控制如图 3-40 所示,其控制过程如下:①当遇到持续侧面作用力,如侧风等施加在车辆上;②驾驶人转动转向盘,使车辆保持在正前行驶方向上;③转向辅助电控

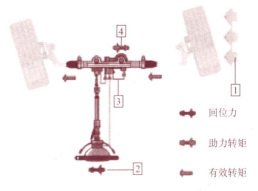

图 3-40 正前行驶修正控制

单元 J500 通过分析转向力矩、车速、发动机转速、转向角、转向速度和电控单元中已设定的特性曲线,计算出正前行驶修正所需要的电动机转矩,控制电动机动作;④汽车回位至正前行驶位置,驾驶人不再需要"补偿转向"。

3. 主要元件

电控机械式转向助力系统的主要元件如图 3-41 所示。

(1) 转向角度传感器 G85 转向角度传感器 G85 安装在复位环的后面,与安全气囊的集电环安装在一起。它位于组合开关和转向盘之间的转向柱上。转向角度传感器 G85 通过 CAN bus 数据总线,向转向柱电子装置电控单元 J527 提供信号,以便测算转向角。在转向柱电子装置电控单元中设有电子系统,用于分析转向角度传感器 G85 输送的信号。

当转向角度传感器 G85 失灵时,紧急运行程序立即启动。缺损的信号被设置成一个替代值。此时,转向系统完全保持转向助力,但设置在组合仪表中的带有转向盘符号的警告灯 K161 会以黄色发亮显示。

转向角度传感器 G85 的结构和原理如图 3-42 所示。转向角度传感器 G85 的基本组成元件包括:带有两个密码环的密码盘、各有一个光源和一个光学传感器的光栅对。

密码盘由两个环组成,外面的一个环称为绝对环,里面的一个环称为增量环。增量环被分为 5 个扇区,每个扇区为 72°,它由一对光栅对读取。该环在扇区内设有开口。同一扇区内的开口顺序是相同的,但不同的扇区之间的开口顺序不同,从而实现了各扇区之间的设码。绝对环用来确定角度,它由 6 个光栅对读取。转向角度传感器 G85 可以识别出 1044°的转向角。它可对角度进行累加。所以,当超出 360°的标记时,转向角度传感器能够识别出转向盘完全转动了一圈。

转向角度的测量根据光栅原理进行。出于简化考虑仅观察增量环,每个扇区的一侧是光

图 3-41 电控机械式转向助力系统的主要元件

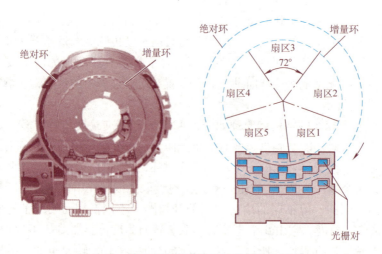

图 3-42 转向角度传感器 G85 的结构和原理

项目三 汽车电控转向系统检修

源,而另一侧则是光学传感器,如图 3-43a 所示。当光线穿过缝隙照射到传感器上时,便会产生信号电压。当光源被遮盖时,则电压重新被切断,如图 3-43b 所示。如果移动增量环,便会产生信号电压的脉冲波形,如图 3-43c 所示。在绝对环上,光栅对也同样产生信号电压的脉冲波形。所有信号电压的脉冲波形都会在转向柱电子装置控制单元中进行处理。对信号进行比较后,系统可以计算出这两个环移动的距离。此时,将确定绝对环的移动起始点。

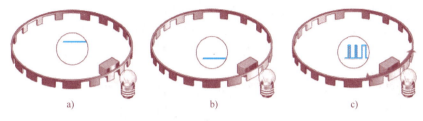

图 3-43 转向角度的测量原理
a) 通过 b) 遮蔽 c) 脉冲信号

(2) 转向力矩传感器 G269 转向力矩传感器 G269 的结构如图 3-44 所示。利用转向力矩传感器 G269 可以直接在转向小齿轮上计算转向盘转矩。该传感器以磁阻的功能原理工作。它被设计成双保险(备用),以保证获得最高的安全性。

图 3-44 转向力矩传感器 G269 的结构

转向力矩传感器 G269 的工作原理如图 3-45 所示。在转矩传感器上,转向柱和转向器通过一根扭转棒相互连接。在转向柱连接件的外径上,装有一个磁性极性轮,其上面被交替划分出 24 个不同的极性区。每次分析转矩时,使用两根磁极。辅助配合件是一个磁阻传感元件,它被固定在转向器的连接件上。当操作转向盘时,两个连接件会根据施加的转矩做相对转动。由于此时磁性极性轮也相对于传感器元件旋转,因此可以测量施加的转向力矩,并将其信号发送给转向辅助电控单元 J500。

当转向力矩传感器 G269 发生故障时,必须更换转向器总成。当电控单元识别到故障时,将关闭转向助力。关闭的过程不是突然进行的,而是"缓慢地"进行。为了实现"缓慢"关闭,电控单元将根据转向角和电动机的转子角度,计算出转向力矩的替代信号。故障将通过设置在组合仪表中带有转

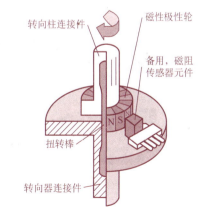

图 3-45 转向力矩传感器 G269 的工作原理

向盘符号的警告灯 K161 以红色发亮显示。

（3）转子转速传感器　转子转速传感器是电动机械转向助力器电动机 V187 的一个组成元件，从外部无法接触到它。

转子转速传感器是根据磁阻功能原理进行工作的，在结构上与转向力矩传感器 G269 相同。它探测到电动机械式转向助力器电动机 V187 的转子转速，并将转速信号反馈给转向辅助电控单元 J500，以便其精确控制电动机 V187 的动作。

当该传感器失灵时，会将转向角速度作为替代信号。转向助力将安全地缓慢降低。从而避免由于传感器失灵使转向助力突然关闭。故障将通过设置在组合仪表中带有转向盘符号的警告灯 K161 以红色发亮显示。

（4）车速传感器　转向系统的车速信号由 ABS 电控单元提供。

当车速信号失灵时，紧急运行程序启动。驾驶人能够使用转向系统，但是没有电控转向助力系统功能。故障将通过设置在组合仪表中带有转向盘符号的警告灯 K161 以黄色发亮显示。

（5）发动机转速传感器 G28　发动机转速传感器 G28 是一个霍尔传感器。它用螺栓固定在曲轴密封凸缘外壳内。

发动机电控单元 J220 根据发动机转速传感器 G28 的信号，探测到发动机的转速和曲轴的准确位置。然后，将该信号通过 CAN bus 数据总线输送给转向辅助电控单元 J500，以便其调节转向助力的力矩大小。

当发动机转速传感器失灵时，转向系统通过总线端 15 运行，故障将不会通过设置在组合仪表中带有转向盘符号的警告灯 K161 发亮显示。

（6）电动机械式转向助力器电动机 V187　电动机 V187 为无刷异步电动机，如图 3-46 所示。工作时，它能够产生最大 4.1N·m 转矩的转向助力。

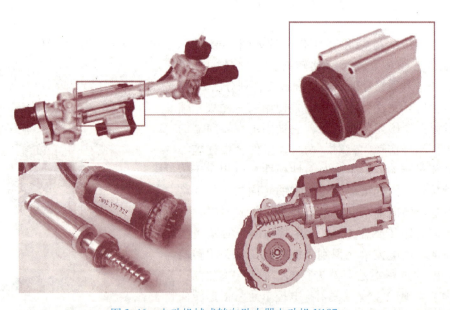

图 3-46　电动机械式转向助力器电动机 V187

电动机 V187 安装在铝合金的壳体内。它通过蜗杆传动与驱动小齿轮作用在齿条上。控制侧的轴端部有一块磁铁，转向辅助电控单元 J500 用它来探测转子的转速，并利用该信号计算出转向速度。

异步电动机的优点是可以在无电压状态下通过转向器运转。这说明，即使当电动机出现故障，并因此而引起转向助力失灵时，只需要少量用力就可以使转向系统运转。甚至是在短路时，电动机也不会被锁止。故障将通过设置在组合仪表中带有转向盘符号的警告灯 K161 以红色发亮显示。

（7）转向辅助电控单元 J500　如图 3-47 所示，转向辅助电控单元 J500 直接固定在电动机上，因此无须铺设连接转向助力器部件的管路。转向辅助电控单元 J500 根据输入的信号，如转向角信号、发动机转速信号、转向力矩和转子转速信号、车速信号、点火钥匙信号等，探测到当前的转向助力需要，计算出激励电流的电磁强度，并控制驱动电动机 V187。

图 3-47　转向辅助电控单元 J500

当转向辅助电控单元 J500 损坏时，应整套更换。电控单元永久存储器中相关的特性曲线组必须用汽车诊断、测量和信息系统 VAS505X 进行激活。在转向辅助电控单元 J500 中，集成了一个温度传感器，用来探测转向装置的温度。当温度超过 100℃ 时，将持续降低转向助力。当转向助力低于 60% 时，故障将通过设置在组合仪表中带有转向盘符号的警告灯 K161 以红色发亮显示，并且在故障存储器中储存相应的故障码。

（8）警告灯 K161　警告灯 K161 被设置在组合仪表中的显示单元内，如图 3-48 所示。它用于显示电动机械转向助力器的功能失灵或故障。警告灯在功能失灵时，可以亮起两种颜色。黄色灯亮起表示是一种初级警告。当红色灯亮起时，必须立刻将车辆开到维修站查询故障。在警告灯亮起红色灯的同时，还会发出 3 声报警音作为声音警告信号。在接通点火开关时，警告灯亮起红灯属于正常情况，因为电动机械转向助力器系统正在进行自检。只有当转向辅助电控单元 J500 收到系统工作正常的信号时，警告灯才会自动熄灭。这种自检过程大约需要 2s。发动机起动时，警告灯会立刻熄灭。

另外，转向系统会识别过低的电压，并对此做出反应。当蓄电池的电压低于 9V 时，会降低转向助力，直至关闭，同时设置在组合仪表中的警告灯 K161 会亮起红色灯。当蓄电池的电压暂时低于 9V，或者在更换蓄电池之后，设置在组合仪表中的警告灯 K161 会亮起黄色灯。

4. 电气工作原理

电控机械式转向助力系统的电气工作原理如图 3-49 所示。

图 3-48　故障警告灯 K161 的位置

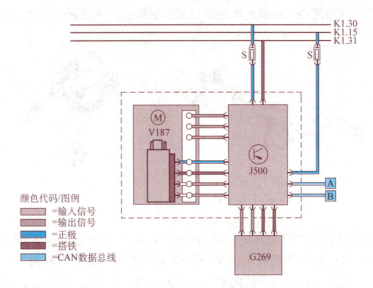

图 3-49　电控机械式转向助力系统的电气工作原理

A—低速 CAN　B—高速 CAN　G269—转向力矩传感器　J500—转向辅助电控单元
S—熔丝　V187—电动机械转向助力器电动机

任务实施

一、任务实施的环境

1) 拆装及检修前车辆可靠驻停。
2) 正确选用拆装与检修工具。
3) 相关车型维修手册。
4) 发动机技术状况良好。
5) 仪器操作手册。
6) 注意环保及安全操作。

二、任务实施的步骤

1. 电控机械式转向助力系统的自诊断

大众电控机械式转向助力系统具有自诊断的功能。系统地址码为 44，可选择的功能码

项目三 汽车电控转向系统检修

包括：02—查询故障存储器、03—对执行元件进行诊断、04—基本设定、05—清除故障存储器、06—退出诊断程序、07—电控单元编码、08—读取测量数据流、10—匹配、11—登录。

转向辅助电控单元 J500 可以记住转向极限的位置。

1）为了避免剧烈打到转向极限位置，生产厂家用软件对转向角进行了限制。当转向角到达机械极限位置之前 5°时，会激活"软件极限位置"和减振器。此时，将根据转向角和转向力矩降低助力转矩。

2）必须在"基本设定"功能中使用 VAS505X 才能删除极限位置的角度位置。

3）当记住极限位置时，无须使用测试仪。为此，需要使用最新的维修手册和"引导型故障查询"中的详细信息。

电控机械式转向助力系统故障码见表3-1。

表3-1 电控机械式转向助力系统故障码表

故障码	故障码内容提示
00778	转向角度传感器 G85 未设定/匹配或执行不正确
01288	端子30，转向助力信号太大
01314	发动机电控单元 J220 无信息
01317	组合仪表中带显示单元的电控单元 J285-检查 DTC 存储器
01656	碰撞信号（crash signal）（仪表板黄色警告灯亮/方向锁死）
02546	转向限制挡块未进行基础设定/匹配或执行不正确
02614	转向器有故障
65535	转向辅助电控单元 J500 不良

电控机械式转向助力电控系统的设定程序如下：

（1）零位置的设定程序 如果更换了转向角度传感器 G85、转向器总成（含转向辅助电控单元 J500）、转向柱开关总成（含转向柱电子装置控制单元 J527），做过一次车轮定位的调整，或者出现故障码"00778"时，需做转向零位置（中间）设定。

零位置的设定方法：使前轮保持直线行驶状态，通过 VAS505X 输入地址码"44"，将转向盘向左转动4°~5°（一般在10°之内），然后回正；再将转向盘向右转动4°~5°（一般在10°之内），然后回正，双手离开转向盘。通过 VAS505X 输入功能码"11"，再输入编码"31857"，此后按下返回键"◄"，并输入"04-60"后，按下激活键，退出 VAS505X。关闭点火开关，6s 后即可完成零位置的设定程序。

注意：在做转向零位设定时，发动机不能运转；在转向盘左右转动后再回正时，双手必须离开转向盘，使转向盘静止不动，以便让转向辅助电控单元 J500 对零位进行确认。

（2）极限位置的设定程序 如果更换了转向角度传感器 G85、转向器总成（含转向辅助电控单元 J500）、转向柱开关总成（含转向柱电子装置电控单元 J527），做过一次车轮定位的调整，做过转向零位（中间）设定后，或者出现故障码"02546"时，需做转向极限位置的设定。

极限位置的设定方法：使车辆前轮处于直线行驶状态，起动发动机并在怠速下运转。先将转向盘向左转动10°左右，停顿1~2s，将转向盘回正；向右转动10°左右，停顿1~2s，将转向盘回正，双手离开转向盘，停顿1~2s，然后将转向盘向左打到底，停顿1~2s，再将其向右打到底，停顿1~2s，然后将转向盘回正，关闭点火开关，6s后即可完成极限位置的设定程序。

注意：在做完转向零位（中间）设定和转向极限位置的设定后，必须用VAS505X进入"44-02"查询转向电控系统故障存储器有无故障，无故障则设定工作结束。

（3）转向助力大小的设定程序 转向助力大小的设定方法：使用VAS505X进入"44-10-01"，在VAS505X屏幕内的条形块上选择某个合适的助力数值（1~16档，出厂时，一般在3~4或7~8，通常选择第5档），按下"保存键"，再按下"接受键"。此时，屏幕显示新设定的助力大小的名称，然后按下"◀"键，退出设定即可。

注意：当环境温度大于100℃时，电动机械式转向助力器V187所产生的助力将下降。当转向助力值≤60%时，设置在组合仪表中的警告灯K161的黄色灯亮，并将故障码储存在故障存储器中。此外，转向角度传感器G85的极限位置为±40°，当到达极限位置之前5°时，它会降低转向助力的转矩。

2. 电动式EPS的部件检测

以三菱"米尼卡"汽车的电动式EPS为例进行说明。

（1）转矩传感器的检查

1）检测转矩传感器线圈电阻。从转向器总成上拔下转矩传感器插接器，其端子排列如图3-50b所示。测量转矩传感器3号与5号端子之间、8号与10号端子之间的电阻，其标准值应为（2.18±0.66）kΩ。若不符合要求，则应更换转矩传感器。

2）检测转矩传感器电压。用万用表直流电压档测量上述各端子之间的电压，将转向盘置于中间位置，测得电压约为2.5V时为良好，4.7V以上为断路，0.3V以下为短路。

（2）电磁离合器的检查 从转向器上断开电磁离合器插接器，其端子排列如图3-50b所示。将蓄电池的正极接到1号端子上，蓄电池的负极与6号端子相接，在接通与断开6号端子的瞬间，离合器应有工作声音。若没有声音，则表明电磁离合器有故障，应更换转向器总成。

（3）直流电动机的检查 从转向器上断开电动机插接器，其端子排列如图3-50a所示。给电动机加上蓄电池电压时，电动机应有转动声音。若没有声音，则应更换转向器总成。

 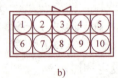

a)　　　　　　　　b)　　　　　　　　c)

图3-50 电动式EPS插接器端子排列

a）电动机 b）转矩传感器与电磁离合器 c）车速传感器

（4）车速传感器的检查

1）检查车速传感器转动情况。从变速器上拆下车速传感器，用手转动车速传感器的转子，检查其能否顺利转动。若有卡滞，应予更换。

2）检测车速传感器电阻。拔开车速传感器插接器，其端子排列如图3-50c所示。测量车速传感器插接器1号与2号端子之间、4号与5号端子之间的电阻值，其值等于（165±

项目三 汽车电控转向系统检修

20）Ω时为良好。若与上述情况不符，则必须更换车速传感器。

（5）故障警告灯的检查 当点火开关位于ON位置时，故障警告灯应发亮，发动机起动后警告灯应熄灭。警告灯不亮时，应检查灯泡是否损坏、熔丝和导线是否断路。若发动机起动后，警告灯仍保持发亮，首先应考虑系统是否处于保险状态（只有常规转向工作，无电动助力），然后进行自诊断操作。

三、技能训练及相关实践知识

电动式电控动力转向系统检修技能训练

【训练任务】客户所驾驶的轿车在行驶过程中电控机械式转向助力系统故障警告灯忽然发亮，车辆转向感觉沉重。维修人员需对电动式EPS进行检修，并向客户解释故障产生的原因。

【训练建议】以小组形式完成。制订故障诊断与排除的基本流程，并按要求逐项填写技能训练评价表。

【评价建议】可用如下技能训练评价表对学生的操作技能进行评价。

技能训练评价表

学生姓名			学　　号			
测评日期			测评地点			
测评内容		电动式电控动力转向系统检修				
考评标准	内　　容		分值/分	自　评	互　评	师　评
	电控机械式转向助力系统的自诊断		60			
	电动式EPS的部件检测		40			
	合　　计		100			
最终得分（自评30% + 互评30% + 师评40%）						

说明：测评满分为100分，60~74分为及格，75~84分为良好，85分及以上为优秀。不足60分的学生，需重新进行知识学习、任务训练，直到任务完成达到合格为止。

电动式EPS主要由转矩传感器、转角传感器、车速传感器、电动机、电磁离合器、减速机构、电控单元等组成。带双小齿轮的电控机械式转向助力系统主要包括转向盘、带转向角度传感器G85的组合开关、转向柱电子装置电控单元G527、转向力矩传感器G269、电动机械式转向助力器电动机V187、转向器、转向辅助电控单元J500等。转向器由一个转向力矩传感器G269、一根扭转棒、一个转向小齿轮和一个驱动小齿轮、一个蜗杆传动装置，以及一个带电控单元的电动机组成。

思考题

1. 简述电动式 EPS 的组成及工作原理。
2. 简述转矩传感器的工作原理。
3. 试说明转向助力电动机是如何实现转向时正、反转控制的。
4. 简述电控机械式转向助力系统的控制原理。

素养提升

用行动诠释"汽车人"的工匠精神

提起"修车大王"陶巍的名字,在上海乃至全国修车界,几乎无人不晓。从业 40 多年来,他书写了许多传奇故事,一次又一次向世人展现中国汽修技师的实力。陶巍是上海幼狮汽车销售服务有限公司总经理、中国汽车维修行业协会副会长、高级技师,1988 年获得上海市八级工技术考核"001 号"证书,2016 年入选首批 88 名"上海工匠",荣获市劳动模范和全国五一劳动奖章。

1998 年 6 月,时任美国总统克林顿的专车在金茂大厦附近抛锚。刚从国外出差回沪的陶巍,一下飞机就被派去现场。"保险丝(熔丝)没断,但已枯竭,导电能力很差,声控炸弹传感器跳出来误报警。"他更换熔丝后,问题迎刃而解。

类似的事件陶巍不知道亲身经历了多少次,但每一次,陶巍都坚持着一个目标,那就是:外交无小事,把车修好,将国家的尊严维护好,汽车修理也同样守好了国门。

他治愈了许多别人看不好的毛病,陶巍却直言,只要在保养和维修时严格遵守工艺流程,汽车就没有疑难杂症。"我要求所有同事和徒弟,必须不折不扣地按照工艺标准操作。"他说,小到一个轮胎,安装时如果稍有马虎,钢圈就会出现微小变形,和地面的摩擦噪声也不一样。

汽车工匠代表的不仅是一门技艺,更是一种品格,一种精神。没有一流的心性,就没有一流的技术。

择一事,专一生。在平凡的岗位上蓬勃、忘我、执着,把一个简单的工作当作一项伟大的事业去完成,至精至诚,止于完美,是工匠精神的体现。

项目四
汽车电控悬架系统检修

 学习目标

通过本项目的学习，懂得汽车电控悬架系统的结构及工作原理，并具备从事汽车电控悬架系统维护及检修等工作的能力。

能够：
- ➡ 熟悉电控悬架的分类及控制功能。
- ➡ 掌握电控悬架系统的组成和工作原理。
- ➡ 掌握传感器及开关的结构及工作原理。
- ➡ 掌握电控悬架执行机构的结构及工作原理。
- ➡ 掌握雷克萨斯 LS400 轿车电控悬架的结构及工作原理。
- ➡ 掌握电控悬架的检修方法。

素养目标

通过"中国汽车之父饶斌"的学习，你将了解中国汽车工业走过的非同寻常的自强之路。

能够：
认识独立自主的重要性。
树立正确的奋斗目标。

某客户抱怨其驾驶的汽车电控悬架装置的车身高度控制功能失效，要求排除故障、修复此轿车。

汽车电控悬架系统检修主要包括电控悬架认识和电控悬架检修。

任务一　电控悬架认识

知识点：电控悬架的分类；电控悬架的控制功能；电控悬架的组成和工作原理；传感器及开关的结构及工作原理；电控单元（ECU）；执行机构的结构及工作原理。

能力点：认识电控悬架的主要部件，熟悉电控悬架的控制功能。

任务情境

电控悬架认识

客户来到4S店，想了解车辆关于电控悬架配置方面的问题。经理安排小王负责接待工作，小王根据顾客的需要对车辆的配置及性能加以介绍，出色地完成了这个任务。

任务分析

该任务是认识电控悬架的组成。完成此任务需要了解电控悬架的分类及控制功能；掌握电控悬架的基本组成及工作原理；掌握传感器及开关的结构及工作原理；掌握执行机构的结构及工作原理。

任务实施的相关专业知识

一、概述

传统的悬架系统一般具有固定的弹簧刚度和减振器阻尼力，不能同时满足汽车行驶平顺性和操纵稳定性的要求。例如：降低弹簧刚度，平顺性会变好，使乘坐舒适，但悬架偏软会使操纵稳定性变差；而增加弹簧刚度会提高操纵稳定性，但较硬的弹簧会使车辆对路面的不平度很敏感，使平顺性降低。因此，理想的悬架系统应在不同的使用条件下具有不同的弹簧刚度和减振器阻尼力，这样既能满足平顺性的要求又能满足操纵稳定性的要求。电控悬架系统就是这样一种理想的悬架系统。

1. 电控悬架系统的分类

电控悬架系统主要分为半主动悬架和主动悬架两种。

半主动悬架是指悬架元件中的弹簧刚度或减振器阻尼力可以根据需要进行调节。为减少执行元件所需的功率，主要采用调节减振器阻尼系数的方法。采用该方法只需提供调节控制阀、控制器和反馈调节器所消耗的较小功率即可。

主动悬架是一种具有做功能力的悬架，通常包括产生力和转矩的主动作用器（液压缸、气缸、伺服电动机、电磁铁等）、测量元件（加速度、位移和力传感器等）和反馈控制器等。

项目四　汽车电控悬架系统检修

主动悬架需要一个动力源（液压泵或空气压缩机等）为悬架系统提供连续的动力输入。当汽车载荷、行驶速度、路面状况等行驶条件发生变化时，主动悬架能根据需要自动调节弹簧刚度和减振器的阻尼力，从而能够同时满足汽车行驶平顺性和操纵稳定性等各方面的要求。主动悬架按照弹簧的类型不同，可以分为空气弹簧主动悬架和油气弹簧主动悬架。

2. 电控悬架系统的控制功能

电控悬架系统主要对车速与路面感应、车身姿态、车身高度三方面进行控制。

（1）车速与路面感应控制

1）当车速高时，电控悬架提高弹簧刚度和减振器阻尼力，以提高汽车高速行驶时的操纵稳定性。

2）当前轮遇到凸起时，电控悬架减小后轮悬架弹簧刚度和减振器阻尼力，以减小车身的振动和冲击。

3）当路面条件变差时，电控悬架提高弹簧刚度和减振器阻尼力，以抑制车身的振动。

（2）车身姿态控制

1）转向时侧倾控制。急转向时，电控悬架提高弹簧刚度和减振器阻尼力，以抑制车身的侧倾。

2）制动时点头控制。紧急制动时，电控悬架提高弹簧刚度和减振器阻尼力，以抑制车身的点头。

3）加速时后坐控制。急加速时，电控悬架提高弹簧刚度和减振器阻尼力，以抑制车身的后坐。

（3）车身高度控制　不管车辆负载在规定范围内如何变化，都可以保持汽车高度不变，车身保持水平，可大大减少汽车在转向时产生的侧倾。

1）高速感应控制。当汽车在良好路面上高速行驶（如车速超过90km/h）时，若汽车高度控制开关选择在"HIGH"上，其将自动转换为"NORM"，降低车身高度，以减少空气阻力，提高汽车行驶的稳定性。

2）连续差路面行驶控制。当汽车在连续差路面上行驶时，若车速为40～90km/h，提高车身高度，以提高汽车的通过性；若车速在90km/h以上，降低车身高度，以满足汽车行驶的稳定性。

3）点火开关OFF控制。驻车时，当点火开关关闭后，乘客和行李重量的变化使汽车高度高于目标高度时，能使汽车高度降低到目标高度，改善汽车驻车时的姿势（汽车高度降低），且便于乘客上下车。

4）自动高度控制。不管乘客和行李重量如何变化，操作高度控制开关能使汽车的目标高度变为"正常"或"高"的状态，保持车身高度恒定。

二、电控悬架系统的组成和工作原理

虽然电控悬架系统的结构形式多种多样，但它们的基本组成大体相同，一般都由传感器及开关、电控单元和执行机构等组成。传感器主要有车身高度传感器、车速传感器、加速度传感器、转向盘转角传感器、节气门位置传感器等；开关有模式选择开关、制动灯开关、停车开关和车门开关等。执行机构有可调阻尼的减振器、可调节弹簧高度和弹性大小的弹性元件等。电控单元一般由微机和信号放大电路组成。

电控悬架系统的一般工作原理是：利用传感器（包括开关）对汽车行驶时路面的状况

和车身的状态进行检测，将检测信号输入计算机进行处理，计算机通过驱动电路控制悬架系统的执行器动作，完成悬架特性参数的调整，其工作原理框图如图4-1所示。

图4-1 电控悬架系统的工作原理框图

三、传感器及开关

1. 转向盘转角传感器

转向盘转角传感器装在转向轴上，用于检测转向盘的中间位置、转动方向、转动角度和转动速度。在电控悬架中，电控单元根据车速传感器信号和转角传感器信号，判断汽车转向时侧向力的大小和方向，提高操纵稳定性、防止侧倾。

现代汽车多采用光电式转角传感器。图4-2所示为光电式转角传感器的安装位置和结构。在转向盘的转向轴上装有一个带窄缝的圆盘，传感器的光电元件（发光二极管）和光电接收元件（光敏晶体管）相对地装在圆盘两侧形成遮光盘。由于圆盘上的窄缝呈等距均匀分布，当转向盘的转轴带动圆盘偏转时，窄缝圆盘将扫过遮光盘中间的空穴，从而使遮光盘的输出端进行ON、OFF转换，形成脉冲信号。

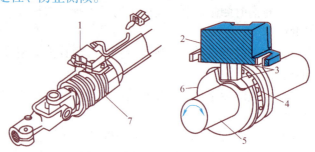

图4-2 光电式转角传感器的安装位置和结构
1、2—转角传感器 3—光电元件 4—遮光盘
5—转向轴 6、7—传感器圆盘

光电式转角传感器的工作原理如图4-3所示，电路原理如图4-4所示。当转动转向盘时，带窄缝的圆盘使遮光盘之间的光束产生通/断的变化，遮光盘的这种反复开/关状态产生与转角成一定比例的一系列数字信号，系统控制装置可根据此信号的变化来判断转向盘的转角与转速。同时，由于传感器上两个光电耦合器ON/OFF信号变换的相位错开约90°，可根据检测到的脉冲信号的相位差来判断转向盘的偏转方向。

2. 车身高度传感器

车身高度传感器的功用是将车身与车桥之间的相对高度变化（悬架变形量的变化）转换为电信号并送给电控单元。有的车型有3个车身高度传感器，而有的车型有4个。在每个悬架上都装有一个车身高度传感器，通过它监测车身与悬架下臂之间的距离变化，从而检测汽车高度和因道路不平而引起的悬架位移量。常用的车身高度传感器有片簧开关式、霍尔式和光电式，其中前两种是接触式传感器，在使用中存在由于磨损而影响检测精度的缺点；后一种是光电式传感器（即非接触式传感器），不存在上述缺点，因而应用广泛。

项目四 汽车电控悬架系统检修

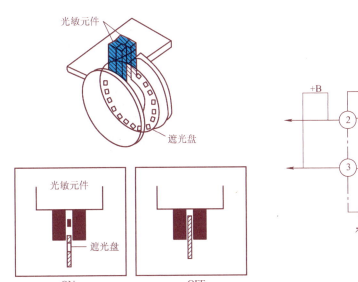

图 4-3 光电式转角传感器的工作原理　　图 4-4 光电式转角传感器的电路原理

（1）片簧开关式车身高度传感器　片簧开关式车身高度传感器有 4 组触点式开关，它们分别与相应的 2 个晶体管相连接，构成 4 个检测回路，如图 4-5 所示。该传感器将车身高度划分为低、正常、高、超高 4 个检测区域。

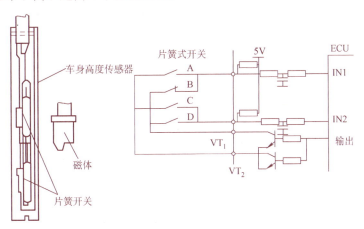

图 4-5 片簧开关式车身高度传感器

当车身高度调到正常高度时，如果车身高度偏离正常高度（如车辆乘员增加使车身高度降低），片簧开关式车身高度传感器就会有一对触点接触，将产生的车身高度降低的电信号输送给电控单元，电控单元根据得到的信号进行处理后，输出指令到执行器，执行器控制相关元件使车身高度恢复到正常值。

（2）霍尔式车身高度传感器　霍尔式车身高度传感器一般由两个霍尔集成电路、磁体等组成，其结构如图 4-6 所示。当车身高度发生变化时，两个磁体就会产生相对位移，在两个霍尔集成电路上就会产生相应的霍尔电压信号，电控单元根据接收到的信号就可以判定车

229

身高度状态，从而发出指令控制执行器做出相关调整。

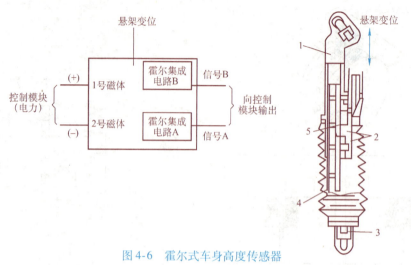

图 4-6 霍尔式车身高度传感器
1—传感器体 2—霍尔集成电路 3—弹簧夹 4—滑动轴 5—窗孔

（3）光电式车身高度传感器 光电式车身高度传感器应用比较广泛，一般安装在车身与车桥之间（图 4-7），其结构及工作原理如图 4-8 所示。

传感器内有一根靠连杆带动转动的转轴，转轴上装着一个开有许多窄槽的圆盘，圆盘两边是由发光二极管和光电晶体管组成的光耦合器。每个光耦合器有四组发光二极管和光电晶体管。当车身高度发生变化（如汽车载荷发生变化）时，车身与车轮的相对运动使车身高度传感器的连杆转

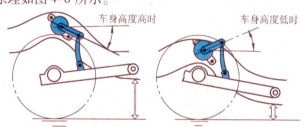

图 4-7 光电式车身高度传感器的安装位置

动，通过传感器轴带动圆盘转动，使光耦合器相对应的发光二极管和光电晶体管上的光线发生 ON/OFF 的转换。光电晶体管把接收到的光线 ON/OFF 的变化转换成电信号，并通过导线输送给悬架电控单元。电控单元根据光耦合器 ON/OFF 转换的不同组合变化，检测出不同的车身高度。

3. 加速度传感器

当车轮打滑时，不能以转向角和汽车车速正确判断车身侧向力的大小。为了直接测出车身横向加速度和纵向加速度，可以利用加速度传感器。横向加速度传感器主要用于检测汽车转向时，汽车因离心力的作用而产生的横向加速度，并将产生的电信号输送给电控单元，使电控单元能判断出悬架系统阻尼力改变的大小及空气弹簧中空气压力的调节情况，以维持车身的最佳姿势。

常用的加速度传感器有差动变压器式和钢球位移式等。

（1）差动变压器式加速度传感器 图 4-9 所示为差动变压器式加速度传感器的结构，图 4-10 所示为差动变压器式加速度传感器的工作原理。

项目四 汽车电控悬架系统检修

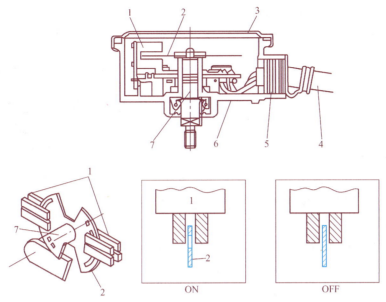

图 4-8 光电式车身高度传感器的结构及工作原理
1—遮光器 2—圆盘 3—传感器盖 4—信号线
5—金属油封环 6—传感器壳 7—传感器轴

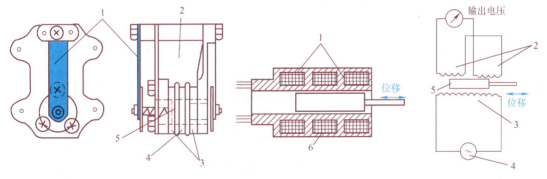

图 4-9 差动变压器式加
速度传感器的结构
1—弹簧 2—封入硅油 3—检测
线圈 4—励磁线圈 5—心杆

图 4-10 差动变压器式加速度传感器的工作原理
1、2—二次绕组 3、6—一次绕组 4—电源 5—心杆

在励磁线圈（一次绕组）通以交流电的情况下，当汽车转弯（或加、减速）行驶时，心杆在汽车横向力（或纵向力）的作用下产生位移，随着心杆位置的变化，检测线圈（二次绕组）的输出电压发生变化。检测线圈的输出电压与汽车横向力（或纵向力）一一对应，反映了汽车横向力（或纵向力）的大小，对车身姿势进行控制。

（2）钢球位移式加速度传感器 钢球位移式加速度传感器的结构如图 4-11 所示。根据所检测的力（横向力、纵向力或垂直力）不同，加速度传感器的安装方向也不一样。如汽车转弯行驶时，钢球在汽车横向力的作用下产生位移，随着钢球位置的变化，造成线圈的输

231

出电压发生变化。悬架电控装置根据加速度传感器输入的信号即可正确判断汽车横向力的大小,从而实现对汽车车身姿势的控制。

4. 车速传感器

车速传感器安装在车轮上,用于检测转速信号。汽车车身的侧倾程度取决于车速和汽车转弯半径的大小。通过对车速的检测来调节电控悬架的阻尼力,从而改善汽车行驶的安全性。

常用的车速传感器有舌簧开关式车速传感器、磁阻元件式车速传感器、磁脉冲式车速传感器和光电式车速传感器等。舌簧开关式和光电式车速传感器通常安装在汽车仪表板上,与车速表装在一起,并用软轴与变速器的输出轴相连;磁阻元件式和磁脉冲式车速传感器安装在变速器上,通过蜗杆蜗轮机构与变速器的输出轴相连。

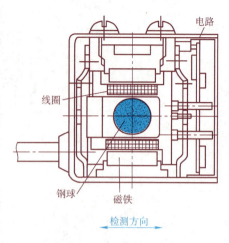

图 4-11 钢球位移式加速度传感器的结构

5. 节气门位置传感器

节气门位置传感器可以间接检测汽车加速信号,判断汽车是否在进行急加速。节气门位置传感器将信号输入发动机电控单元,发动机电控单元再将此信号输入悬架电控单元,悬架电控单元利用此信号作为防下坐控制的一个工作状态参数。

6. 车门传感器

车门传感器可用于防止行驶过程中车门未关闭。

7. 高度控制开关

高度控制开关用来选择汽车高度,电控单元检测高度控制开关的状态并相应地使汽车高度上升和下降,有的汽车还有高度控制 ON/OFF 开关,用于停止车高控制。

8. 制动灯开关

当踩下制动踏板时,制动灯开关接通,电控单元接收这个信号作为防点头控制的一个起始状态。

9. 模式选择开关

模式选择开关位于变速器操纵手柄旁,如图 4-12 所示。驾驶人根据汽车的行驶状况和路面情况选择悬架的运行模式,即悬架的"软""中"或"硬"状态,从而决定减振器的阻尼力大小。

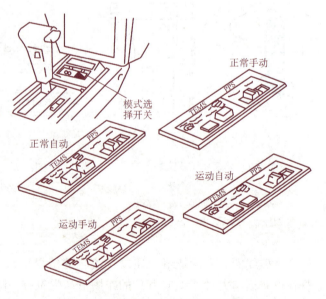

图 4-12 模式选择开关的位置和操作方法

驾驶人通过控制模式选择开关,可使悬架系统工作在 4 种运行模式:自动、标准(Auto、Normal);自动、运动(Auto、Sport);手动、标准(Manu、Normal);手动、运动(Manu、Sport)。当选择自动档时,悬架系统可以根据汽车的行驶状态自动调节减振器的阻尼力，以保证汽车的乘坐舒适性和操纵稳定性。当选择手动档时，悬架系统的阻尼力只有标准（中等）和运动（硬）两种状态的转换。

四、悬架电控单元（ECU）

悬架电控单元接收各传感器及开关输入的信号，通过运算处理，控制执行器进行适应性调节，保持车辆的平顺性和操纵稳定性。一般由输入电路、微处理器、输出电路和电源电路等组成，如图4-13所示。ECU具有提供稳压电源、传感器信号放大、输入信号计算、驱动执行机构和故障检测等功能。

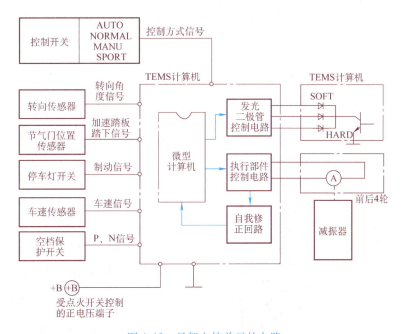

图4-13　悬架电控单元的电路

1）提供稳压电源。控制装置内部所用电源和供各种传感器的电源均由稳压电源提供。

2）传感器信号的放大。用接口电路将输入信号（如各种传感器信号、开关信号）中的干扰信号除去，然后经放大、变换极值、比较极值变换为适合输入控制装置的信号。

3）输入信号计算。ECU根据预先写入只读存储器ROM中的程序对各输入信号进行计算，并将计算结果与内存的数据进行比较，然后向执行机构（电动机、电磁阀、继电器等）发出控制信号。当输入ECU的信号除了开/关信号外还有电压信号时，还应进行A—D转换。

4）驱动执行机构。悬架ECU利用输出驱动电路将输出驱动信号放大，然后输送到各执行机构（如电动机、电磁阀、继电器等），以实现对汽车悬架参数的控制。

5）故障检测。悬架ECU利用故障检测电路来检测传感器、执行器、电路等的故障。当发生故障时，将信号送入悬架ECU，发生故障时也能使悬架系统安全工作，而且在修理故障时容易确定故障所在位置。

五、执行机构

1. 空气弹簧

空气弹簧由主气室、副气室、弹性刚度执行机构、阻尼转换执行机构和液压减振器等组成,如图4-14所示。悬架上端与车身连接,下端与车轮连接。主气室的容积是可变的,在它的下部有一个可伸展的隔膜,压缩空气进入主气室可升高悬架;反之,悬架下降。悬架刚度执行机构在主气室与副气室之间,主、副气室之间通过一个通路使气体相互流动,改变主、副气室之间气体通路的大小可以使主气室被压缩的空气量发生变化,即可改变空气弹簧的刚度。减振器活塞通过中心杆和悬架控制执行器连接,执行器带动阻尼调节杆转动可改变活塞上阻尼孔的大小,从而改变减振器的阻尼系数。由此可见,弹簧刚度是通过主气室与副气室进行调节的,阻尼系数是通过减振器进行调节的。

2. 悬架阻尼调节装置

(1) 可调阻尼式减振器　可调阻尼式减振器主要由缸筒、活塞及活塞控制杆、旋转阀等组成,如图4-15所示。活塞杆是一个空心杆,在其中心装有控制杆,控制杆的上端与执行器相连。控制杆的下端装有旋转阀,旋转阀和活塞杆上分别有两个通孔。缸筒中的油液一部分经活塞上的阻尼孔在缸筒的上、下两腔流动;一部分经旋转阀与活塞杆上连通的孔在缸筒的上、下两腔流动。

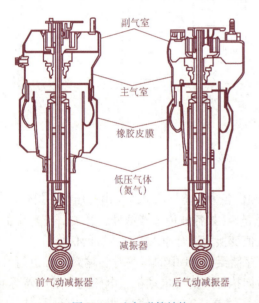

图4-14　空气弹簧结构

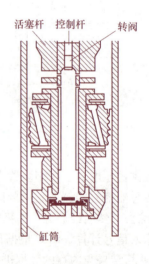

图4-15　可调阻尼式减振器结构

当ECU促使执行器工作时,通过控制杆带动旋转阀相对活塞杆转动,旋转阀与活塞杆上的油孔连通或切断,从而增加或减少油液的流通面积,使油液的流动阻力改变,达到调节减振器阻尼力的目的。

1) 较软阻尼力时,所有活塞杆通孔全部开启,如图4-16所示。

2) 中等阻尼力时,通孔B打开,通孔A关闭,如图4-17所示。

项目四　汽车电控悬架系统检修

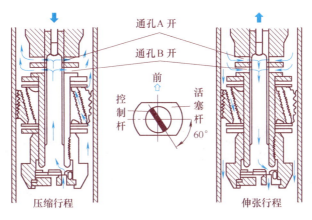

图 4-16　阻尼力较软时

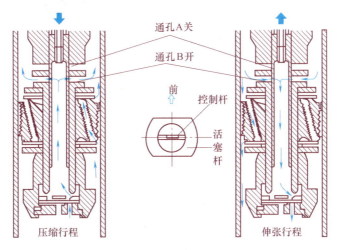

图 4-17　阻尼力中等时

3）较强阻尼力时两对通孔全部关闭，如图 4-18 所示。

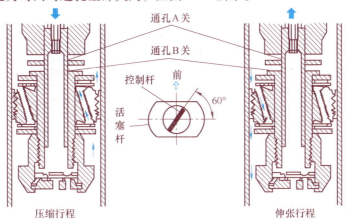

图 4-18　阻尼力较强时

（2）阻尼转换执行机构　阻尼转换执行机构装在减振器的上部，由直流电动机、减速齿轮、控制杆、电磁铁和挡块等组成，如图4-19所示。电控悬架ECU根据接收到的信号，使直流电动机驱动扇形的减速齿轮左右转动，通过控制杆带动减振器中的回转阀旋转，有级地改变阻尼孔的开、闭，从而改变阻尼系数（即减振阻力）。

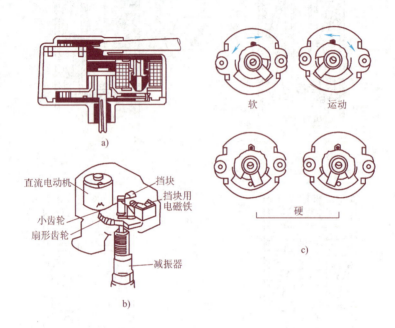

图4-19　阻尼转换执行机构

3. 悬架刚度调节装置

悬架刚度调节是通过悬架刚度执行机构开闭主气室与副气室的隔板，改变气室的容积而实现的（即增大容积使刚度变小，减小容积使刚度增加）。ECU根据车辆状态信号及时调节悬架刚度，高速行驶时转换为大刚度，低速行驶时转换为小刚度；制动时使前悬架刚度增加，加速时使后悬架刚度增加；而转弯时使左、右悬架刚度调节以减少侧倾。一般减小空气弹簧刚度会使汽车增大侧倾、下挫或点头，因此悬架刚度的控制在多数情况下是和汽车高度和阻尼系数的调节相结合使用，以便于从总体上改善平顺性。

悬架刚度执行机构由刚度控制阀和执行机构等组成，如图4-20所示。执行机构位于减振器的顶部，与阻尼系数控制机构组装在一起。刚度控制阀装在空气弹簧副气室的中部，如图4-21所示。刚度控制阀由空气阀、阀体和空气阀控制杆组成，空气阀在截面上有一个空气孔，外部的阀体在截面上有大小不同的空气孔。

当空气阀由电动机驱动的控制杆带动旋转到"软"的位置时，空气弹簧主气室的气体

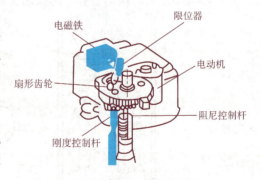

图4-20　悬架刚度执行机构

项目四 汽车电控悬架系统检修

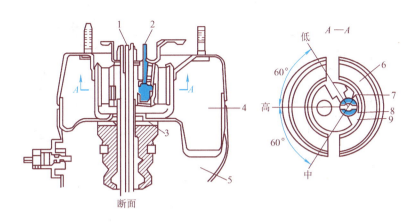

图 4-21 刚度控制阀
1—阻尼调节杆 2—空气阀控制杆 3—主、副气室通道 4—副气室
5—主气室 6—阀体 7—气体通道 8—阀芯 9—大气通道

经过空气阀的中间孔、阀体侧面的大空气孔（大流通孔）与副气室相通，此时参与工作的气体容积最大，悬架刚度处于最小状态；当空气阀被旋转到"中"位置时，主气室与副气室的气体经过空气阀的中间孔与阀体侧面的小空气孔相通，主、副气室之间的气体流量较小，悬架刚度处于中等状态；当空气阀被旋转到"硬"位置时，主气室与副气室的空气通道被空气阀挡住，此时仅仅靠主气室中的气体承担缓冲任务，悬架刚度处于最大状态。

4. 车身高度控制执行机构

车身高度控制是指根据乘员人数、装载质量和汽车的状态自动调节汽车高度。当乘员人数和装载质量增加或减少时，汽车高度自动保持一定，使汽车行驶平稳；当在高低不平的路面上行驶时，为防止发生车架与车身之间的撞击，ECU 控制悬架弹簧的行程在一定范围内；当高速行驶时，为减少空气阻力而降低车身高度；当汽车停车后，乘员下车或装载质量减少后车身高度增加时，ECU 会控制空气弹簧在几秒钟内将空气少量排出，降低车身高度。

车身高度控制执行机构主要由空气阀、空气压缩机和设置在悬架之上的主气室组成。

车身高度控制主要是利用空气弹簧中主气室空气量的多少来进行调节的。当 ECU 接收到车身高度传感器、车速传感器、车门开关等信号后，经过处理判断，若是增加车身高度，则控制执行机构向空气弹簧主气室充气，增加空气量使汽车高度增加；若是降低车身高度，则控制执行机构打开排气装置向外排气，使空气弹簧主气室的空气量减少而降低车身高度。车身高度控制原理如图 4-22 所示。

空气压缩机的结构如图 4-23 所示，由驱动电动机、排气阀、干燥器等组成。它由电动机驱动，根据悬架 ECU 的信号向干燥器输送提高车身高度必需的压缩空气。干燥器可将空气中的水分过滤掉。排气阀从系统中放出压缩空气，同时排掉干燥器滤出的空气水分。

高度控制阀是一个二位二通电磁阀，如图 4-24 所示，通过向空气弹簧的主气室内进气和排气来控制汽车的高度。

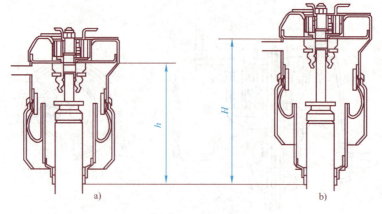

图 4-22 车身高度控制原理

a）车身高度低 b）车身高度高

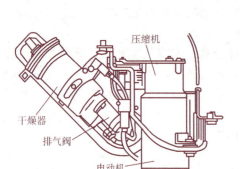

图 4-23 空气压缩机的结构

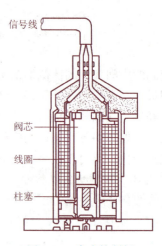

图 4-24 高度控制阀

任务实施

一、任务实施的环境

1）装备电控悬架系统的车辆。
2）车辆展台。
3）相关车型手册。
4）车辆技术状况良好。
5）仪器操作手册。
6）注意环保及安全操作。

二、任务实施的步骤

电控悬架认识工作任务的完成可参考下面的步骤。

第1步：提供车型手册及相关车辆宣传资料。

第2步：介绍电控悬架的控制功能及特点。

项目四 汽车电控悬架系统检修

第 3 步：向客户介绍电控悬架装置的基本结构及工作原理。

第 4 步：演示电控悬架装置功能控制的正确使用方法，并说明使用注意事项。

三、技能训练及相关实践知识

电控悬架认识技能训练

【训练任务】目前，装备电控悬架装置的车型越来越多。顾客来到4S店，想了解不同类型电控悬架的结构及性能特点，以及使用过程中应注意的问题。销售人员需对此做出详细解释。

【训练建议】以小组形式完成。由一名学生扮演4S店销售人员，其余学生扮演顾客。然后按要求逐项填写技能训练评价表。

【评价建议】可用如下技能训练评价表对学生的操作技能进行评价。

技能训练评价表

学生姓名			学　号			
测评日期			测评地点			
测评内容			电控悬架认识			
考评标准	内　容		分值/分	自评	互评	师评
	车辆信息描述		30			
	电控悬架的性能特点		20			
	电控悬架的结构组成		20			
	电控悬架功能控制的正确使用		30			
	合　计		100			
最终得分（自评30% + 互评30% + 师评40%）						

说明：测评满分为100分，60～74分为及格，75～84分为良好，85分及以上为优秀。不足60分的学生，需重新进行知识学习、任务训练，直到任务完成达到合格为止。

电控悬架系统主要有半主动悬架和主动悬架两种。电控悬架系统主要对车速及路面感应、车身姿态、车身高度三方面进行控制。电控悬架系统一般由传感器及开关、电控单元和执行机构等组成。传感器主要有车身高度传感器、车速传感器、加速度传感器、转向盘转角传感器、节气门位置传感器等；开关有模式选择开关、制动灯开关、停车开关和车门开关等。执行机构有可调阻尼的减振器，可调节弹簧高度和弹性大小的弹性元件等。电控单元一般由微机和信号放大电路组成。空气弹簧由主气室、副气室、弹性刚度执行机构、阻尼转换执行机构和液压减振器等组成。车身高度控制执行机构主要由空气阀、空气压缩机和设置在悬架之上的主气室组成。车身高度控制主要是利用空气弹簧中主气室空气量的多少来进行调节的。

汽车底盘电控系统检测与修复 第3版

思考题

1. 电控悬架是如何分类的？各有什么特点？
2. 电控悬架可以实现哪些控制功能？
3. 简述车身高度传感器的结构及工作原理。
4. 悬架阻尼调节装置是如何工作的？
5. 电控悬架是如何实现悬架刚度调节的？

任务二 电控悬架检修

知识点：雷克萨斯LS400轿车电控悬架系统的组成；雷克萨斯LS400轿车电控悬架的工作原理。

能力点：检修电控悬架装置。

任务情境

电控悬架检修

客户反映，他所驾驶的轿车最近出现电控悬架不能升高的故障，轿车行驶时车身很低，只能在非常平坦的道路上行驶。师傅让维修工小王对车辆进行检查，查找并排除故障。小王很快动手并完成了这项任务。

任务分析

该任务是检修电控悬架，完成此任务需要了解电控悬架系统的操作；掌握电控悬架的组成及工作原理；掌握电控悬架的检修方法。

任务实施的相关专业知识

雷克萨斯LS400轿车电控悬架系统为主动式空气弹簧悬架。它可以对车身高度、弹簧刚度及减振器阻尼力进行综合控制，可以抑制车辆侧倾、制动时前部点头和高速行驶时后部下沉等汽车行驶状态变化，因此具有良好的乘坐舒适性和操纵稳定性。

一、系统的组成

雷克萨斯LS400轿车电控悬架系统由空气压缩机、干燥器、排气阀、高度控制阀、高度控制继电器、高度传感器、转向传感器、悬架控制执行器、悬架ECU、悬架刚度调节装置和减振器阻尼力调节装置等组成。雷克萨斯 LS400 轿车的电控悬架系统元件在车上的位置如图 4-25 所示。

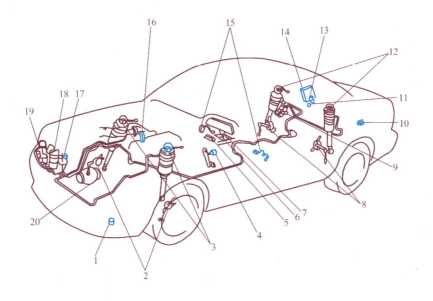

图 4-25　雷克萨斯 LS400 轿车的电控悬架系统元件在车上的位置
1—1 号高度控制继电器　2—前车身高度传感器　3—前悬架控制执行器　4—制动灯开关　5—转向传感器　6—高度控制开关　7—雷克萨斯乘坐控制（LRC）开关　8—后车身高度传感器　9—2 号高度控制阀和溢流阀　10—高度控制 ON/OFF 开关　11—高度控制插接器　12—后悬架控制执行器　13—2 号高度控制继电器　14—悬架 ECU　15—门控灯开关　16—主节气门位置传感器　17—1 号高度控制阀　18—高度控制压缩机　19—干燥器和排气阀　20—集成电路（IC）调节器

二、系统操作

雷克萨斯 LS400 轿车电控悬架系统有 3 个操作选择开关：高度控制 ON/OFF 开关、高度控制开关和平顺性开关。

高度控制 ON/OFF 开关安装在汽车尾部行李舱的左边。当高度控制 ON/OFF 开关处于 ON 位置时，系统可按选择方式进行车身高度自动控制；当该开关处于 OFF 位置时，系统不执行车身高度控制。

高度控制开关和平顺性开关安装在驾驶室内变速杆的旁边。高度控制开关用于控制车身高度，当高度控制开关处于"High"位置时，系统对车身高度进行"高值自动控制"；当高度控制开关处于"NORM"位置时，车身高度则进入"常规值自动控制"状态。

平顺性开关用于选择控制悬架的刚度、阻尼力参数。当平顺性开关处于"SPORT"位置时，系统进入"高速行驶自动控制"；当平顺性处于"NORM"位置时，系统对悬架刚度、阻尼力进行"常规值自动控制"。此时，悬架 ECU 根据车速传感器等信号，使悬架的刚度、阻尼力自动地处于平顺性软、平顺性中或平顺性硬 3 个状态。

三、工作原理

1. 车身高度控制

车身高度控制系统由压缩机、干燥器、排气阀、1号高度控制继电器、2号高度控制继电器、1号高度控制阀、2号高度控制阀、前后左右4个空气弹簧、4个车身高度传感器及悬架ECU等组成。图4-26所示为车身高度控制系统示意图,图4-27所示为1号、2号高度控制阀控制电路,图4-28所示为空气压缩机控制电路。

当点火开关接通时,悬架ECU使2号高度控制继电器线圈通电,2号高度控制继电器触点闭合,使前、后、左、右4个高度传感器接通蓄电池电源。当车身高度需要上升时,从悬架ECU的RCMP端子送出一个信号,使1号高度控制继电器接通,1号高度控制继电器触点闭合,压缩机控制电路接通产生压缩空气。悬架ECU使高度控制电磁阀线圈通电后,电磁线圈将高度控制阀打开,并将压缩空气引向空气弹簧,从而使车身高度上升。

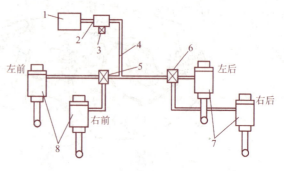

图4-26 车身高度控制系统示意图

1—压缩机 2—干燥器 3—排气阀 4—空气管 5—1号高度控制阀 6—2号高度控制阀 7、8—空气弹簧

当车身高度需要下降时,悬架ECU不仅使高度控制阀电磁线圈通电,而且使排气阀电磁线圈通电,排气阀电磁线圈使排气阀打开,将空气弹簧中的压缩空气排到大气中。

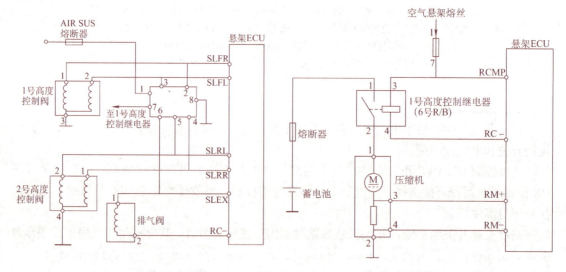

图4-27 1号、2号高度控制阀控制电路   图4-28 空气压缩机控制电路

1号高度控制阀用于前悬架控制,它有两个电磁阀分别控制左、右两个空气弹簧。2号高度控制阀用于后悬架控制,它与1号高度控制阀一样,也采用两个电磁阀。为了防止空气管路中产生不正常的压力,2号高度控制阀中采用了一个溢流阀。

电控悬架系统的车身高度传感器采用光电式传感器。为了检测汽车高度度和因道路不平

项目四 汽车电控悬架系统检修

而引起的悬架位移量,在每个悬架上都装有一个车身高度传感器,用于连续监测车身与悬架下臂之间的距离。图4-29所示为车身高度传感器与悬架 ECU 之间的连接电路。

2. 弹簧刚度和减振器阻尼力控制

电控空气悬架系统空气弹簧的结构如图4-30所示。悬架系统弹簧刚度和减振器阻尼力控制执行器安装在空气弹簧的上部。悬架控制执行器电路如图4-31所示。悬架 ECU 将信号送至悬架控制执行器用以同时驱动减振器的阻尼调节杆和空气弹簧的气阀控制杆,从而改变减振器的阻尼力和悬架弹簧刚度。

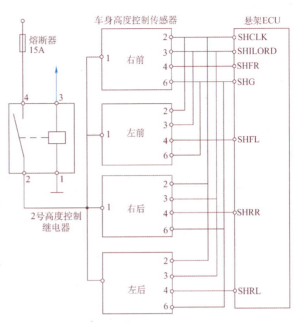

图4-29 车身高度传感器与悬架 ECU 之间的连接电路

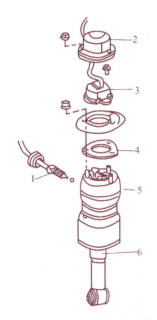

图4-30 电控空气悬架系统空气弹簧的结构
1—空气管 2—执行器盖 3—执行器
4—悬架支座 5—气室 6—减振器

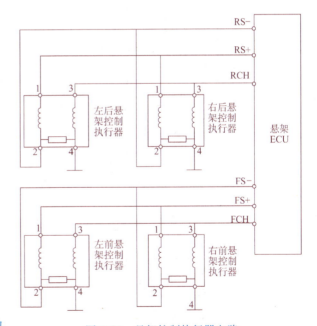

图4-31 悬架控制执行器电路

四、系统电路图

图4-32所示为雷克萨斯 LS400 轿车电控空气悬架系统的电路连接图,图4-33所示为悬架系统 ECU 插接器。

243

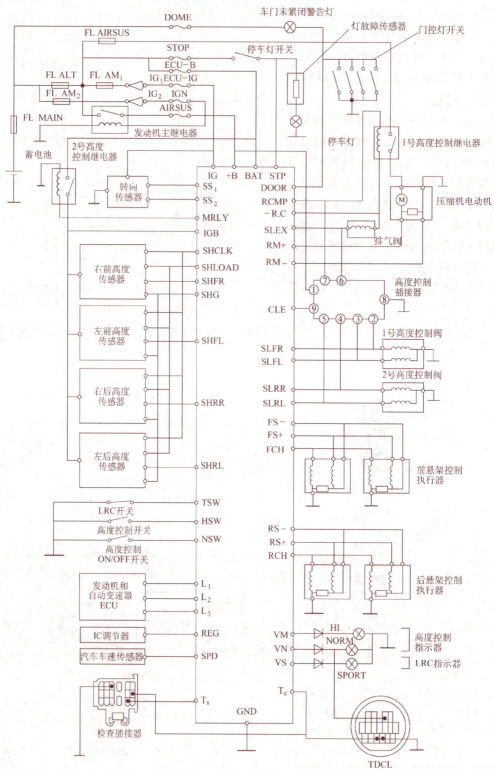

图 4-32 雷克萨斯 LS400 轿车电控空气悬架系统的电路连接图

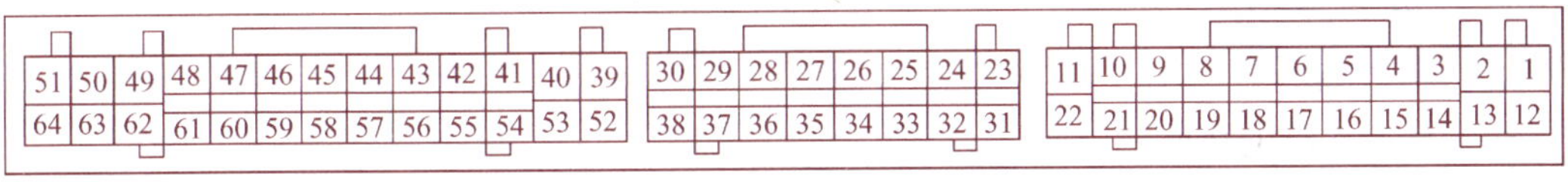

项目四 汽车电控悬架系统检修

```
51 50 49 48 47 46 45 44 43 42 41 40 39   30 29 28 27 26 25 24 23   11 10 9 8 7 6 5 4 3 2 1
64 63 62 61 60 59 58 57 56 55 54 53 52   38 37 36 35 34 33 32 31   22 21 20 19 18 17 16 15 14 13 12
```

图 4-33　悬架系统 ECU 插接器

表 4-1 为插接器各接线端子与 ECU 连接对象的对应关系。

表 4-1　插接器各接线端子与 ECU 连接对象的对应关系

序号	代号	连接对象	序号	代号	连接对象
1	SLFR	1 号右高度控制阀	33		
2	SLRR	2 号右高度控制阀	34	CLE	高度控制插接器
3	RCMP	1 号高度控制继电器	35		
4	SHRL	左后高度传感器	36		
5	SHRR	右后高度传感器	37		
6	SHFL	左前高度传感器	38	RM −	压缩机电动机
7	SHFR	右前高度传感器	39	+ B	悬架控制执行器电源
8	NSW	高度控制 ON/OFF 开关	40	IGB	高度控制电源
9			41	BAT	备用电源
10	TSW	LRC 开关	42		
11	STP	停车灯开关	43	SHLOAD	高度传感器
12	SLFL	1 号高度控制阀	44	SHCLK	高度传感器
13	SLRL	2 号高度控制阀	45	MRLY	2 号高度控制继电器
14			46	VH	高度控制 "High" 指示灯
15			47	VN	高度控制 "Normal" 指示灯
16			48		
17			49	FS +	前悬架控制执行器
18			50	FS −	前悬架控制执行器
19			51	FCH	前悬架控制执行器
20	DOOR	门控灯开关	52	IG	点火开关
21	HSW	高度控制开关	53	GND	ECU 搭铁
22	SLEX	排气阀	54	− RC	1 号高度控制继电器
23	L_1	发动机和自动变速器 ECU	55	SHG	高度控制传感器
24	L_3	发动机和自动变速器 ECU	56		
25	T_c	TDCL 和检查插接器	57		
26	T_s	检查插接器	58		
27	SPD	汽车车速传感器	59	VS	LRC 指示灯
28	SS_2	转向传感器	60		
29	SS_1	转向传感器	61		
30	RM +	压缩机传感器	62	RS +	后悬架控制执行器
31	L_2	发动机和自动变速器 ECU	63	RS −	后悬架控制执行器
32	REG	IC 调节器	64	RCH	后悬架控制执行器

245

任务实施

一、任务实施的环境

1) 拆装及检修前车辆可靠驻停。
2) 正确选用拆装与检修工具。
3) 相关车型维修手册。
4) 发动机技术状况良好。
5) 仪器操作手册。
6) 注意环保及安全操作。

二、任务实施的步骤

1. 初步检查（功能检查）

（1）汽车高度调整功能的检查

1) 检查轮胎气压是否正常（前、后轮胎气压分别为 0.23MPa 和 0.25MPa）。
2) 检查汽车高度（下横臂安装螺栓中心到地面的距离）。
3) 高度控制开关如图 4-34 所示。起动发动机，将高度控制开关由"NORM"位置转换到"HIGH"位置，车身高度应升高 10~30mm，从操作高度开关到压缩机起动的时间应为 2s，从压缩机起动到高度调整完成的时间为 20~40s。
4) 使车辆处于"HIGH"高度调整状态，起动发动机，将高度调整开关从"HIGH"位置转换到"NORM"位置，车辆高度变化应为 10~30mm，从操作高度开关到压缩机起动的时间应为 2s，从开始排气到高度调整结束的时间为 20~40s。

（2）溢流阀的检查 当压缩机工作时，检查溢流阀是否工作。

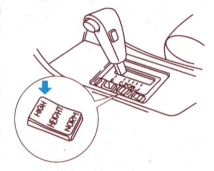

图 4-34 高度控制开关

1) 将点火开关置于 ON 位置，将高度控制插接器的 1、7 端子跨接，如图 4-35 所示，使压缩机工作。
2) 压缩机工作一会后，检查溢流阀是否排气，如图 4-36 所示。如果不排气，则说明溢流阀堵塞、压缩机故障或有漏气的部位。

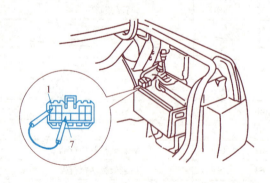

图 4-35 跨接高度控制插接器的 1、7 端子

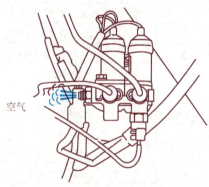

图 4-36 检查溢流阀

3)检查结束后,将点火开关置于OFF位置,清除故障码。

(3)漏气检查

1)将高度控制开关置于"HIGH"位置,使车辆高度升高。

2)使发动机熄火。

3)在管路的接头处涂抹肥皂水,如图4-37所示,检查是否有漏气部位。

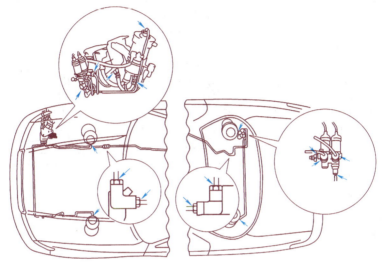

图4-37 检查漏气

(4)汽车高度调整 在进行汽车高度调整时,必须将高度控制开关置于"NORM"位置。应在水平路面上进行高度调整,务必将汽车的高度调整到标准范围以内。

1)检查汽车高度。在相应的测量点检查车身高度是否合适,如图4-38所示。

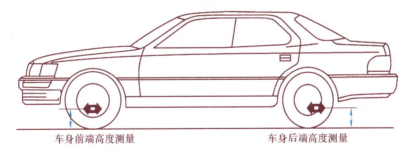

图4-38 车身高度测量点

2)调整汽车高度。

① 旋松车身高度传感器连杆上的两个锁紧螺母。

② 转动车身高度传感器连接杆的螺栓以调节长度。车身高度传感器连接杆每转一圈能使汽车高度改变大约4mm,如图4-39所示。

③ 检查车身高度。检查传感器连接杆的尺寸是否小于极限值。前、后悬架的极限值均为13mm。

④ 预拧紧两个锁紧螺母。

⑤ 再次检查汽车高度。

⑥ 旋紧锁紧螺母。拧紧力矩为 4.4N·m。注意：在拧紧锁紧螺母时，应确保球节与托架平行。

3）检查车轮定位。

2. 故障自诊断

（1）指示灯检查

1）将点火开关置于 ON 位置。

2）LRC 指示灯（SPORT 指示灯）和 HEIGHT 指示灯（NORM 和 HI 指示灯）应亮 2s。指示灯的位置如图 4-40 所示。

3）如果 NORM 指示灯以 1s 的间隔时间闪亮时，表明 ECU 中存有故障码，如果出现故障，应检查相应电路。

（2）读取故障码

1）将点火开关置于 ON 位置。

2）跨接 TDCL 或检查插接器的 Tc 与 E1 端子，如图 4-41 所示。

3）从 NORM 指示灯的闪烁频率读取故障码。NORM 指示灯的位置如图 4-42 所示。

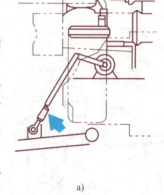
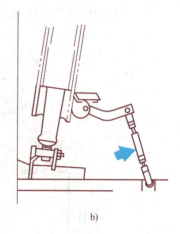

图 4-39　车身高度传感器连接杆的调整位置

a）前连接杆的调整位置　b）后连接杆的调整位置

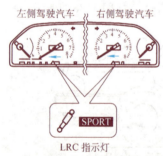

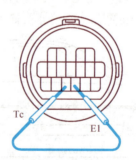
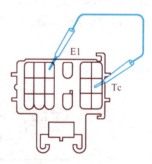

图 4-41　跨接 TDCL 或检查插接器的 Tc 与 E1 端子

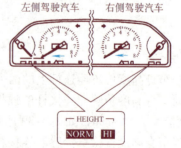

图 4-40　指示灯的位置　　　图 4-42　NORM 指示灯的位置

如果高度控制 ON/OFF 开关置于 OFF 位置，会输出代码 71，这是正常的。

（3）清除故障码　将点火开关置于 OFF 位置，拆下 1 号接线盒中的 ECU–B 熔丝（图 4-43）等待 10s 以上；或将点火开关置于 OFF 位置，跨接高度控制插接器的端子 9 与端子 8（图 4-44），等待 10s 以上。

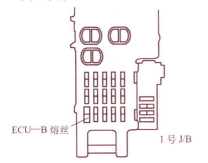

图 4-43　拆下 1 号接线盒中的 ECU-B 熔丝

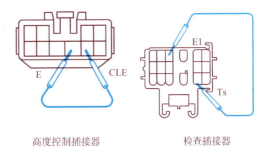

图 4-44　跨接高度控制插接器的端子 9 与端子 8

3. 故障码表

雷克萨斯 LS400 轿车电控悬架系统故障码见表 4-2。

表 4-2　雷克萨斯 LS400 轿车电控悬架系统故障码表

故障码	系　　统	故障部位	故障原因
11	右前车身高度传感器电路	车身高度传感器电路开路或短路	① ECU 与车身高度传感器之间的配线或插接器故障 ② 车身高度传感器故障 ③ ECU 故障
12	左前车身高度传感器电路		
13	右后车身高度传感器电路		
14	左后车身高度传感器电路		
21	前悬架控制执行器电路	悬架控制执行器电路开路或短路	① ECU 与悬架控制执行器之间的配线或插接器故障 ② 悬架控制执行器故障 ③ ECU 故障
22	后悬架控制执行器电路		
31	1 号高度控制阀电路	高度控制阀电路开路或短路	① ECU 与高度控制阀之间的配线或插接器故障 ② 高度控制阀故障 ③ ECU 故障
33	2 号高度控制阀电路（用于右悬架）		
34	2 号高度控制阀电路（用于左悬架）		
35	排气阀电路	排气阀电路开路或短路	① ECU 与排气阀之间的配线或插接器故障 ② 排气阀故障 ③ ECU 故障
41	1 号高度控制继电器	1 号高度控制继电器电路开路或短路	① ECU 与 1 号高度控制继电器之间的配线或插接器故障 ② ECU 故障
42	压缩机电动机电路	压缩机电动机电路短路 压缩机电动机被卡住	① ECU 与压缩机电动机之间的配线或插接器故障 ② 压缩机电动机故障 ③ ECU 故障

（续）

故障码	系　　统	故障部位	故障原因
51	至1号高度控制继电器的持续电流	向1号高度控制继电器的供电时间超过8.5min	① 压缩机电动机故障 ② 压缩机故障 ③ 空气管故障 ④ 1号、2号高度控制阀故障 ⑤ 排气阀故障 ⑥ 车身高度传感器连接杆故障 ⑦ 车身高度传感器故障 ⑧ 溢流阀故障 ⑨ ECU 故障
52	排气阀的持续电流	向排气阀的供电时间超过6min	① 高度控制阀故障 ② 排气阀故障 ③ 空气管故障 ④ 车身高度传感器连接杆故障 ⑤ 车身高度传感器故障 ⑥ ECU 故障
61	悬架控制信号	ECU 故障	
71	高度控制 ON/OFF 开关电路	高度控制 ON/OFF 开关位于 OFF 位置，或高度控制 ON/OFF 开关电路短路	① ECU 与高度控制 ON/OFF 开关之间的配线或插接器故障 ② 高度控制 ON/OFF 开关故障 ③ ECU 故障
72	悬架控制执行器供电电路	悬架控制执行器供电电路开路，或悬架熔丝烧断	① AIR SUS 熔丝故障 ② ECU 与发动机主继电器之间的配线或插接器故障 ③ ECU 故障

4. 常见故障分析

（1）悬架刚度和阻尼系数控制失灵　悬架刚度和阻尼系数控制失灵的故障分析见表4-3。

表 4-3　悬架刚度和阻尼系数控制失灵的故障分析

序号	故障现象	可能的故障部件
1	操作 LRC 开关时，LRC 指示灯的状态不变	① LRC 开关电路 ② 悬架 ECU
2	悬架的刚度和阻尼控制不起作用	① 悬架控制执行器及电路 ② Tc 端子电路 ③ Ts 端子电路 ④ LRC 开关电路 ⑤ 悬架控制执行器电源电路 ⑥ 悬架 ECU
3	只有防俯仰控制不起作用	① 气压缸或减振器 ② 悬架 ECU ③ 节气门位置传感器及其电路

项目四 汽车电控悬架系统检修

（续）

序号	故障现象	可能的故障部件
4	只有防侧倾控制不起作用	① 悬架 ECU ② 转角传感器及其电路
5	只有在高速时不起作用	① 悬架 ECU ② 车速传感器及电路

（2）汽车车身高度控制失灵　汽车车身高度控制失灵的故障分析见表4-4。

表4-4　汽车车身高度控制失灵的故障分析

序号	故障现象	可能的故障部件
1	汽车高度控制不起作用	① 汽车高度控制电源电路 ② 汽车高度控制开关及其电路 ③ 汽车高度控制 ON/OFF 开关及其电路 ④ 发电机电压调节器电路 ⑤ 悬架 ECU
2	车身高度控制指示灯不随高度控制开关的动作变化	① 车身高度传感器 ② 发电机电压调节器电路 ③ 车身高度控制开关及其电路 ④ 汽车高度控制电源电路 ⑤ 悬架 ECU
3	汽车车身高度出现不规则变化	① 车身高度传感器 ② 有空气泄漏 ③ 悬架 ECU
4	只有高速时不起作用	① 车身高度传感器 ② 悬架 ECU
5	汽车高度控制功能作用，但汽车高度变化不均匀	① 车速传感器及其电路 ② 车身高度传感器调节杆 ③ 高度控制阀、排气阀及其电路 ④ 悬架 ECU
6	汽车高度控制 ON/OFF 开关在 OFF 位置时，汽车高度控制仍起作用	① 高度控制 ON/OFF 开关及其电路 ② 悬架 ECU
7	点火开关关断控制不起作用	① 门控开关及其电路 ② 汽车高度控制电源电路 ③ 悬架 ECU
8	车门打开时，点火开关关断控制仍起作用	门控开关及其电路
9	汽车停车时车身高度很低	① 有空气泄漏 ② 气压缸或减振器

三、技能训练及相关实践知识

电控悬架检修技能训练

【训练任务】客户所驾驶的装备电控悬架装置的轿车出现故障,该车容易出现转弯侧倾和制动点头等现象,轿车行驶时颠簸厉害,只能在相对平坦的道路上行驶。维修人员需对电子控制系统进行检修,并向客户解释故障产生的原因。

【训练建议】以小组形式完成。制订故障诊断与排除的基本流程,并按要求逐项填写技能训练评价表。

【评价建议】可用如下技能训练评价表对学生的操作技能进行评价。

技能训练评价表

学生姓名			学 号			
测评日期			测评地点			
测评内容			电控悬架检修			
考评标准	内 容		分值/分	自 评	互 评	师 评
	初步检查		30			
	故障自诊断		30			
	常见故障分析		40			
	合 计		100			
最终得分(自评30% + 互评30% + 师评40%)						

说明:测评满分为100分,60~74分为及格,75~84分为良好,85分及以上为优秀。不足60分的学生,需重新进行知识学习、任务训练,直到任务完成达到合格为止。

归纳总结

雷克萨斯LS400轿车电控悬架系统为主动式空气弹簧悬架。它可以对车身高度、弹簧刚度及减振器阻尼力进行综合控制,可以抑制车辆侧倾、制动时前部点头和高速行驶时后部下沉等汽车行驶状态变化。雷克萨斯LS400轿车的电控悬架系统由空气压缩机、干燥器、排气阀、高度控制阀、高度控制继电器、高度传感器、转向传感器、悬架控制执行器、悬架ECU、悬架刚度调节装置和减振器阻尼力调节装置等组成。

项目四　汽车电控悬架系统检修

思考题

1. 雷克萨斯 LS400 轿车电控悬架由哪些部件组成？
2. 高度控制开关和平顺性开关是如何操作的？
3. 雷克萨斯 LS400 轿车电控悬架系统是如何实现车身高度控制的？

素养提升

中国汽车之父饶斌

饶斌是中国汽车工业的奠基人和开拓人，享有"中国汽车工业之父"的盛誉。他领导造出了解放、红旗和东风牌汽车，其在我国汽车工业的发展规划、政策制定以及配套建设等方面都有不可磨灭的贡献。

饶斌是"一汽""二汽"核心筹建者和首任领导者。1956年7月14日，"一汽"总装线上开出由中国人自己制造的第一批解放牌载货汽车，结束了中国不能自己制造汽车的历史。1959年12月6日，饶斌调任第一机械工业部副部长兼汽车局局长。7年间，"一汽"从无到有，并初步形成一个以载货汽车为主的现代化汽车制造和科研基地。建成后的"一汽"，是当时中国汽车工业第一座现代化的汽车工厂。

1964年，饶斌迎来了他人生中又一次重大转折。筹建"二汽"的工作理所当然地又落到他的头上。他亲自踏勘、选择厂址，将厂址确定在湖北十堰。1967年4月，"二汽"在十堰的炉子沟举行了开工典礼，1975年6月，饶斌带领"二汽"人克服重重困难，建成了东风2.5t越野车生产基地并顺利投产。1975年7月1日，饶斌亲自开着第一辆2.5t东风载货汽车驶下生产线。

饶斌同时也是首次中外汽车合资的倡导者和推动者，提出了汽车工业调整改组和发展规划方案，组织引进先进技术，加速产品转型，结束了汽车产品几十年一贯制的历史；在轿车生产选择上，它战略性地选择了上海，选择了引进桑塔纳车型。

1987年8月29日，饶斌病逝于上海。饶斌塑像安放在十堰市的东风青年广场一侧，希望让更多人借此了解中国汽车工业走过的非同寻常的自强之路，并向第一代汽车人致以深深敬意。

参 考 文 献

[1] 李春明. 汽车底盘电控技术 [M]. 北京：机械工业出版社，2009.
[2] 沈沉，张立新. 汽车底盘电控系统检测与修复 [M]. 北京：机械工业出版社，2011.
[3] 张蕾. 汽车底盘电控系统原理与检修 [M]. 北京：机械工业出版社，2012.
[4] 张立新，屈亚锋. 汽车底盘电控系统检修 [M]. 北京：人民交通出版社，2012.
[5] 赵良红，刘仲国. 汽车底盘电控系统检修 [M]. 北京：清华大学出版社，2010.
[6] 冯永亮. 汽车电控底盘检修（上册）[M]. 北京：中国劳动社会保障出版社，2006.
[7] 黎盛寓，谭克诚. 汽车底盘电子控制技术 [M]. 北京：北京理工大学出版社，2010.
[8] 张红伟. 汽车底盘构造及维修 [M]. 北京：高等教育出版社，2007.
[9] 姚焕新. 汽车底盘电控系统检修 [M]. 北京：人民邮电出版社，2009.
[10] 张士江. 汽车底盘电控系统维修 [M]. 北京：机械工业出版社，2012.